シリーズ
20世紀中国史
1
中華世界と近代

飯島　渉
久保　亨　編
村田雄二郎

東京大学出版会

Twentieth-century China, vol.1
Qing China and the Modern World

Wataru Iijima, Toru Kubo, and Yujiro Murata, editors

University of Tokyo Press, 2009
ISBN 978-4-13-025151-8

刊行のことば

　『シリーズ 20 世紀中国史』（全 4 巻）は，中国近現代史の理解をめぐる重要な論点を整理し，「20 世紀中国」の大きな変化をあとづける試みである．本シリーズは，歴史としての「20 世紀中国」に興味をもつ読者はもとより，中国の現在を，20 世紀という時代との関係のなかでより深く理解したいと考える幅広い読者を対象としている．

　20 世紀から 21 世紀への世紀交替を，わたくしたちが，ある種の期待と不安をもって迎えたことは記憶に新しい．戦争と革命の世紀であった 20 世紀の歴史をかえりみるとき，平和で安定し，また環境との調和のとれた持続可能な社会の構築がわたくしたちに与えられた課題であることは明らかであった．しかし，現実は依然として混沌としている．20 世紀末には，ベルリンの壁の崩壊とソ連の解体を契機に冷戦体制が終焉を迎えたものの，アングロサクソン型の市場原理の優位性が過度に強調されることになった．2001 年にはアメリカ合衆国を標的とした同時多発テロが発生し，その対応のなかで，アメリカ合衆国の一極支配が顕在化した．しかし，そうした構造もサブプライム問題に端を発する世界的な不況の連鎖のなかで，大きく揺らいでいる．
　こうした状況は，中国にも影響を与えた．1980 年代からの改革・開放の時代は，中国にとって大きな変化の時代であった．1989 年に起きた天安門事件は，国際社会，特に，欧米や日本との関係のうえに近代化を模索する路線へと舵を切った中国の国家や社会の流動化を象徴する事件であった．それは冷戦体制の崩壊，世界的な潮流となったグローバル化への反応とみることも可能である．こうしたなかで，中国共産党は，より開放的な経済政策をとることによって国際社会の批判をかわし，経済成長を加速させた．
　今日，中国はますますその存在感をましている．2008 年夏には，チベット

政策や人権問題などでさまざまな批判をうけながらも，悲願であった北京オリンピックの開催にこぎつけた．オリンピックの開催は，国家的民族的な求心力の源として意識されるとともに，グローバル化のなかでの大国の証明とされた．しかし，広大な領域を有する中国が歴史的にかかえてきた，都市と農村，沿海と内陸などの格差は顕在化し，同時に，社会階層間の貧富の格差も表面化している．そして，環境問題や普通選挙の実現などの政治参加のあり方をめぐる問題など，中国が直面する課題は枚挙にいとまがない．

他方，20世紀末から21世紀初頭，台湾（中華民国）の政治も大きく変化した．国民党から民進党へ，また，国民党へという政権の交代は，台湾政治の流動化を象徴している．1997年には，香港の主権がイギリスから中国に返還された．19世紀半ばから20世紀半ばにおける近代を象徴する植民地主義は過去のものとなり，それは歴史となった．

それでは，中国社会（ここでは，中国大陸の中華人民共和国だけではなく，香港や台湾の状況を含め対象を広く設定しておく）は，これからどこに向かおうとしているのか？　また，中国と日本や世界との関係は今後どのようになっていくのであろうか？　こうした素朴ではあるが，しかしきわめて重要な問いを発するとき，歴史をふりかえることは実はもっとも有効な方法なのである．そして，それに応えることは，わたくしたち歴史の研究にたずさわる者に課せられた責務である．

「20世紀中国」の100年は，1949年の中華人民共和国の成立によって前半と後半に大きくわけることができる．また，後半の歴史は，1978年をはさんで，それ以前の社会主義化の時代とそれ以後の改革・開放の時代に区分することができよう．本シリーズが刊行される2009年は，1949年の中華人民共和国の成立からちょうど60年にあたる．人間であれば，還暦である．「20世紀中国」の歴史をふりかえり，中国の将来や今後の日本や世界との関係を展望するにはまさに格好の時期であろう．そして，その軌跡を歴史としてあとづける条件は整いつつある．

わたくしたちは，『シリーズ20世紀中国史』の刊行を計画し，次のような3つの課題を設定した．

第 1 に，中国史，特に近現代史の研究状況をもとに，最新の学問的成果を簡潔に示すことである．今日，日本と中国との関係は，グローバル化のなかでますます緊密の度を加えている．関係の緊密化は必ずしも相互理解の深まりをもたらすものではなく，時として大きな誤解や，それに起因する摩擦を生じる恐れもある．だとすれば，日本にとって，現代中国の歴史的位置を正しく認識し，歴史的経験を基礎としながら中国との関係を構築することは喫緊の課題である．

　第 2 に，今後の研究課題や手法を展望することである．それは，歴史研究のための歴史研究ではなく，日本史，西洋史や他のアジア史の研究との接点を求め，また，政治学・経済学・社会学や地域研究などの社会科学的な中国研究との対話の基盤を模索するものである．本シリーズは，単に実証的な研究論文を集める論文集ではなく，日本の中国近現代史研究の成果を整理し，それを日本史・世界史，ひいては歴史学全体のなかに位置づけ，関連する研究などに対して，その成果を提示し，相互の理解と対話に資することを目指している．

　第 3 に，研究成果を内外に発信することである．日本の中国近現代史研究は，第二次世界大戦後，侵略戦争への反省を出発点として，同時に，豊富な同時代的調査や先行する中国史研究に支えられながら，すぐれた研究成果を数多く蓄積してきた．しかし，1970 年代末に東京大学出版会から刊行された『講座中国近現代史』(全 7 巻) の刊行以後，ほぼ 30 年のあいだ，中国近現代史の研究成果を体系的に紹介し，また，方法的な課題を示す書物は刊行されていない．その背景には，この間，中国さらには香港や台湾の変化があまりにも激しかったことがある．そのもとで，歴史の研究は，ともすればそうした変化に対して一定の距離を置きながら進められた．実証的な研究成果は決して少なくはなかったが，この結果，日本の研究の発信力が弱まったことも否めない．本シリーズは，中国，台湾，また，韓国や欧米における最新の研究動向を受けとめながら，現段階での研究蓄積を整理することによって，日本の研究の発信力の基盤を形成することを目的としている．

　本シリーズは，4 巻構成とし，第 1 巻：19 世紀から 20 世紀初期の中国，第 2 巻：20 世紀前半の中国，第 3 巻：1930 年代から 1980 年代までの中国，というように，各巻をある程度の時間軸によって区切った．それぞれ，「中華世界」，

「近代性」,「グローバル化」という基本的な視角を示し,時代のなかで中国社会が直面した課題とその背景（それは,時代性とでも表現できよう）をより鮮明にすることにつとめた．第4巻では,国内外における20世紀中国史研究の現状を提示し,最新の研究課題を展望し,あわせて総索引・参考文献を掲載する．こうして,本シリーズを手がかりとすることにより,読者をより広い視野のなかで,専門性の高い研究へといざなう構成をとった．

　中国における改革・開放の時代は,留学の再開に象徴されるように,日本と中国との距離がそれまでになく近づいた時代であった．実際のところ,中華人民共和国の成立から文化大革命の時期には,特別な訪問団などを除けば,直接的な中国経験をつむことは困難であった．しかし,1980年代以後,中国は急速に門戸を開き,曲折をへながらも歴史資料の整理・公開を進め,研究の環境は大きく好転した．

　1980年代以降の日本は,中国との距離が縮まるなかで,資料の公開や公刊に支えられながら優れた研究を生み出してきた．こうしたなかで,日本の中国近現代史研究をとりまく状況も大きく変化した．その背景には,資料の公開のみならず,中国や台湾の政治状況の変動があったことは言うまでもない．他方,この時代は,冷戦体制のもとでそれまで封印されることの多かった日本と中国やアジアとの歴史意識の差異が浮き彫りになった時代でもあった．また,研究が精緻になればなるほど,その一方で,中国近現代史をトータルにどのように理解したらいいのか,あるいは,日本で中国近現代史を研究することの意味は何か,といった根源的な問いは後景に退くことになった．これは,ある意味で,史学史の弱さという日本の歴史学全体の問題でもある．

　日本の中国近現代史研究は,中国理解や歴史研究に対してどのようなメッセージを発することができるのであろうか．3人の編集委員は,個々の執筆者に対して,個別の事実関係を議論するよりは,理論的かつ問題提起に満ちた論考を寄せられるようお願いした．実証的な研究を課題とする歴史の研究者に対して,これはある意味で高いハードルであった．しかし,各巻ともに十分にその意図をくんだ内容になったと思う．

本シリーズの刊行を通じて,「20世紀中国」の歴史と現在の中国が抱えるさまざまな課題を考える手がかりを示し,ひいては中国理解を深め,中国と日本あるいは中国と世界のよりよい関係の構築に資することができれば幸甚である.

　2009年7月

飯島　渉, 久保　亨, 村田雄二郎

凡　　例

(1) 原則として常用漢字を用いた．ただし満洲の「洲」や辦法の「辦」など常用漢字の使用に問題がある一部の漢字については，適宜正字を用いた．難読漢字に振ったルビのうち，平仮名は日本語の音読みに基づく音であり，カタカナは中国語などの発音に基づく音である．
(2) 原則として新かなづかいを用いた．ただし，引用史料内において旧かなづかいを用いた場合もある．
(3) 本文中の（ ）内は執筆者による注記であり，引用した史料の文中の（ ）内は史料自体に元来表記されていた原注，また引用した史料の文中の〔 〕内は執筆者による補注である
(4) 本文中の［ ］内は参考文献の注記であり，通常は編著者名と発行年のみを記し，必要な場合はその後に「：」（コロン）を付し当該文献の頁数等まで記してある．各章の参考文献は章末に記し，本シリーズ全体の参考文献一覧「20世紀中国史文献目録」は第4巻「現代中国と歴史学」に収める．
(5) 本シリーズの他の章を参照すべき文献として挙げる場合，巻-章「（タイトル）」と表記した．たとえば第2巻第3章は，2-3「国際社会と中国外交」となる．
(6) 参考文献は日本語，中国語，その他の言語の順に分類し，配列した．それぞれの文献の排列は，日本語は五十音順，中国語はピンイン順，ヨーロッパ語はアルファベット順とする．
(7) 総索引は，本シリーズ全巻を通した索引として，第4巻に収める．
(8) 歴史的事実のおおまかな流れや国際社会との関係を確認するための年表も，第4巻に収める．

目　次

刊行のことば　i

凡　例　vi

総　論　持続・変容する世界および他者との邂逅
　　　　……………………………………………………村田雄二郎　1
　　はじめに　1
　　1．19世紀中国の歴史的位置　1
　　2．中華世界とは何か？　3
　　3．本巻の構成と内容　6

第Ⅰ部　中華世界の構造と変容

第1章　清末の対外体制と対外関係………………岡本隆司　15
　　はじめに　15
　　1．清代の体制　16
　　2．清末の制度構成　21
　　3．清末の対外関係　25
　　4．1880年代と属国　28
　　おわりに　32

第2章　中国的世界像の変容と再編………………茂木敏夫　37
　　はじめに　37
　　1．伝統的秩序とその理念　38
　　2．再定義された「伝統」　48
　　3．「伝統」の行方　51
　　おわりに　56

第3章　交通通信と帝国システムの再編 …………千葉正史　59
　　はじめに　59
　　1. 帝国システムと交通通信　60
　　2. 電信ネットワーク形成による情報伝達システムの再編　61
　　3. 汽船・鉄道輸送導入による財政物流システムの再編　63
　　4. 帝国システムの再編と近代交通通信ネットワーク　67
　　おわりに　75

第II部　社会経済の動態と再編

第4章　沿海社会と経済秩序の変容 ……………村上　衛　81
　　はじめに　81
　　1. 沿海支配の崩壊──18-19世紀初頭　83
　　2. 開港と沿海支配の再編──1840-1850年代　87
　　3. 開港場体制と経済秩序の再編──1860-1870年代　90
　　4. 貿易の変動と経済秩序の動揺──1880-1900年代　93
　　おわりに　97

第5章　清代後期における社会経済の動態 ………吉澤誠一郎　101
　　はじめに　101
　　1. 人口増加と移民　102
　　2. 戦乱と災害への対応　106
　　3. 対外貿易と経済構造の変動　111
　　おわりに　116

第6章　中華帝国財政の近代化 ……………………岩井茂樹　121
　　はじめに　121
　　1. 財政近代化の要諦　123
　　2. 財政権の統一と分散　125
　　3. 請け負い態制　132
　　おわりに　140

第 III 部　ナショナリズムと文化変容

第7章　辛亥革命の心性
――湖南省の民衆文化を中心に……………………藤谷浩悦　145

はじめに　145
1. 革命前夜の湖南省　147
2. 中秋節の謡言と蜂起　151
3. 湖南省の辛亥革命　156
おわりに　160

第8章　「藩部」と「内地」
――20世紀前半の内モンゴル………………………広川佐保　165

はじめに　165
1. 清末から民国期における，内モンゴルの「内地」への接合　167
2. ジリム盟における盟旗改革　173
3. 満州事変と内モンゴル　178
おわりに　181

第9章　近代中国ナショナリズムの感情・思想・運動
……………………………………………………黄　興濤　185
（小野寺史郎訳）

はじめに　185
1. 伝統的「民族」意識から近代的「ナショナリズム」へ　185
2. 近代中国ナショナリズムの特徴　189
3. 「新文化史」の導入と思想分析能力の向上　197
おわりに　202

第10章　中華民族論の系譜 ……………………………村田雄二郎　207

はじめに　207
1. 大きな中国・小さな中国　209
2. 清末立憲運動と民族主義　214
3. 五族共和と辛亥革命　218
4. 預備立憲と満漢融和　223

おわりに　227

執筆者紹介　231

総 論

持続・変容する世界および他者との邂逅

村田雄二郎

はじめに

　第1巻「中華世界と近代」は，大まかに19世紀から20世紀初めの時期を扱う．主な対象とするのは，19世紀に「中華世界」が経験した「近代」とそれにともなう「伝統」体制の変容や再編の過程である．

1. 19世紀中国の歴史的位置

　20世紀と銘打つシリーズの1冊に，なぜ19世紀を扱う巻が収められるのか．まずこの点から説明しておきたい．19世紀という区切りはいうまでもなく，西洋に由来する時間カテゴリーの単位であり，同時代の中国人がそのような意識をもって生活していたわけではない．当時の通念では，清朝の乾隆・嘉慶から，道光・咸豊・同治・光緒と連なっていく皇帝支配の時間（年号）の流れがあり，それは1911年の辛亥革命とともに終焉を迎える王朝体制と相表裏していた．歴史学では，清末（晩清）中国とも近代中国ともいわれる時期に重なり，「古代」や「近世」（early modern）と切り分けられる，ある特質をもった歴史的段階をなすと見なされる[1]．

　その特質を一言でいえば，「西洋」「近代」との本格的な接触であり，それへの主体的な参入である．たとえば，中国近代のはじまりを1840年の中英ア

ン戦争におく，大陸中国の主流的見解は，「西洋の衝撃」が中国の対外体制や内政改革にもたらした巨大で深甚な影響を重視するところに由来している．19世紀から20世紀の中国が，そうした「西洋」や「近代」との接触や摩擦抜きにありえなかったことは確かであろう．とくに1860年代以降になると，中国人自身が反発するにせよ，受容するにせよ，「西洋」という他者の存在を強く意識し，それによって在来の体制や自己の文化への見直しを進めていったという点からしても，近代中国あるいは20世紀中国が「他者との邂逅」を経て，大きな自己変革を遂げていったことは疑いない．たとえ，外からの衝撃という説明モデルを批判し，内在発展の理路を探求する［コーエン 1988；溝口 1989］にしても，既存の土着資源のみをもってしては，変容や転換の意味を十全に把捉することはできない［夏 2007］．「内」と「外」のどちらか一方ではない，その両者の関係の結び方，「外」による「内」の発見と自己認識(アイデンティティ)の変貌こそが，近代中国の歴史そのものであるといってもよいだろう．

　しかし，洋務・変法・革命というにせよ，あるいは近代化というにせよ，19世紀という括りに積極的な根拠があるわけではない．中国最後の王朝・清朝の「繁栄」から「衰亡」の移行過程に着目すれば，1800年前後（乾隆末期から嘉慶年間）の時期に一つの歴史的分岐点を見いだせないわけではない[(2)]が，繁栄が衰亡の始まりを含み，終わりこそが始まりを意味づけるというヘーゲル的弁証法にもとづけば，そうした枠組み自体も相対化される必要があるだろう．

　とはいえ，変化や転換の諸相に着目する歴史学にとって，時期区分がまったく無意味であるというわけではない．本巻が示すように，アヘン戦争によってすべてが変わったわけではないにせよ，清朝の対外関係の歴史のうえで，南京条約の締結（1842年）が一つの重要な画期をなすことは疑いない．別に，制度上の変化に眼を向ければ，1861年の総理衙門(そうりがもん)の設立や1906年の官制改革の試みも，それに劣らぬ意義をもつだろう．権力構造の転換という面では，義和団事件とそれに続く辛丑(しんちゅう)条約締結（1901年）が重要であるかもしれない．また，近代的政治制度の確立のうえで，辛亥革命（1911年）が最も大きな転換点をなすことは間違いない．さらに思想文化の変容においては，その後の体制変革（変法）論を導き出したという意味で，日清戦争の敗北が自覚された1895年が大きな画期になるだろう．

要するに，20世紀中国へのアプローチとして見れば，19世紀に生起したさまざまな出来事は，それを近代化（modernization）ととらえるにせよ，知と制度の転形（transformation）ととらえる［桑 2004］にせよ，変化の様態は多様かつ重層的であり，相互にズレや衝突を含むものである．「近代」への接近態度における地域間，都市・農村間の偏差もまた無視できない要素である．さらに時間枠の設定の仕方次第で，体制や構造の変化しない（連続する）部分もそこかしこに見いだされることは，本巻の各章が多く指摘するとおりである．その意味で，本巻の扱う時期は 20 世紀中国への助走の段階であるとともに，「不変」と「変」，「内」と「外」，「伝統」と「近代」が錯綜しモザイク状に入りまじる，現代中国の原型をなす時代でもあるといえよう．各章の所論が，事件や運動によって段階的に前進していく進化論的歴史を描くのではなく，持続しながらも再編される制度のありようや出来事の深層に伏在する心性やイメージの領域に着目しているのも，そのためである．

2. 中華世界とは何か？

さて，次にタイトル中の「中華世界」について述べておきたい．実を言えば，本巻の編集の過程で一番扱いに苦労したのがこの問題である．当初の段階では「中華帝国」や「中国的帝国」などを使う案が出された．しかし，帝国という多義的で曖昧なことばを 19 世紀中国に適用することに対しては複数の執筆者から強い懸念が示された．また，王朝体制や伝統秩序といったなじみの表現も検討されたが，本シリーズ各巻の諸章が論じている問題の広がりを覆うのには必ずしも十分ではないと考え，19 世紀中国の制度や観念の複合体をけっきょく「中華世界」と表現することに落ち着いた．

指摘すべきは，ここでいう「中華」とは，華夷秩序や朝貢・互市で括られる相互関係の総体を含意しているだけではない，ということである．もちろん，これまで中国王朝と朝鮮・琉球・ベトナムなど属国や「南洋」「西洋」諸国との関係において，東アジアの地域秩序や国際関係が盛んに語られてきたことに理由がないわけではない．王朝の担い手にとって見れば，それらの地域が通商や軍事の面で，濃淡の差はあれ，それぞれに重要な相手であったことは疑いな

いし，また儒教エリートも中国を中心とする華夷秩序を描き出すことで，中心─周縁関係の束としての「中華世界」の創出に積極的にかかわってきたからである．中心のエリート的視点から見た「中華世界」は，歴史的に安定した構造をもち，それこそ秦漢以来2000年の長期にわたって，拡大と発展を遂げてきたかに映る．

だが，清朝中国の場合，モンゴル・新疆・青海・チベットなどいわゆる「藩部」に対する支配を含む複合的統治体制を築きあげたことが，それまでの「中華王朝」とは異なる性格を，政治経済や社会文化の各領域に与えることになった．それは，19世紀の「他者との邂逅」の時期において，各種の変革論議や自己認識を大きく条件づけることになっただけではない．20世紀から現在を通じて，現代中国の領土・民族問題や大国意識にも直結する「統一中国」の原・身体を提供してきたのである[3]．

この点に関して，歴史地理学者の葛剣雄は興味深い指摘をしている．すなわち，中国史について，これまでたびたび統一と分裂の消長交替が語られてきたが，紀元前221年の秦始皇帝による中国統一は，中原を中心とし，華夏を骨幹とする集権的政権を樹立したものの，その後900年余りの間，モンゴル支配の時期に至るまで，中原政権の版図は拡大したり縮小したりして，中国の領域には中原王朝以外の自治政権が絶えず存在していた．これは厳密な意味での統一とはいえない．中国の真の統一は1759年（乾隆24年，ジュンガル平定による中央ユーラシア征服の完成）に実現したのであって，それもアヘン戦争まで，わずか81年しか持続しなかった．したがって，中国の歴史では，分裂・分治の期間が主要なもので，統一はきわめて短期的なものだった，という〔葛 2008：77-78〕．

このように，2-4「歴史学者と国土意識」も指摘する「歴史上の中国」論では，中国の統一・分裂の基準が乾隆期の中国に設定されており，最大版図を獲得した1759年の時点をものさしとしたうえで，歴史的にあらわれた各種政権の勢力範囲や版図を比べることで，「中国」の空間的広がりが計量されているのである．現代中国はその意味からすれば，1759年に出来上がった「乾隆中国」と地続きの国家であるともいえ，清朝81年間の短い「統一」時代の後継政権とも位置づけうる．このきわめて現代的な空間・領土認識は，近現代中国

の歴史意識を考えるうえでも興味深い素材を提供すると思われる［黄 2005］が，ここで強調したいのは，20 世紀中国の歴史を，清朝やそれ以前の「中原王朝」との接続で，そしてまた外部（とくにグローバルな国際経済）との連関で，俯瞰する視点である．とりわけ 1980 年代以降，改革・開放政策が進むなかで，中国の制度や文化に底流として持続する「伝統」の力が浮上し，現代化（近代化）に及ぼす正負の作用が関心を引くに至った．

　その場合に想定される「伝統」とは，決して悠久の過去の遺産であるというわけではない．むしろ，近代とは地続きでありながら「現在」とは切断される，最も近い「過去」——すなわち 17-19 世紀の清朝中国を指すことがほとんどである．したがって，めまぐるしく変動する中国の「現在」を理解するためには，あえて「乾隆中国」にいったん立ち返らなければならない．別言すれば，変化や転換の諸相に眼を向けつつも，持続する「不変」の構造や意識にも着目し，200 年から 300 年という長期的なスパンで 20 世紀中国を再考しなければならないのである．本巻では各章の扱う時期に出入りはあるが，執筆者にはそうした時間の幅を意識しつつ，歴史的連続と変化の局面に目配りをする姿勢が共有されていることを，ここで改めて確認しておきたい．

　そのように見てくると，「中華世界」も天下（華夷）秩序や朝貢・互市によって結ばれる自己・他者関係を含みつつ，それをさらに越えようとする志向をもつ高次の文明体系と解釈できるかもしれない．言い換えれば，それは中国を領域や国境によって区切られる国家であるとともに，海域アジアや中央ユーラシアに開かれた一つの圏域——闘技場（アリーナ）として定位することでもある［浜下 1990；Perdue 2005］．こうした観点からすれば，「中華思想」をその開放性・広域性の原理にしたがい，内向きで排他的な「華夷思想」と区別し，普遍主義的イデオロギーとして抽出することも可能になるかもしれない［妹尾 2001：66］．

　本巻に掲げる「中華」は，そのような含意で用いられている．たとえば，清朝中期の中国に君臨した雍正帝（ようせい）（在位，1722-1735 年）は，『大義覚迷録』（1729 年）のなかで，中華・夷狄の別を越えた「華夷一家」「中外一体」の統合を掲げている．天下に清朝が君臨するのは，種族の別ではなく，徳の有無である．清朝皇帝の天下支配が正当化されるのも，武力や出自とはなんら関係がない．現に皇帝のもとで，歴史上比類のない仁政がおこなわれているからこそである．

そう断言する雍正帝の自信に満ちた態度は，賤民解放令や実力主義の人材抜擢と相俟って，清朝中国の開放的「中華思想」の極点を示すものとも読める［岸本・宮嶋 1998: 318-320］．

さらに，上述したように，空前の領土的拡大を見せた乾隆期中国の原像が，現代的「統一」意識の源流にあることをふまえれば，中華世界とはそれ以前の華夷の区別を超越した多種族・多文化の複合国家と把握することができる．しかもそれは，同心円構造や漢／非漢の二元的モデルに収まることのない，空間的非均質性を内に含む多元的かつ階層的な政治秩序を成していた［岡 2007；杉山 2008］．とすれば，本巻が掲げる「中華世界」とは，決して超歴史的で固定的な実体ではなく，清朝中国——あるいは中央ユーラシアの大清帝国(グルン)——という特定の歴史的環境の中で創出された複合的な体制・秩序の謂とすべきであろう．

なお付言すれば，王朝や国家ではなく，「世界」の語を用いたのは，硬い制度や構造のみならず，官民の認識・思想のあり方や感情・イメージのふくらみが歴史の趨勢に及ぼす相互作用にも眼を向けるべきだという考えにもとづくものである．

3. 本巻の構成と内容

本巻は全10章から構成されるが，第I部「中華世界の構造と変容」では，19世紀から20世紀初頭にかけて，中国の対外関係や統治システムに生じた変化の質とその時代的背景が考察される．先に述べたように，従来は中国近代の発端をアヘン戦争におくのが一般的な理解であった．今日でも大陸中国や日本の教科書などでは，南京条約による開港や外交関係の樹立をもって，中国近代史を語り出すことが多い．しかし，中国の為政者が西洋を中心とする近代国際社会の存在を意識しはじめるのは，早くとも1860年代のいわゆる「洋務」の時代になってからのことであり，本格的な体制改革や「西学」の受容ということになれば，19世紀末を待たねばならない．しかも，抜本的な「旧」体制転換の努力はといえば，王朝最後の10年——いわゆる清末「新政」の時期に見られたにすぎない．要するに，開放にしても改革にしても，それらはあらかじ

め構想されたグランド・デザインに沿って進められたわけではなかったのである．「変」の局面は，「新政」の10年を別にすれば，往々にして場当たり的・散発的であり，「不変」の構造の力も強く，「変」と「不変」の関係は，時代や環境・地域の違いに応じて多種多様な相貌を示した．それを近代・進歩・文明による伝統・後進・野蛮の征服と見るのは，歴史の後智慧にすぎない．

　まず，第1章「清末の対外体制と対外関係」（岡本隆司）は，近代中国が国際社会に参入してゆく前提条件として，清朝の対外体制の特質とその変遷を論じる．筆者によれば，清朝は明朝と違って民間の貿易には寛容な政策をとり，朝貢と貿易（互市）を両立させる独自の対外体制が18世紀までは安定的に機能した．ところが，「西洋」との貿易が拡大するにつれ，「夷務」面での摩擦が激化し，結果的にアヘン密輸問題を契機とする戦争を導き，南京条約が結ばれた．だが，これは清朝にとって体制の転換を意味するものではなく，いらだつ西洋列強が国際法体系に中国を抱き込むにはさらに二十余年の時日を要した．しかも，清朝の側は独自の論理と認識で「洋務」を扱い，李鴻章らによる朝鮮の「属国自主」論などを編み出したのである．1860-90年代まで，10年ごとに対外体制の変化の軌跡をおう筆者の整理は，はしなくも清末中国「外交」の曲折と主体性を浮き彫りにしている．

　続く第2章「中国的世界像の変容と再編」（茂木敏夫）は，在来の地域秩序や国際関係を支えた論理や儀礼のしくみを論じるが，理念や世界像の成り立ちを内在的に腑分けすることに重点がおかれる．がんらい徳治主義に裏打ちされた中華世界の階層構造は，周辺諸国を包摂する共存・緩衝の装置として機能していた．だが，それは平等や他者の尊重を前提とする多様性の容認ではなく，容易に他者の抹消や抑圧にも転化しうるものだった，という．そのうえで筆者は，朝貢体制や「属国自主」概念は，遡及的に再定義されたという意味で「伝統の創造」であると述べ，記憶による「伝統」の共有が今日の主権・領土意識にも及んでいるのではないか，との展望を示している．19世紀中国の対外関係を論じた第1章と第2章を読み合わせることで，読者は歴史の「実態」と「理念」，「構造」と「表象」を両面から俯瞰する視座を与えられることになるだろう．

　第3章「交通通信と帝国システムの再編」（千葉正史）は，清朝統治体制の変

容を，清末に実施された交通・通信制度の近代化という視点から，二段階に分けて論じている．第 1 段階は 1870 年代に導入された電信ネットワークの拡大であり，第 2 段階は 20 世紀初頭における鉄道敷設事業である．とくに後者は，立憲体制構築の政治目標と連動しながら，従来の交通運輸や情報伝達のあり方を根底から変え，帝国システムの再編に寄与した．近代的な交通通信のテクノロジーが，その高速性・広域性の効用により，統治権力の質に影響を及ぼし，ひいては国民統合を促進する契機になったとの指摘は，その後の中国の政治変動や少数民族問題を考えるうえで示唆に富む．

次に，第 II 部「社会経済の動態と再編」は，19 世紀中国の社会経済の実態と経済・財政制度の変容を扱う 3 章から構成される．第 4 章「沿海社会と経済秩序の変容」（村上衛）は，19 世紀初頭から約 1 世紀の間に生じた沿海の社会・経済秩序の変化を，外部世界との連動を視野に収めつつ，時期をおって段階的に概観する．筆者によれば，アヘン戦争による開港以降，在来の沿海秩序は大きく変化したが，拡大する開港場貿易で，内地経済秩序との橋渡し役である買辦（ばいべん）が活躍したことに示されるように，新旧の経済秩序が微妙に共存しつつ，産業化が進展する段階もあった．そうした状況のなかで，商工業の近代化とともに，官僚と有力者・商人の特殊な結合も顕著になる．これらは，中国的な経済秩序のあり方としてみれば，現代にも繰り返される 19 世紀あるいはそれ以前からの「伝統」遺産と見ることもできるだろう．

第 5 章「清代後期における社会経済の動態」（吉澤誠一郎）は，従来の歴史学が自明の前提としてきた 19 世紀中国の「衰退」が，どれだけ実態を反映した社会認識であったのか，という疑問をまず提起する．そのうえで筆者が資料や数値を通じて示すのは，19 世紀中国を特徴づける「制度疲労」とそれに対応する政策・改革論議が，従前の説明のように内部の腐敗や外圧だけでは把握できない奥行きとふくらみをもつ，ということである．敷衍すれば，求められるのは「盛世」から「衰退」への道筋を描くことではなく，人口増・産業発展・民衆叛乱などに見られる社会の動態と変化の諸相，そして何よりも地域的不均衡に眼を向けたうえで，この時期の歴史像を再構成することである．

第 6 章「中華帝国財政の近代化」（岩井茂樹）は，清末期の財政近代化のなかで自覚されるに至った在来の財政制度の歴史的意味を，梁啓超の改革試案を素

材に論じる．筆者は，「財政権の分散」と「徴税請け負い」を克服すべき過去の遺制ととらえる改革論者たちの主流見解を退け，むしろそうした事象を成り立たせる経済・社会関係の実態に眼を向けることで，在来の制度の「合理性」を抽出しようとしている．そこから描き出されるのは，単純な中央・地方，集権・分権の図式に収まらぬ，中国社会独自の秩序形成のメカニズムであり，また近代化モデルのオルターナティブである．筆者はそれを「帝国モデル」と命名するが，まさしく「新」と「旧」，「変」と「不変」の要素が綾なす中国社会の動態的構成原理に接近するための手がかりが，ここには示されているといえるだろう．

第Ⅲ部「ナショナリズムと文化変容」は，19世紀末から20世紀初めの中国に浮上する国家建設・国民統合の問題を制度や思想の面から論じる．これまでの中国近代史において，この時期は「排満興漢」を掲げる革命運動を主軸に描かれ，孫文ら指導者の役割や反清的傾向をもつ会党（秘密結社）の動向，それに義和団事件や抗租抗糧闘争に見られる下からの民衆運動の作用が重視されてきた．これに対して，1980年代以降，革命陣営内部が必ずしも一枚岩でなく，その活動が政治過程に及ぼした影響も限定的であったと考える研究があらわれるようになった．その反面，革命の敵として否定的に評価されがちであった「改良」派の思想・運動や清朝内部の立憲改革への関心が高まるようになり，辛亥革命の達成も，いってみれば「革命」派と「改良」派の予期せぬ共演として解釈する見方が台頭しつつある．

しかし，革命派といい改良派（立憲派）といい，いずれも後世の歴史家による色分けであって，同時代の人間関係や団体結社がそのように截然と二分されるわけではない．史料に裏打ちされた個別具体的な研究が進むにつれて，制度構想や対外認識などの面で，両者の共通点や重なり合いの側面がクローズアップされてきた．また，革命が決して単線的なプロセスではなく，「革命後」も含めて，偶然的要素や曲折をはらんだ複線的過程をたどりつつ展開したことにも注意が払われるようになった．

この点を問題にするのが，第7章「辛亥革命の心性──湖南省の民衆文化を中心に」（藤谷浩悦）である．筆者はアナール派の民衆文化研究に刺激を受けつつ，20世紀初頭の湖南省に展開した革命政治を，当時の民衆が共有した伝説

や信仰との関わりで考察する．なかでも注目すべきは，終末論的な救世主待望の心性（末劫論）が革命軍の繰り返される蜂起の背景に伏在していたとの指摘である．もちろん，筆者は末劫論が湖南の辛亥革命に直結したという単純な説明で自足しているわけではない．辛亥革命という表面的には単一のプロセスに，官憲・郷紳・民衆が織りなす相互作用が複雑にからんでいたことに注意を喚起するのである．中国史における民衆文化（小伝統）の自律的対抗的性格をどう見るかという問題は残るにせよ，著者の言う「辛亥革命の重層性」は，その後民国期にあらわれる種々の革命運動や民衆闘争を考察する際にも重要な手がかりとなるだろう．

さて，本巻の他章がもっぱら沿海部や中核部を対象にするのに対して，第8章「「藩部」と「内地」——20世紀前半の内モンゴル」（広川佐保）は，「藩部」と「内地」のいわゆる二重統治体制が，辛亥革命期における近代的行政制度の導入にともない，変容し解体していく過程を，内モンゴルの政治動向や土地政策を軸に跡づける．さまざまな勢力や主体による「近代」の模索のなかで，この地域が育んできた在来の行政＝土地制度の改革が，同時に内モンゴルという地域統合の課題を顕在化させることになったとの指摘は，新疆やチベットなど，他の「藩部」地域の近代における「周縁化」プロセスを考えるうえでも，興味深い事例を提供している．

第9章「近代中国ナショナリズムの感情・思想・運動」（黄興濤）は，第7章と同じく，政治の担い手であるエリート・民衆の感情や心性を問題にするが，ナショナリズムの形成という文脈でそれらを扱おうとしている．筆者も指摘するように，近年になって近代中国ナショナリズムに関する研究文献は急増し，さまざまな見方が提起されているが，近代の想像的産物である「民族」の感情や表象に関わる領域は相対的に論じられることが少なかった．筆者は近代中国のナショナリズムの歴史的形成過程とその特徴，リベラリズムや反伝統との関係を手際よく整理したうえで，「新文化史」の手法にもとづくナショナリズム研究の可能性に期待を寄せている．

最後の第10章「中華民族論の系譜」（村田雄二郎）は，やはり近代中国のナショナリズムを思想史の面から論じるが，関心をもっぱら20世紀初頭の時期に向けている．それは，この時期にこそ，近代中国が大きな課題とした国民統

合や民族問題をめぐる知識人の思考が最も深化し，民族と国家の関係についてその後の論議の枠組みが提示されたと考えるからであり，孫文の「満洲租借」論などを例にとり，20世紀中国にとっての民族意識や空間認識の意味を問い直そうとする．民族理解をめぐる立憲派と革命派の接近，民国初年の「五族共和」に対する南北の温度差の指摘などは，辛亥革命という20世紀中国が経験した大きな政治変動を，「中国の台頭」という新たな現実の前に，いかに理解するのかという問題を考えるのに資するだろう．

　以上，全10章の所論が示すのは，19世紀から20世紀初頭の中国にあらわれる「近代」が「伝統」体制からの離脱や「望ましい状態」への直線的な移行を一義的に体現したものではなかったということである．そこでは，「近代」の諸制度が在来秩序に取り込まれて新しい構造を形づくったり，「外部」を経由することで「伝統」が再解釈されたりするという局面も見られた．また，地域の隔たりや「中央」からの距離によって，変化や移行の様相にもズレや落差が観察されることもしばしばである．そうした，ズレ・落差や新旧の葛藤をならして均一化するのが「近代」の掲げる一つの課題であるとすれば，20世紀中国はその課題に立ち向かいながら，今日に至るまで，おのれの歴史や風土に根ざした「近代」的制度・秩序の確立を模索してきたともいえるであろう．もちろん，そうした模索を重ねているのは，中国だけではない．西洋も含めた宇宙船地球号上のあらゆる国家や地域も同じ課題を共有しつつ，いままさに悪戦苦闘しているのである．

　19-20世紀中国は，その意味で「いま」「ここ」の問題でもあるのだ．

注
(1) ここでいう近世とは，大まかに明清時期の中国を指す．西洋史や日本史の用法とは必ずしも重ならないが，横の連動がないわけではない．岸本美緒は，16世紀から18世紀の中国，日本，朝鮮などで，商品経済の躍動，社会秩序の再編，新国家の樹立などのマクロな変化が同時に生起したことに着目して，この時期を東アジアの「近世」と位置づけている［岸本 1998］．本シリーズの「近代」は，この「近世」の終わりの始まりにあるといえる．
(2) K. ポメランツや A. フランクらが提唱するグローバル・ヒストリーは，経済力における中国と「西洋」の優劣関係の逆転，その結果もたらされた「西洋」による世界制覇の転機を，1800年前後の時期におく（3-総論「全球化の奔流と主体

としての中国」参照).
(3) ここでの「原・身体」は,タイ支配層の地図制作の過程をナショナリズム誕生との関連で論じたトンチャイ・ウィニッチャクンの「地理的身体(ジオボディ)」を意識している[トンチャイ 2003].

［参考文献］
岡洋樹　2007『清代モンゴル盟旗制度の研究』東方書店
岸本美緒　1998『東アジアの「近世」』山川出版社
岸本美緒・宮嶋博史　1998『明清と李朝の時代』(世界の歴史 12),中央公論社
黄東蘭　2005「清末・民国期地理教科書の空間表象——領土・疆域・国恥」『中国研究月報』685 号
コーエン,P.　1988『知の帝国主義——オリエンタリズムと中国像』(佐藤慎一訳),平凡社(原著 P. A. Cohen, *Discovering History in China*, Columbia University Press, 1984.)
杉山清彦　2008「大清帝国のマンチュリア統治と帝国統合の構造」左近幸村編『近代東北アジアの誕生——跨境史への試み』北海道大学出版会
妹尾達彦　2001『長安の都市計画』講談社
トンチャイ,W.　2003『地図がつくったタイ——国民国家誕生の歴史』(石井米雄訳),明石書店(原著 Thongchai Winichakul, *Siam Mapped*, University of Hawaii Press, 1994.)
浜下武志　1990『近代中国の国際的契機——朝貢貿易システムと近代アジア』東京大学出版会
溝口雄三　1989『方法としての中国』東京大学出版会

葛剣雄　2008『統一与分裂——中国歴史的掲示［増補版］』北京：中華書局
桑兵　2004「晩清民国的知識与制度体系的転型」『中山大学学報（社会科学版）』6 期（のち桑兵編『近代中国的知識与制度転型叢書』［北京：生活・読書・新知三聯書店,2005～］に「解説」として収録.）
夏明方　2007「一部没有"近代"的近代史——従"柯文三論"看"中国中心観"的内在邏輯及其困境」『近代史研究』1 期

Perdue, P.　2005. *China Marches West : The Qing Conquest of Central Eurasia*, Cambridge, Massachusetts & London, England : The Belknap Press of Harvard University Press.

第Ⅰ部

中華世界の構造と変容

第1章

清末の対外体制と対外関係

岡 本 隆 司

はじめに

　中国近代史をアヘン戦争から説き起こすことは，長きにわたって学界の通例であった．とりわけ対外関係についてみれば，それはたしかに十分な合理性がある．アヘン戦争は中国が西洋とはじめて深い政治的な関係をもち，西洋的な近代国家となろうとする歩みをはじめた出発点だからである．

　もっともそこには，抱かれることすらなかった疑問がある．出発する主体である中国が当時，いかなる体質，体調だったのか，どのような動機，方法で出発したのか，中国はその前後を通じ，全体としてどんな動きをしたのか．たとえばこうした問いは，「封建体制」「半植民地半封建社会」という所与の概念で片づく，自明のことがらだったのである．

　だがこんな観点は，もはや問題にならなくなって久しい．現在ではむしろ，上に紹介したような疑問のほうが，すぐれて考察の対象となっている．その具体的な解答が出てくるにつれ，アヘン戦争で説き起こすことは，ほとんどなくなった．出発点のひとつにはまちがいないけれども，それ以上のものでないことがはっきりしたからである．

　一事が万事，アヘン戦争をたとえば，日清戦争に置き換えてもよい．もちろん史料や方法，史実や評価は同一ではありえないが，研究する側のみかたや姿勢では，ほとんど同じことがいえるはずである．

ある立場，観点からする合理性，重要性は，絶対ではない．別の視角からたえず検証する必要がある．旧来の史観では問うまでもなかった事実を新たな観点からみなおし，その意味を解き明かさねばならない．現在はこのように，19世紀中国に対する従来の歴史像を書きあらためている段階だといえる．

そうした現状に立脚しながら，20世紀の東アジア国際関係の前提をなす清末の対外関係を考えるなら，それは清朝がいかに関係をもったか，あるいはとりむすぼうとしたか，をみるばかりでなく，その行為や動機が由来するしくみをも問いなおさざるをえない．それをここでは，対外体制とよぼう．19世紀における清朝の対外体制とその変遷，それが現出させた対外関係の推移をあわせて描き出す．それが本章の課題である．

1. 清代の体制

清代の統治構造

清末の対外体制を考えるさい，前提として見のがせないのは，それにさきだつ清代の体制である．清朝は史上空前の版図を有し，多くの種族をかかえていた．したがってその統治構造の全体を，すみずみまで精確に描き出すには，筆者の力量はもとより，本章の紙幅も，とうてい十分ではありえない．行論にかかわるところだけ，大づかみに述べよう．

清朝の統治を一言で説明してしまえば，明朝流の「華夷」の峻別と分断を払拭したものだといえる．1636年，満蒙漢三族が推戴した「大清國(ダイチングルン)」の皇帝は，満洲の族長がモンゴルの大ハーン，漢人の天子を一身に兼ねた存在にほかならない．さもなくば，清朝があそこまで拡大することはなかっただろう．異なる種族に有効な統治をおよぼし，膨大な版図を現出した要諦は，清朝皇帝が各々に，ただ一人で君臨したところにある［石橋 2000］．

モンゴル人にとっては，あくまでそのハーン，漢人にとっては，あくまで中華の皇帝，同一人物でありながら，別個の異なる君主である．しかもその君主じしんは，種族がちがう．となれば，そうした君臨の成否は，ひとえに被支配民の納得，支持を獲て，かれらをうまく統治できるかどうかにかかっている．複数の君主を一身に兼ねる以上，ひとつの種族の統治に失敗したなら，別の種

族統治に影響をおよぼしかねないからである．

　いいかえれば，清朝皇帝のなすべきは，それぞれの種族にたえず身をもって，君臨の正当性，あるいは正統性を証明することにあった．自らが誰にとっても，前代をうけつぐに足る君主でなくてはならない．そこで在地在来の体制になるべく手をふれず，しかも前代に優越する善政を布く，というのがその統治原則となる．

　多くの種族のうちもっとも巨大，もっとも「難治」なのが，明朝治下の漢人である．かれらに君臨した歴代の清朝皇帝は，そのため心血を注いで統治にあたり，伝統的な中華皇帝の模範となるにつとめ，また実際もっとも模範に近づいた．康熙，雍正，乾隆を頂点に，清朝ほど英邁な天子を輩出した中華王朝はない．

　清朝は明朝の正統をひきつぐ，というのがその統治の前提であるから，中央地方の官制を踏襲し，漢人の社会秩序，経済活動をあるがままにみとめ，これに干渉，介入することは手控えた．いわゆる「以漢治漢」である．とはいえ，明末の弊政までうけつぐつもりはない．現状にあわない制度は改廃し，綱紀を粛正し，秩序の回復につとめた．

　そのうちもっとも重要だったのは，つとに堕落の極に達していた官僚の統制である．官僚の非違をとりしまるため，明朝は宦官を使ったものの，かえって混乱と腐敗に拍車をかけた．清朝の場合，宦官よりはるかに信頼でき，武力もそなえた八旗を有していた．中央主要官庁の満漢併用制も，満洲人が実務者の漢人を傍から監視するという制度である．

　もとよりすべての満洲人，八旗がはじめから，清朝の皇帝に従順だったわけではない．その場合，かれらは中央主要政庁の六部を掌握して，勢力を張るのを常とした．しかし皇帝が八旗を完全に掌握すると，六部もその権勢を失って，それぞれが専ら管轄範囲をあつかう，いわば皇帝直属の諮問機関と化した．

　地方の政治は一省をつかさどる総督・巡撫（以下「督撫」）に一任した．この督撫以下の地方官に，おおむね漢人を登用したのも，「以漢治漢」の方針どおりであって，その点からいえば，清朝の漢人支配は，本質的に分権的なのである．しかし地方官に対する統制は，徹底していた．史上有名な雍正帝の奏摺政治もその一環である．実地の情報をもれなく，皇帝のもとにあげるようにし

むけつつ，地方をあずかる督撫をまったく皇帝の直属としてしまった．

　実地の政治は督撫におこなわせ，その方針，行動を皇帝が六部に諮問しつつ，コントロールする．こうして中央，地方を直接，厳重に監視，統制したことで，中華的伝統的な皇帝独裁制は究極まで，おしすすめられた観がある．

　旧制に手をふれない統治原則は，対外的な関係についてもいえる．北に向けては，モンゴルの大ハーンとして君臨したから，たとえば明朝が遊牧民国家と結んでいた関係とは，自ずから異なっている．ツァーをチャガン・ハンとよび，清朝皇帝はボクド・ハーンとよばれたロシアとの関係などは，その典型とみることができよう．「相互主義」的なネルチンスク条約やキャフタ条約は，あくまでそのなかでとらえるべきもので［吉田 1971］，同じく条約とはいっても，19 世紀以降のそれとは，この点で前提を異にする．

　清朝が明朝の後継としてふるまったのは，東南方面である．朝鮮，琉球，ベトナムなど，周辺国との朝貢関係は，明代をほぼそのまま踏襲した．しかしここでも，明朝の先例をただ墨守したわけではない．その朝貢と不可分だった海外渡航の制限と海上貿易の統制を大きく緩和した．前代に禁じられていた民間の貿易を公認したわけである．これは海岸線を境界として，華と夷を隔絶しようとした明朝の姿勢とは逆であって，清朝の体制の発現とみることができる［岡本 1999］．これによって倭寇や鄭氏など，不穏がつづいた沿海地方は，みちがえるほど治安がよくなって，平和な貿易関係が発展した（1-4「沿海社会と経済秩序の変容」参照）．

　こうして朝貢と貿易が，清朝の主たる外国との関係の持ち方となる．前者はあくまで中央の典礼，後者は沿岸地方の商行為であるから，それぞれ礼部と地方官が管轄した．したがってそこには，われわれが普通にイメージする，国家が専轄する外交や外政機構は存在しない．それで必要にして十分，何の不都合もなかったのである．

清末の到来

　以上の体制は，18 世紀まではうまく機能した．東アジアが清朝治下で，空前の繁栄と平和を謳歌したのも，その所産である．けれども永続することはなかった．

乾隆時代に絶頂をむかえた繁栄は，人口の増加をはじめとする社会，経済の飛躍的な拡大をもたらした．それは漢人の統治にかかるコストが，量的に激増したことを意味する．既存の体制でそのコストをまかなえるうちはともかく，そうできなくなれば，体制を変えざるをえない．そんな事態が誰の目にも明らかになったのが，ちょうど19世紀の幕開け，代表的な事件は白蓮教徒の乱であり，体制の変革を余儀なくされたのが，1850年代，太平天国，アロー戦争をはじめとする内憂外患の時期であった（1-5「清代後期における社会経済の動態」参照）．

　清朝の漢人統治は，実地には分権的な「以漢治漢」でありながら，中央地方の官僚を皇帝みずから直接統率し，自在に動かしてゆく独裁体制である．皇帝に官僚を押さえ込むだけの力量を要したから，皇帝その人がぬきんでて英邁でなければならなかった．しかし19世紀には，なすべき国事が急増したため，いかに英邁であっても，ゆきとどきかねるようになる．

　乾隆帝を名君というなら，嘉慶帝，道光帝ともに劣らぬ名君である．それでも18世紀の「盛世」と19世紀の「衰世」というイメージのコントラストは歴然で，皇帝の評価にも直結してきた．しかしそれは皇帝の個性や能力より，むしろ体制の問題である．清朝的な皇帝独裁は，19世紀の現実に対処しきれなくなっていた．いわば制度疲労をおこしていたにもかかわらず，破綻させなかったのが，嘉慶帝と道光帝の手腕というべきだろう．

　だがその破綻は，時間の問題であった．19世紀の半ば，咸豊年間に太平天国をはじめ，あいついで内乱がおこり，しかもなかなか有効に対処できなかったことが，その間の事情を物語っていよう．10年の試行錯誤をへて，旧来の体制には大きな改変がくわわった．

　まず皇帝の矮小化である．咸豊帝を境に，百官を自ら統率する名君の時代は終わりを告げ，以後の同治，光緒，宣統の三帝はいずれも幼君，さもなくば実権のない存在となった．その資質や能力は，もはや問うところではない．

　こうなったのは，もちろん後継者の問題に起因する．けれども19世紀の情勢にかなう展開でもあった．皇帝が成人であれば，否応なく旧来の皇帝独裁が求められる．それでうまくいかないため，条件をかえる結果となった．つまり，皇帝独裁が統治コストの増大を負担しきれなくなった結果，その一身に集中す

る権威権力権限を分散して，コストを吸収しようとしたわけで，いわば分業分担による効率化をはかったのである．

中央では同治年間以降，西太后の垂簾聴政(すいれんちょうせい)となる．たてまえとしては，皇帝独裁は存続しているものの，皇帝本人は幼少なため，権力と責任の所在が判然としなくなった．かてて加えて，その爪牙をなす八旗の指導層と軍事力が内憂外患で打撃をうけ，自ずから地方大官の裁量が相対的に大きくなった．いわゆる督撫重権の現象である．

地方では内乱を実地に平定する必要から，督撫が個別に，軍事力とその維持に必要な財政権とを掌握しなくてはならなかった．団練，郷勇から湘軍，淮軍にいたる新軍隊，捐納(えんのう)（一種の売官），釐金(りきん)（一種の内地通行税），関税などの新財源は，いずれも管轄領域を確実に治めるために，生みだされたものである．結果として，増大した統治コストをまかなう役割をになった（1-6「中華帝国財政の近代化」参照）．

皇帝を代理する西太后じしんは，けっして実地の政治に強力なリーダーシップを発揮するタイプではなかったし，またそれほどの能力もなかった．自らの利害に反しないかぎり，事情に通じた当局の処置にまかせている．それが督撫の拡大した裁量を正当化するにひとしくなり，中央の君臨と地方の統治は，バランスを保って嚙み合った．

だから必要であれば，その正当化と均衡は，慣例にそむいてでも維持された．先帝と同じ世代の光緒帝を擁立したこと，あるいは李鴻章を四半世紀にわたって，直隷総督，北洋大臣の地位にすえつづけたことは，その最たる事例である．

こうして，中央の垂簾聴政と地方の督撫重権の組み合わせという清末の体制ができあがる．それは19世紀に入り，旧体制で動揺がつづくなか，安定を模索して出た一つの結論でもあった．統治構造をなりたたせる要素そのものは，18世紀とほとんど変わっていない．しかしそれぞれの比重と役割を改めることで，新しい情勢に対処できる体制となったのである．

2. 清末の制度構成

「夷務」の時代

　清朝の対外関係は，さきにも述べたように朝貢と貿易，いいかえれば，首都宮廷の典礼と沿海地方の商行為からなりたっていた．もちろんこれはごく便宜的な説明であって，朝貢にせよ貿易にせよ，よくみれば，時期，場所，相手によってさまざまなヴァリエーションがある．現実にはそれぞれが個別独立の，異なる関係にほかならない．われわれが理解しやすいように，朝貢，貿易という概念で分類している，というほうが精確なのだろう．

　ともかく時間の経過とともに，比重を増してきたのは貿易，なかんずく西洋諸国とのそれである．当時この貿易を互市，通商などとも称する．字面だけみれば，いずれもほぼ中立的な表現だが，その位置づけはやはり無色不偏，一定不変ではありえなかった．

　西洋諸国とりわけイギリスの中国貿易が，きわだって盛大かつ重要になってきたのは，18世紀の後半に入ってからである．客観的にみれば，この貿易が当時の中国経済全体におよぼす影響は，決して小さくなかった．上述した社会経済拡大の一環，いな原動力だといっても過言ではない［岸本 1997］．当然それにともなって，処置すべき事務も急増する．

　ところが，こうした増大と反比例するかのように，清朝の側では，一般の官僚士大夫のみならず，皇帝をはじめとする当局者たちも，外国をおしなべて「外夷」とみなす傾向を強めてきた．貿易およびそれに関わる事務手続も，朝貢になぞらえた上下関係を強調し，恩恵的に取引を許してやる，とのみかたになる．史上有名なマカートニー，アマースト使節に対する態度はその典型であり，ロシアの場合もその例にもれない．貿易を中心とする，こうした外国との関係を，当時「夷務」と称した［岡本 2007a］．

　このように，客観情勢と主観認識がかけ離れてゆくなか，おこったのがアヘン密輸問題であった．事実としては，アヘンが毒物，禁制品でありながら，銀の流出をもたらし，財政経済変調の要因になったからこそ，にわかに問題化したわけだが，それは西洋との貿易が，いかに大きな影響を中国に及ぼしていたか，にもかかわらず，清朝の側がそうした情勢をいかに過小評価していたか，

を物語っていよう．

そのアヘン問題がこじれて勃発した戦争の結果，むすばれたのが1842年の南京条約である．清朝はここではじめて，条約というものを締結した．戦勝の結果これを強要したイギリス，ひきつづき条約をむすんだアメリカやフランスは，条約が西洋流の国際関係にもとづくものである以上，当然みずからの論理と利害にしたがって，その条文を解釈する．

清朝の側はこれに対し，戦いに敗れて調印を強いられたものであるから，条約に拘束力があることは理解していた．それでもその姿勢が，大きく変わったわけではない．清朝からみれば，それまで個別に貿易をおこなっていた相手と，やはり個別に新しい約束をしただけで，それで技術的な細目が変わっても，関係の原則に変更の必要はみとめられない．

条約関係というものは，あくまで旧来の関係の延長上にあって，要するに，暴れた外国をおとなしくさせ，目前の困難な時局を収拾するための方便にすぎない．それが清朝の立場である．だから「外夷操縦」という「夷務」の認識も旧態依然であった．たとえば最恵国待遇条項にしても，西洋諸国を平等，「一視同仁」にあつかわないと，騒擾をひきおこすかもしれない，という危惧から承認したものである［坂野 1970：6-26, 441］．ほかの周辺国，朝貢国に条約の影響が及ぶなど，思いもよらなかったし，外国に対する制度や組織がかわることもなかった．その管轄はやはり，開港場の所在する現地当局がいっさいうけもつことになる．

しかしこれでは，条約を結んで新たな関係に入った，と思っている西洋の側はおさまらない．こうして軋轢が高まるなか，1856年におこったのがアロー号事件であり，イギリスとフランスはそれを機に，ふたたび関係をあらためようと戦争にもちこんだのであった．

アロー戦争以後

清朝はこのアロー戦争で，北京に英仏連合軍の侵入を許し，城下の盟を余儀なくされる．これまでと同じ態度，姿勢，制度で西洋列強と対することは，もはや不可能となった．

1858年の天津条約，1860年の北京協定は，貿易市場の開放に重きをおいて

いた南京条約とは異なり，西洋式の外交，国際関係をとりむすぶことを企図したものである．交渉時最大の係争点となった，外国公使の北京駐在の規定は，その典型だといえよう．

これに応じて，外国公使と首都で日常的に交際折衝すべく，総理衙門(そうりがもん)が設立された．外国側から見ると，ようやく外務省に相当する官庁ができたのである．これをはじめとして，対外関係にあたる機関は，南京条約締結時の20年前と比べて，大きく様変わりした．

各開港場を管轄して，各国の領事と日常的な折衝に応じたのは海関道である．もともといくつかの府州をまとめて監督する道台という官員で，開港場の所在する地域では，内外の交易を管理し関税を徴収する海関の責任者を兼ねることが多かった．天津の津海関道のように，開港後に海関を専門に設けられたものさえある．この海関は外国貿易に対しては，とくに税務司という外国人官吏を入れて，西洋式の行政をおこなった．金銭出納の実務は海関道がうけもち，情報収集や会計監査は税務司があたるという関係になる［岡本 1999］．

海関道は各省の督撫の部下であると同時に，南北洋大臣にも属した．南洋大臣は上海以南の，北洋大臣はそれより北方の開港場を統轄し，それぞれ両江総督と直隷総督が兼任する．この南北洋大臣は元来，対外交渉をひきうけてきた広東，上海の欽差大臣の流れを汲むもので［坂野 1973: 202-203, 265, 267］，ひきつづき現実の交渉にあたるよう想定されていた．国内の軍権，財権を掌握する督撫がその任を帯びたことは，以後の対外関係の推移に大きな影響をおよぼす．

各海関の外国人税務司は，イギリス人総税務司ロバート・ハートに直属した．この総税務司は北京に駐在して総理衙門に属したから，海関の外国人官僚群は，清朝の外政官僚とは別の組織系統をなしていたことになる．総理衙門はこのルートから，貿易や交渉など，対外実務のくわしい情報を得ることができた［岡本 1999］．

このように，清朝を代表する外政機関として，主要な開港場をたばねる南北洋大臣と首都にある総理衙門とが併設された．後者の地方の出先が前者であるかのように見えるものの，実際にはこの二者は統属関係にはなく，いずれも皇帝に直属した．そうした点，一国の外交を一元的に統轄する近代国家の外務省の機構とは，本質的に異なっている．そのため西洋諸国の期待は，時間の経過

とともに裏切られる結果となる．

　イギリスがアロー戦争時に，公使の北京駐在を執拗に求めたのは，「西洋の絶対王制」のアナロジーから，清朝の統治構造を中央集権的だとみていたからである．つまり開港場の情況を自らに有利に導くには，首都に出先を置いて，中央政府から現地当局に圧力をかけるようにしたほうが，効果的だと判断した［Banno 1964: 13-17］のである．しかしそれは，第1節で論じた統治構造からすれば，大いなる誤解だというほかない．

　たとえば総理衙門は，首都で外国と折衝する局面が続いたため，臨時に任じたその交渉人員を常設機構化したものにほかならない［Banno 1964］．その構成人員はほとんどの場合，別に本務の官職を有していて，一時的にいわば出向するかたちで兼務したわけで，その臨時的な本質が，かわることはなかった．開港場に直属の下僚をもたず，財力，武力の裏付けもない総理衙門の判断力，実行力は制度上，はじめから微弱だったのである．

　しかも首都の北京では，アロー戦争当時から，排外的な保守派が優勢で，しばしば外国との妥協を妨げていた．「清流」として根強く残存したこの勢力が，たえず掣肘をくわえたため，総理衙門は外国に関わって，思い切った決断や行動をとることはできなかった．その代わり，総税務司のハートから入ってくる開港場，海外の情報を用いて，当局者，実務者に対する監督の役割に徹するようになった．総理衙門との交渉を試みた外国側が，しばしば「延期衙門」と揶揄した決断力の乏しさも，サボタージュというより，制度機構上の位置づけがしからしめたところなのである．

　対外関係に実行力を有したのは，地方で開港場の統轄にあたっていた南北洋大臣，とりわけ当時，最大の軍隊と財力をもっていた北洋大臣の李鴻章である．かれは1870年，直隷総督に任命され，北洋大臣を兼ねてから，1895年に日清戦争で敗れるまで，めざましい実務能力を発揮した．その手を経ない対外交渉は，皆無だといっても過言ではない．

　これでは公使の北京駐在を求めた外国側からすれば，何のためにアロー戦争を戦ったのかわからない．けれども李鴻章が在任した25年間，対外関係はたしかに大過なかった．長くとも5年前後で交代した南洋大臣とちがって，北洋大臣に居すわりつづけた事実じたい，かれがいかに内外から大きな支持をえ，

なくてはならぬ存在とみなされたかを物語る．

　こうして対外関係において，首都の総理衙門の監督と地方の李鴻章の実務という組み合わせができあがる．これが第1節に述べた，垂簾聴政と督撫重権の体制にみあった推移であるのは明白だろう．対外体制においても，制度構成の原理は変わらない一方で，その役割と比重はあらたまっている．総理衙門や南北洋大臣という新たなポストの設置もその結果なのであり，19世紀前半までの「夷務」とは区別して考えなくてはならない．当時の表現でいえば，それは「洋務」であり，その内実を総体的に考えることが，この時期の特質をとらえる鍵となろう．

3. 清末の対外関係

1860年代と総理衙門

　1860年以降の対外関係は，10年ごとにまとめて考えるとわかりやすい．第一の1860年代は，それまでの方法では通用しなくなった西洋諸国との関係を再編した時期である．アロー戦争で天津条約をむすんだ英仏米露の四か国と関係を正常化するとともに，ほかの欧米諸国とも新たに条約を締結することとなった．そのいずれにも，発足まもない総理衙門がリーダーシップをとっている．

　これには，地方大官がなお内乱鎮圧に手をとられていたこと，列強がいわゆる「協力政策」をとって北京政府を支持し，ことさら総理衙門を交渉の相手としたこと，などが要因としてあげられる．総理衙門もそんな動きにこたえて，外国と協調的な態度をしめし，同文館の設立や万国公法の翻訳刊行，欧米への使節派遣など，西洋の文物を積極的にとりいれようとする姿勢をとった［坂野1973: 275, 278-279］．

　1861年から69年の間に，総理衙門の指揮のもと，プロイセン（ドイツ），デンマーク，オランダ，スペイン，ベルギー，イタリア，オーストリア=ハンガリーと条約が結ばれた．外国側が英仏米露の天津条約をモデル，目標として交渉に臨んだのに対し，総理衙門は少しでも自らに有利な方向に，条文をあらためようとした．そうした努力はほとんど実を結ばなかったけれども，当時のかれらの関心をよくあらわしており，なかんずく注目に値するのは，最恵国待遇

条項の適用を限定しようとしたことである［坂野 1970: 225-226］．この利害関心はオルコック協定と日清修好条規において，本格的に示される．

　イギリスと結んだ天津条約の第27条に，締結10年後に条約を改正できるとの条文があり，これに応じ，1868年に双方の要望にもとづいて，条約改訂交渉がおこなわれた．その結果，1869年10月23日に調印された条約をオルコック協定という．

　この命名はもちろん，イギリス北京駐在公使ラザフォド・オルコックにちなんだものであり，かれの活動がいわば，「協力政策」を体現，集大成していた．すなわち自国商人の過度の要求をおさえながら清朝に宥和的な姿勢を示し，必要な譲歩をかちとろうとした戦略である．オルコックは当時のイギリスにとって重要だった内地課税問題を，実務的に解決することに重点をおいて，総理衙門を相手に交渉をすすめ，その合意をとりつけるのに成功した．そして清朝側の求めに応じて，有条件的最恵国待遇を規定したのである．

　この協定に対し，イギリスでは在華商人はじめ，貿易関係者が激しい反対運動をおこした．もとの天津条約のほうが，まだましだとみなしたからである．英本国政府はそのため，協定の批准を拒否せざるをえなかった．この結果は清朝側で，総理衙門の姿勢と能力に疑問をいだかせ，その勢力を弱めることとなる［坂野 1973: 282-286］．

　こうした趨勢に拍車をかけたのが，オルコック協定の批准拒否とほぼ時を同じくしておこった，1870年7月の天津教案である．フランスのカトリック教会とキリスト教徒に対する襲撃，殺害のみならず，フランス外交官や清朝の地方官も犠牲になったこの事件は，重大な外交問題となり，天津には各国の軍艦が集結して，武力衝突寸前にまでいたった．

　この事件はけっきょく，清朝側が責任者の処刑，処罰と賠償金の支払い，謝罪使の派遣をおこなうことで解決をみる［吉澤 2002: 67-70］．ここで明らかになったのは，列強の「協力政策」が名実ともに，終焉をむかえたことである．外国側はこれ以降，清朝，総理衙門に必ずしも協調的ではなくなり，利害の対立を前面に押し出すようになった．

　総理衙門はそのために指導力を失い，清朝外政の中心ではなくなった．その勢力は元来，列強の支持に支えられていた側面があったからである．それに代

わったのが，天津教案のさなか，淮軍(わいぐん)をひきいて天津に赴任してきた李鴻章である．かれの存在と活躍が，清朝の対外関係において 1870 年代以降の段階を，60 年代とはっきり分かつ指標となる．

1870 年代の意味

1870 年代は明治日本の登場で幕を開ける．李鴻章の本格的な外交デビューも，日清修好条規の交渉締結だが，これは従来の条約とは趣を異にする．たとえば最恵国待遇条項が入っていなかったり，領事裁判権を双務的に認めあったりしたところは，60 年代の関心の連続だともいえよう．しかし清朝側にとって，日清修好条規を締結した最大のねらいは，日本が中国の沿岸や朝鮮半島に武力侵攻してこないようにするにあった．第 1 条の「両国所属の邦土，稍も侵越有るべからず」という文言がそれである［佐々木 2000: 15-31］．

ここからわかるように，このころから対外関係において，辺境の防衛という意識が前面に出てくる．外国側が協調よりも対抗の姿勢を強めてきた事態に応じた変化だといってよい．そしてロシアと日本がその焦点となった．いわゆる「塞防(さいぼう)」と「海防」である．

西北方面は 1860 年代から，各地でムスリムの反乱がおこり，とりわけ新疆(しんきょう)地方では，コーカンドからカシュガルに入ったヤクーブ・ベクが，一大独立国家を築いた．この政権は 70 年代に入って，隣接する英露と条約をむすび，いったんは国際的に承認されたものの，西北の反乱平定に専念してきた左宗棠(さそうとう)の遠征軍に敗れて瓦解する．

清朝はこうして，1877 年までに新疆のほとんど全域を回復し，70 年代のはじめにイリ地方を占領していたロシアと，あらためて直接に対峙することとなった．新疆，モンゴルを確保するため，内陸アジアに防衛の意を注ぐべきだというのが，いわゆる「塞防」論であり，そのはるかな標的は，陸上で境界を接するロシアにある．

左宗棠の新疆回復作戦と時を同じくしておこったのが，台湾出兵である．琉球の漂流民が台湾の生番に殺された事件の責任を追及するとして，日本が 1874 年，台湾に武力を行使すると，日本への警戒はにわかに高まって，沿海の防御を整備して海軍を建設する「海防」がとなえられた．李鴻章は新疆を放

棄してでも、「海防」を優先すべしと説き、これ以後、日本を仮想敵国として北洋海軍の建設に邁進する．

このようにあいつぐ対外的な危機で，日露という清朝の主敵が明確になる．それぞれに対する憂慮は，もちろん立場や見方によって一様でなかったが，総じていえば，ロシアよりも日本を危惧する傾向が強い．ロシアとは難渋な交渉を重ねながらも，1881年にペテルブルグ条約をむすび，イリ地方の返還をうけて，どうにか安心できる関係に入ったのに対し，日本とは必ずしもそうはいかなかった．台湾出兵が清朝の当局者に衝撃を与えたのは，何より日清修好条規でとりきめた「邦土」不可侵の約束を，日本がやぶったからである．条約の拘束力が通用しない，何をするかわからない，というのが日本に対するイメージだった．

こうして，のちに続く対外関係の基本的な構図は，1870年代にできあがる．それでもこの時期は，なお深刻な危機にはみまわれていない．70年代の末，ロシアは露土戦争，日本は西南戦争で手をしばられて，中国に目を向ける余裕がなかったからである．そんな情勢を看破して，この「いわば息抜きの時間」のうちに「軍備の充実，鉄道，電信の建設などに努力」し，態勢を整えなくてはならぬというのが，李鴻章の心算だった［坂野 1985：94］．しかしその「努力」が成果をあげないうちに，四囲の情勢が大きく動きだす．

4. 1880年代と属国

外政の転換

1880年代は清末外政の転換期である．1879年の琉球処分，清朝のいわゆる琉球の「滅亡」で幕を開けたこの10年間は，中国の周辺で同時継起的に危機がおこり，それをしのぐことが要請され，したがって李鴻章の手腕がもっとも問われた時期であった．

辺境の情勢をみると，北方のロシアとの関係は，緊張をはらみつつも，国境を画定してひとまずの安定に向かったのに対し，東南方面は以前にまして，憂慮すべき事態になってくる．インドと雲南に介在するビルマ，雲南，広西，広東に隣接するベトナム，東三省に接し都に近い朝鮮半島のいずれにおいても，

楽観を許さなかった．ビルマはイギリス，ベトナムはフランス，朝鮮は日本がそれぞれ大きな利害関係を有していたからであり，清朝との矛盾がこの80年代に顕在化したのである．

　この三方面には，共通点がある．いずれも清朝の属国，朝貢国であり，当時はその属国に，列強が勢力を伸ばしてきた局面だった．日本に「滅ぼされた」琉球が，そもそもそうである．琉球処分が清朝の当局者に大きな衝撃をあたえたのは，琉球そのものよりも，属国が外国に奪われた，というところにあって，本来たがいに別個で独立していた各々の属国との関係が，ここにおいて，にわかに関連を帯びてくる．属国の琉球が滅ぼされたから，同じく属国である朝鮮にも，危機が及びかねない，というように．

　「属国」といっても，国際法上の，西洋近代の属国ではない．朝貢をおこないさえすれば，それで属国となりえたわけで，清朝は冊封しても，その内政外交には容喙干渉しないのが，むしろ原則となっていた．それでも清朝と属国のあいだには，儀礼上，一種の上下関係が厳存していたから，清朝の側は80年代の危機的な局面にたちいたると，安全保障上の関心から，旧来の属国との上下関係を実体化して，本国を守る防壁とすることをめざした［岡本 2007b: 171-172］．いわば朝貢国の緩衝国化，保護国化であって，「緩衝国のベルト」という概念［坂野 1973: 79, 83, 318-319］は，このときはじめて内実をもったものとなる．それと同時に，二国間関係の併存でしかなかった清朝の対外関係は，はじめて各々の関係が相互に連関する一体の外交となる契機をえたのである．

　こうした転換を主導したのが，在外公館と李鴻章である．1870年代の末から欧米，日本に設置された在外公館は，任国との交渉にあたるかたわら，その制度をいちはやく吸収して，本国に西洋流の国際関係構築をよびかけた［岡本 2008a］．李鴻章はそうした提言をうけて，実施にうつす役割を果たす．

　同時的に危機が継起したため，ひとしく属国ではあっても，対処にあたっては，その重要性にかんがみて，優先順位をつけざるをえなかった．海を隔てた琉球，あるいは山岳で隔てられているビルマはまだよい．重大なのは南方のベトナムと東方の朝鮮である．

ベトナムと朝鮮

　清朝の立場からみると，ベトナムと朝鮮とは一種の並行現象を呈している．いずれも 1870 年代の半ばに，ほかの国と条約を締結し，清朝はその当時，介入に消極的だったのに対し，80 年代に入ると俄然，積極策に転じる，という経過をたどった．とはいえ，具体的な事実の性格や結果は，もちろん両者おおいに異なる．そのあたりをたどってみよう．

　1874 年 3 月 15 日，フランスは阮朝ベトナム政府とサイゴン条約を結んだ．これは第 2 条に，ベトナム国王の「主権とあらゆる外国に対するその完全独立 (son entière indépendance) を認める」，第 3 条に，ベトナム国王は「フランスの保護に感謝して (En reconnaissance de cette protection)，自国の対外政策をフランスのそれに従って決定する」と規定しており［Cordier 1902: 268］，ベトナムが本格的な植民地化に向かう契機となる．しかし清朝はこれに対し，ベトナムが「もと中国の属国に係る」と表明はした［坂野 1973: 349］ものの，それ以上の行動には出なかった．

　その 2 年後，1876 年 2 月 3 日，朝鮮は日本との江華条約に調印した．その第 1 条は「朝鮮国は自主の邦」であり，「日本国と平等の権を保有す」と規定する．清朝はこれに対しても，朝鮮が日本と「通商往来するかどうかについては，その自主によるのであって，そもそも清朝が干渉できるものではない」としたのである［岡本 2004: 30-31］．いずれも「独立」「自主」をさだめ，清朝の宗主権を否定する含みをもっていたにもかかわらず，清朝はあえてそれを問題とはしなかった．

　この時期は西北で新疆回復作戦が進行するなか，「海防」「塞防」の論議もおこって，大方の注意はそちらに向いていたのであろう．ベトナム，朝鮮の方面では，なお危機感の切迫にはいたらなかったのである．

　ところが 1880 年代に入ると，事態は一変した．まずベトナムである．ハノイ周辺のいわゆるトンキン地方でフランス軍の活動が活発化し，駐仏公使曽紀沢が時を同じくし，ベトナムに対する清朝の宗主権をとなえて，フランス外交当局に抗議をはじめた．フランスの側はベトナム「独立」とフランスによる「保護」を一体とみなしていたのに対し，清朝はトンキンの保護権を留保したいと考え，そのためにベトナムとの「属国」関係を強調したのである．いわば

この「保護」の争奪が，清仏を対立させる根本要因をなしており，李鴻章はそれを妥協させ，戦争を回避すべく奔走する．1882年に駐華公使ブーレと交わした覚書，特使トリクーとの難渋な交渉［岡本 2007c］，1884年に海軍中佐フルニエと結んだ協定［岡本 2008b］は，いずれもその所産である．けっきょくいずれも奏功せず，戦闘に敗退した清朝が「保護」の実質を断念し，「属国」の「体面」を保持するかたちで，和を講じざるをえなかった．

朝鮮半島に対する危機感の高まりは，日本の琉球処分にはじまる．属国「滅亡」の脅威が及ぶと懸念されたのであり，江華条約の「自主」が警戒の的になった．駐日公使何如璋（かじょしょう）は朝鮮を国際法上の属国とすべしと建言したが，本国は関係国と摩擦をひきおこしてまで，その措置にふみきることはできなかった［鈴木 1992：553-560；岡本 2004：40-44］．

そこで李鴻章は朝鮮に欧米諸国と条約をむすばせることにする．日本を牽制すると同時に，朝鮮は清朝の「属国」で，しかも内政外交が「自主」だという「属国自主」を明文化して，関係国に承認させるのが，そのねらいであった．ところが日本も西洋諸国も，その内容をはかりかねただけでなく，清朝と朝鮮のあいだでも，見解が一致しなかった．清朝は「属国」を前提として「自主」を名目だとみなしたのに対し，朝鮮は「自主」を前提として「属国」を儀礼にすぎないとみたからである．そこには不可分的に，朝鮮に対する保護権はどの国がもつかの問題もあって，その確たる解答がなかなか出なかったことが，かえって一種の勢力均衡をもたらした［岡本 2004］．1885年以降，朝鮮半島が10年の平和を保ったのは，そこに大きな原因がある．この点，「保護」の帰趨が清仏のいわば二者択一となって，戦火を惹起したベトナムとは異なっていた．

李鴻章がおこなった交渉活動は，属国が独自に外国とむすんだ条約をみとめながらも，なおその国を属国，保護国と位置づけようとしたもので，西洋的な近代外交としては，きわめて異例であった．それでも通用したのには，それなりの理由がある．

まず李鴻章が築き上げた北洋の軍事力である．その内実は空疎で，かれ自身それを熟知し，不本意に感じていた．異例の外交になったのも，ひとつには，行使するに足らない実力を自覚していたからである［岡本 2007d：10-12］．しかし見かけだけでも大きな武力を擁し，しかも安易に発動しないところが，抑止

力として作用し，李鴻章の言動に千鈞の重みを与えていた．朝鮮方面はいわずもがな，清仏戦争においても，そうである．

さらに，その手腕をふるわせた清朝中央の存在がある．排外勢力の反対，「清議」の攻撃にもかかわらず，李鴻章を支持しつづけた西太后，総理衙門の役割は，表面にあらわれにくいけれども，決して見のがしてはならない．そして基本的に現状の維持をのぞみ，破局をさけるべく，異質性をあえて黙認した外国側の姿勢も，大いにあずかって力があった．

1880年代の極東が曲がりなりにも安定を保ったのは，以上の要因が組み合わさっていたことによる．それなら，その一つでも欠ければ，安定は動揺しかねない．そうした局面は，遠からず訪れるのである．

おわりに

1890年代は，次の時代に向かう胎動がはじまった時期である．1890年，ビスマルクがドイツ帝国の宰相をしりぞき，いわゆる独露再保障条約の非更新と露仏の同盟をもたらした．同じころ，旅順の軍港と砲台が完成し，清朝の鉄道が山海関をこえ遼東方面にのびると，ロシアが警戒をつよめて，フランス資本を活用したシベリア鉄道の着工にいたる．それが今度は，ロシアの南下をおそれるイギリスと日本の危機感を高めてゆく．その焦点をなすのが朝鮮半島で，まず外国の側が極東の現状維持にあきたらなくなった．

1894年夏に勃発した日清戦争は，何よりその所産である．しかしそればかりではない．李鴻章が東学の蜂起にあたり，先んじて朝鮮に軍隊を送りこんだのは，武力の行使に一貫して慎重だった旧来の原則にそむいており，かれの企図にかかわらず，これが戦争の導火線となってしまった．しかも避戦に傾くかれを，清朝中央は支持せず，戦争へ追い立てた．かれの軍事力は日清戦争で潰滅し，かれ自身も失脚する．それまで対外関係の安定を支えてきた要因は，ことごとく失われた．

こうなっては，異例の外交もゆるされない．下関条約，三国干渉，露清密約にはじまる列強の利権獲得競争に抗うすべはなく，「瓜分（かぶん）」の道を歩むほかなかった．そのなかで，中央の君臨と地方の統治とのバランスがくずれ，双方は

相互不信をつのらせてゆく．これはあらゆる方面にあてはまる事象で，外政も例外ではない．本章で述べてきた清末の対外体制の崩壊過程だといえよう．

　それでも 1898 年の戊戌変法までは，李鴻章や張蔭桓（ちょういんかん），許景澄（きょけいちょう）ら，1880 年代に国内外で外政の実務に携わっていた人物が，総理衙門大臣に任じた．張蔭桓はもと駐米公使，許景澄は駐独，駐露公使である．かれらが健在なうちは，まだ外政でありえた．けれども変法以後，1900 年の義和団事件にかけて，かれらが失脚，流配，あるいは処刑で姿を消すと，あとに残された清朝中央の行動は，もはや外政というに値しない．むきだしの排外であって，その帰結が八か国連合軍の北京占領である．生き残った李鴻章は，地方にあっては，あえて中央の意思にそむく東南互保に与し，中央においても，あえて地方の利害に抵触しかねない北京議定書の交渉にあたった．中央と地方の乖離は決定的になるが，それしか列強との関係修復の道はなかったのである．排外がどうにか外政にもどったことをみとどけて，李鴻章は世を去った［岡本 2007d: 12-13］．

　その逝去と時を同じくして，世紀は変わり，中国も新しい時代に入る．とりわけ政治思潮と政治制度に，それが顕著である．一口でいえば，前者はいわゆる民族主義，後者は新政あるいは革命，いずれも西洋的な近代国家をめざす動きにほかならない．

　外政も軌を一にしている．清代の対外関係と統治構造にもとづいた旧来の体制は否定され，対等な主権国家どうしの外交関係と一元的専業的な外政機構の構築がはじまった．利権回収運動の一環をなす「修約外交」の出発［唐 2006: 143-165］と外務部の成立を皮切りとした制度改革［唐 2002: 852-853］が，その最たる事例である（2-3「国際社会と中国外交」参照）．

　しかしその否定と構築は，決して円滑にはすすまなかった．辛亥革命の各省独立，以後の軍閥分立は，19 世紀最末期に生じた中央と地方の不信，乖離が増大した結果である．またそのなかで，新しい外政を主導したのは，1880 年代の旧機構でキャリアを積んできた人々であり，その人脈や発想はなお，旧態依然の部分を多く残していた［箱田 2009］．民国以後の外交が「近代外交」をめざし［川島 2004］ながらも，現実にははなはだ多元的で，かつ中華的な「伝統」を強く意識する，という一種の逆説は，清末以来のこうした基底構造によっている．しかしその実態には，わからないことが少なくない．その解明はい

ままさに,はじまったばかりなのである.

［参考文献］
石橋崇雄　2000『大清帝国』講談社
岡本隆司　1999『近代中国と海関』名古屋大学出版会
―――　2004『属国と自主のあいだ――近代清韓関係と東アジアの命運』名古屋大学出版会
―――　2007a「「朝貢」と「互市」と海関」『史林』90巻5号
―――　2007b『馬建忠の中国近代』京都大学学術出版会
―――　2007c「属国と保護のあいだ――一八八〇年代初頭,ヴェトナムをめぐる清仏交渉」『東洋史研究』66巻1号
―――　2007d「「洋務」・外交・李鴻章」『現代中国研究』20号
―――　2008a「清末の在外公館と出使日記」同編『中国近代外交史の基礎的研究――19世紀後半期における出使日記の精査を中心として』平成17-19年度日本学術振興会科学研究費補助金(基盤研究(C))(研究課題番号17520478)研究成果報告書
―――　2008b「清仏戦争への道――李・フルニエ協定の成立と和平の挫折」『京都府立大学学術報告(人文,社会)』60号
川島真　2004『中国近代外交の形成』名古屋大学出版会
岸本美緒　1997『清代中国の物価と経済変動』研文出版
佐々木揚　2000『清末中国における日本観と西洋観』東京大学出版会
鈴木智夫　1992『洋務運動の研究――一九世紀後半の中国における工業化と外交の革新についての考察』汲古書院
箱田恵子　2009「外交制度改革と在外公館――日露戦争後の人事制度改革を中心として」森時彦編『20世紀中国の社会システム』京都大学人文科学研究所
坂野正高　1970『近代中国外交史研究』岩波書店
―――　1973『近代中国政治外交史――ヴァスコ・ダ・ガマから五四運動まで』東京大学出版会
―――　1985『中国近代化と馬建忠』東京大学出版会
吉澤誠一郎　2002『天津の近代――清末都市における政治文化と社会統合』名古屋大学出版会
吉田金一　1971「シベリア-ルート」榎一雄編『西欧文明と東アジア』(東西文明の交流　第5巻),平凡社

唐啓華　2002「陸徴祥与辛亥革命」中国史学会編『辛亥革命与20世紀的中国』全3冊,北京:中央文献出版社,上冊
―――　2006「清季官方修約観念与実践之研究」『国立政治大学歴史学報』26期

Banno, M. 1964. *China and the West 1858-1861 : the Origins of the Tsungli Yamen,* Cambridge, Mass. : Harvard University Press.
Cordier, H. 1902. *Histoire des relations de la Chine avec les puissances occidentales 1860-1900,* Tome 2, Paris : Félix Alcan.

第2章

中国的世界像の変容と再編

茂木敏夫

はじめに

　華夷秩序，あるいは朝貢体制，冊封体制などといわれる，近代以前において東アジアをひとつの世界として律していたとされる中国的世界秩序は，1960年代の冊封体制論［西嶋 1983］以来，1980年代，今度は近代史において，注目されるようになった．この動きを牽引した濱下武志の朝貢システムをめぐる議論［浜下 1990；1997］は，ひとつのスタンダードになった．

　以後，研究成果が蓄積されていくにつれて，前近代東アジアの秩序は，安定的かつ定型的な秩序とみなされ，多くの研究者にとって，議論の前提として自明視されるようになってしまった感もある．しかし，この前近代の秩序が，はたしてどれほど自明の秩序であったのかについては検討の余地があるだろう．朝貢体制や冊封体制などといった概念は同時代のものではなく，後世の史家によるものだったことには注意する必要があるだろう［佐々木 2000: 288］．

　近年，明清史研究において，特に清代を朝貢一元的体制と理解することを批判して互市に注目する議論も出てきている［岩井 2007；上田 2005］．また，外交史からの実証研究に見るべき成果が蓄積されつつあり［岡本 2004；川島 2004；岡本・川島編 2009］，前近代東アジアの中国的世界秩序について，その枠組を改めて考察する意義もあるだろう．本章は，そのような意義を念頭に，前近代東アジアの中国的世界秩序について，思想史的な観点から，その実態と理念との

相互作用に注目しながら一定の見通しをたて，そのうえでこの秩序を支えていた理念や世界認識，すなわち中国的世界像が近代にどう変容したかについて考察を試みたい．

1. 伝統的秩序とその理念

徳治による教化／化外

近代以前のいわゆる伝統中国の王朝国家においては，その理想的な統治の形態は，「徳治」として観念されていた．つまり，理念の上では，有徳者に天命が下り，その天命を受けた有徳者が皇帝として，「普天の下，王土にあらざるなく，率土の浜，王臣にあらざるなし」（『詩経』小雅「北山」）とうたわれるように，地上すべて，すなわち天下を徳によって統治するわけである．皇帝の徳は普遍的であり，皇帝を中心としてそこから無限に広がっていく．「君子の徳は風，小人の徳は草，草は風にあたれば必ずなびく」（『論語』顔淵）とされるが，風のように自然に及んできた皇帝の徳に，民はなびくように感化され，「近き者説（よろこ）び，遠き者来たる」（『論語』子路）といわれるように，有徳者たる皇帝のもとに自発的に慕い寄って来て，皇帝の統治の恩恵に浴す．それによって，彼らの生活空間が皇帝の統治する領域，すなわち王朝国家の版図，疆域（きょういき）として定まることになるのであった．

したがってその統治は，近代国家の領土におけるように，絶対的な境界線，すなわち国境で画された領域を，面として例外なく均質に統治しようとするものではなく，人の掌握に重点がおかれる．同じ空間内においても徳による教化を理解できず，礼の規範を受け入れない，頑迷な民も存在しうるわけで，彼らは教化の外，化外におかれることになる．彼ら「化外の民」は全体の調和，安寧が乱されない限り，懲罰されることもなく，皇帝の統治の恩恵にあずかれないものとして放置されるわけである．ただし，「化外の民」もいずれは教化を受け入れると期待されるので，教化と化外の境は暫定的なものと観念されている．

皇帝の教化は，もちろん現実には積極的な働きかけ，時には強制も少なくはなかった．ただしその場合も，受け入れる民の側の問題として語られるわけで，

むしろ太平無事を謳歌して「帝力我になんぞあらんや」とうたった「鼓腹撃壌」の故事（『十八史略』五帝）に見られるように，権力は，見えないように，意識されないように働くのが理想的であった．民政を担当する地方官が牧民官ともいわれるように，民政は放牧にたとえられ，普段は民の自由に委ねておき，安寧が乱されるような場合にのみ，官は介入し，調整をおこなうべきものと考えられていたのだった[1]．

その際，地域社会の安寧を実現するためには，広大かつ多様な中国においては，それぞれの地域で気候，風土など条件も異なるため，地方行政はそれぞれの地域の実情にあった手法をとることが容認されていた．その結果，徳治という，きわめて抽象的な政治のあり方によって，かえって個々の具体的な場においては，その場における裁量の幅が広がり，柔軟な対応が可能になっていたわけである．もちろん地域の実情に即した個別具体的な政策が中央によって認められるか否かは，最終的には有徳者たる皇帝の叡慮，すなわち皇帝個人の恣意によるものではあったが，しかしその政策によって地域社会の安寧が実現する結果となれば，それによって皇帝の徳による教化は達成されたと見なすことが可能なわけで，多くの場合，結局は追認されてしまうのが実状であった．

安寧が実現していれば，その限りにおいて，教化が及んでいなくとも化外において放任するという手法もこれと同様である．西南辺疆の非漢族に対しては，「因俗而治」，「因俗設官」（習俗の違いに応じた統治をする）などといわれたような，その首長が中華の礼を受け入れれば，これを土司や土官とよばれる地方官に任じて王朝の官僚制に組み込み，民の秩序維持を委ねる，つまりその独自の習俗による自治に任せる土司制がとられることが多かった．これにより，漢族の中国社会との接触が必要最小限に抑えられ，無用な混乱による「乱」の発生が回避される結果となった．流動性の高い中国社会においては，漢族の辺疆非漢族社会への移住圧力は大きく，そのため漢族移住民が優越する状況になれば，今度は土司を廃して中央の派遣する地方官に改め，直接統治に組み込む「改土帰流」が採用され，それによって皇帝の教化が達成されたと，王朝の側では自賛することになる．

満洲による異民族王朝だった清朝の時代は，内陸のモンゴル，新疆，チベットについては，ここを藩部として，それぞれの社会，文化を容認して中国世界

とは別の論理で間接統治していたわけであるが，この統治についても，中国的世界の側から全体を語る際には，「因俗而治」の類型と解釈することによって，伝統中国の統治論理の枠内におさめて考えることができた．一方，非中国の藩部の側も，モンゴルからはチンギス・ハン以来の内陸帝国として，チベットからは仏教共同体として語ろうとするなど，それぞれの論理で清朝全体を語る語り方を所有していた[2]〔平野 2004；石濱 2001；濱田 1998；岡 2003〕．

王朝の語りと周辺の「戦略」

より多くの民が統治に組み込まれ，化外の民がなくなることが望ましいが，実際には全世界が皇帝の支配下にはいることなどありえなかったわけで，こうして化外において放任するのは，教化に服さない者を指して，「皇帝の徳が不足している」と非難され，統治の正当性が問われることを封じる現実的な解釈と運用だったといえる．しかし，もちろんこれは，積極的な教化が，政策として推進される可能性まで排除するものではない．ここで重要なのは，たとえ積極的な教化が進められて，それが成果をあげられなくても，その責めを，化外の民の側に一方的に転嫁することによって，皇帝の統治の正当性が問題にされるのを未然に回避する装置が保障されていることなのである．

そして，教化が消極的であることによって，放任された化外の民は結果として，事実上，自治が認められることとなり，多様性の共存が容認されることとなっていた．

しかし，結果として現れる，この多様性の共存には一定の留保も必要である．これは，異なる文化として認知されたものどうしの対等な関係における多様性の共存ではない．あくまでも価値の基準は中国・中華に独占されているわけである．中華の礼によって具現される文化は唯一の，いわば大文字の「文化」だった．したがって，近代国家の領土支配のような，教化が例外なく末端まで浸透するような事態になれば，これは単一の価値規範の押し付け，多様な個のない一色の均質な全体性に仕立て上げていく暴力に転化してしまいかねない．20世紀中国の国家建設にそのような押し付けと均質化を見いだすことは，あながち的外れではないように思われる〔茂木 2007〕．

このような中国社会については，寺田浩明が，その特徴を「個の分化を想定

しない一体性」と指摘している［寺田 1997: 435-436］．中国社会における秩序は，互いに異なる多様な個と個とがぶつかり合い，せめぎ合うことによって成立する動態的な均衡状態としてではなく，もっと静態的，安定的なものとして構想され，語られるわけである．

しかし，それはあくまでも中心である中国王朝からの語りであった．周辺の側からみると，また異なる様相が見えてくる．化外におかれた非漢族の側では，彼らが自らの利益を維持，拡大させるために，戦略として中国化を受け入れていくことも多かった．貴州の苗族に関する武内房司の研究は，漢族との間で木材交易に従事する苗族が漢語や儒教を習得することにより，同じ苗族内部での優越的地位を獲得したり，科挙を受験して王朝の権力への接近をはかったりする一方で，漢族との紛争においては，自らを「苗人」として位置づけることによって少数者，弱者の立場を強調することで，中国王朝の統治理念に訴え，国家からの庇護を獲得しようとする，教化と苗人とをつかい分ける戦略を明らかにしている［武内 1994］．

儒教的価値規範が生きる場においては，ひとたび強—弱，衆—寡の関係が形成されてしまうと，建前としても「恃衆暴寡（多数を恃んで少数を暴圧する）」，「恃強凌弱（強者であることを恃んで弱者を圧する）」が忌避される以上，有徳者であるはずの権力は「弱」「寡」に配慮せざるを得ない．こうして中国王朝が多数者・強者による過度の利益追求を抑制し，少数者の利益を保全することによって全体の調和・安寧を実現することが期待される．

周辺諸国・諸集団の首長を「国王」に冊封して自治に委ね，皇帝の権威によって交流を管理・整序する，朝貢と冊封による関係も，この延長上に構想されていたと考えられる．

朝貢—冊封による共存

周辺の首長が皇帝の徳を慕い，臣従して，その地の産物を貢物としてやって来る（朝貢，進貢）と，皇帝は回賜を与え，これに中国王朝の官爵を授けて中国の官制に組み込むと同時に，これを国王に任命し（冊封）その地に居住する民の統治を委ねる．このように，中国とその周辺諸国・諸地域との関係は，国内と同じように，基本的には華夷思想や儒教の徳治，礼治の理念などによって

構想されていた.

　これによって皇帝は自らの徳を誇示することができ，国王は皇帝の信任を得るとともに，中国との間に平和的な関係を確保することで，双方ともそれぞれの国内において支配の正当性を獲得できた．これはそれぞれの君主間の，つまり皇帝と国王との関係を君臣関係とすることで結ばれる関係であったわけで，その意味では，上下の不平等な関係であった．

　しかし，「上国」である中国は，朝貢してきた国に対して実質的な支配を及ぼすことはなく，「正朔を奉ずる」，すなわち皇帝より頒ち与えられた暦（正朔）を使用し，定められた時期やルート，使節の人員，貢品，定型の文書に従って朝貢するなど，両国の関係を律する儀礼の煩瑣な手続きを履行しさえすれば，周辺諸国の自主は保障され，内政・外交への干渉はおこなわれないのが原則であった．必ずしも支配―被支配，抑圧―被抑圧の権力的関係の貫徹するものではなかったのである．

　中国王朝にとって支配とは，中国の暦が用いられ，天子たる皇帝の主宰する時間が共有されたり，皇帝の主宰する儀礼の体系が共有されたりすることによって確認されるものであった．儀礼とは本来，その具体的に意味するところについてはきわめて抽象的であるがゆえに，結局は定められた儀礼が正しく履行されていさえすれば，朝貢する側の実態やその受けとめ方については問われることもなく，皇帝の徳による教化が実現していると，中国側から一方的に見なされてしまうこととなった．

　これに対し周辺諸国の側でも，彼らなりのしたたかな戦略によって，儀礼に全く別の意味を付与していた．たとえ表面的にであれ，儀礼として，最小限の中国文化を受け入れさえすれば，中国側からは教化が実現されたと見なされ，それ以上の干渉はなされない．結果として周辺諸国は，圧倒的な大国中国の直接の影響下にさらされることなしに，必要な範囲で中国との交流を確保しながら，自らの習俗・文化を保持することができたわけである．逆にいえば，周辺諸国は自らの独自性と自主を守るために朝貢国の列に加わったのである．ベトナム史研究では，ベトナムが中国と朝貢関係を結びながら自己形成をしていった戦略を，「脱中国のための中国化」と呼んでいる［桃木 1996: 70-71］．

　つまり，中国王朝と周辺諸国との間に交わされた儀礼は，双方の思惑を隠蔽

することによって双方の境界を維持する装置にほかならなかったのである．双方の交流は儀礼を介した非対称的な関係となることで，双方に一方的な意味づけ，拡大解釈が可能になっていた．儀礼によって中国と周辺諸国との間は大国と小国，君主と臣下，すなわち大小，上下に分かたれることにより，それぞれは質的に異なるものとされて立脚する場が隔てられ，それによってかえって共通の場で双方が正面から利害を衝突させることが回避される結果となった．こうしてさまざまな異質の要素が包摂され，多様な民族・国家の共存という結果をもたらしうる関係が形成されていたのである．

　交流が儀礼という一定の手続きのもとに秩序づけられたことにより，過度の接触による摩擦が未然に防止され，一連の儀礼の体系は，緩衝装置として機能することにもなった．定められた儀礼の体系を守っているかぎり，相互に敵対しあって緊張が必要以上にたかまることが回避される．とすればこの関係は，双方にとって軍事力に必要以上の負担がかからない，きわめて安価な安全保障のための装置でもあったわけである．さらに，周辺にめぐらされた朝貢国は，中国にとっては「藩屛（はんぺい）」「屛蔽（へいへい）」として緩衝国にもなっていた．

　朝貢する側では，この煩瑣な儀礼の手続きを貿易の代償と割り切るならば，中国王朝の権威のもとで保障された安全を享受しながら，中国の産物ばかりでなく，その権威のもとに統合されたネットワークを通じて中国に集まってきた各地の産物を，中国国内での輸送コストを負担することもなく，優遇された条件で獲得することができた．朝貢と回賜の公貿易に付随して民間貿易もおこなわれた．この交易は，「厚往薄来」（貢物を軽くし回賜を手厚くする）といわれる原則にもとづいて，朝貢国を優遇するよう配慮されることが期待されていた．関税が課せられ，輸送コストを自ら負担しなければならない純粋の民間貿易に比べ，優遇された貿易だったことは疑いない．この上下の関係は，近代における搾取—被搾取の関係とも異質だったといえよう．

　また，朝貢が特に東南アジアとの関係において，華人商人の介在が少なくなかったことを考えると，これは中国の側から言えば，「南洋」に出た華人商人に関税減免などの特権を付与することによってこれを掌握し，そのネットワークを通じて南洋物産を安定的に確保する試みだったともいえる．周辺諸国のほうは，タイのアユタヤ朝が華人商人に官位を与えて統治体制に組み込むことで，

彼らに中国貿易を含む南シナ海の貿易を全面的に任せてしまったように，中国との朝貢貿易の利に与るために，航海技術に優れ，外交文書（＝中国語）や中国式の儀礼に通じた華人を優遇した（清朝の沿海貿易の管理体制については，1-4「沿海社会と経済秩序の変容」を参照）．

階層構造にはたらく諸概念

　東アジアの広域的な地域秩序であるこの中国的世界は，中国と周辺諸国との関係が上下，大小として，非対称的な関係として構成されていたため，中国と周辺諸国は，この関係においてそれぞれがさまざまな政治言語を用い，そこに自らの意味づけをおこないあい，各々の利益を追求しあった．その際，それぞれの利益追求のゲームは，この秩序を根拠づけている徳治の理念が作用する場でおこなわれたわけで，そのことがこの世界のありように独自の個性を付与することとなった．

　この秩序を律する徳治の理念によれば，政治はあくまでも道徳による教化である以上，文治こそが王道として正しい政治とされ，武による権力的な支配は覇道として否定される．武はあくまでも徳治を受け入れず安寧を乱すものへの懲罰として行使される．背景に力の大小・強弱の関係があるのはいうまでもないが，力はあくまでも懲罰としてしか正当化されないという建前のもつ意味は決して小さくはなかった．中国王朝が軍事行動を起こすときには，有徳者たる皇帝の軍事行動である以上，それが懲罰であることを自ら明らかにしなければならなかった．

　ただし王道による懲罰と覇道による支配との関係は微妙である．たとえば，ベトナムに新しい王朝が成立すると，中国の王朝にしてみれば，これは自らが冊封した国王が廃されたこと，そしてそれは冊封した皇帝自身の権威が傷つけられたことを意味するので，「継滅興絶」（滅びた国，絶えた家を復興継承する）を掲げて遠征軍を送ることがあった．ベトナム新王朝はそれを撃退すると，また改めて朝貢して冊封を受け，関係を修復する．結果的には，中国にしてみれば，たとえ撃退されても，その後に朝貢してくるので，これを新王朝の感化，改心とみなし，この遠征は懲罰としての効果があったと評価できるわけである．むしろ遠征軍が勝利し，その成果を維持するために，さらに軍事的占領を続け

ざるを得ない状態に陥った場合，占領が「覇」とみなされないよう，また新しい正当化の論理が必要になってくるわけである．

　このような論理は決して過去のものではないことにも注意をしておきたい．1924年11月，孫文が神戸でおこなった，いわゆる「大アジア主義」演説において，彼はヨーロッパの文化を「覇道文化」，アジアの文化を「王道文化」と断じて帝国主義を批判した．また，今日においても中国は，武力によるヘゲモニーを「覇権主義」として批判しているし，その中国が1979年の中越戦争において，自らの軍事行動を，ベトナムのカンボジア侵攻に対する「懲罰」として正当化したことにも注意すべきだろう．この政治的言説は現代においてもその意味を失ってはいないのである．

　このように徳治の理念は，その言葉とは裏腹に権力によってしばしば恣意的に用いられ，そのために，その理念によって規定された階層的関係は，容易に抑圧へと転化しうるものであったことも，またたしかである．ただし徳治の作用する政治空間においては，対概念として存在する「事大（大につかえる）」と「事小」，あるいは「字小（小をおもいやる）」（『孟子』梁恵王下，『春秋左氏伝』哀公七年）という言説が語られると，小国が「大につかえ」れば，大国はこれを保護・優待することが期待されることになる．それを無視すれば，大国は自らの徳に傷がつき，上国として君臨する倫理的正当性が失われてしまう．ここに，大国の行動を規制しながら自らの利益を追求する，したたかな外交戦略が小国の側に開けてくる．大国たる中国の側でも，小国を優待すれば，他の小国の自発的な服従を促すこととなり，かえって低いコストで大国としての存在を誇示することができるだろう．

中華世界というイデオロギー

　以上のように，徳治をめぐる言説空間において，中国と周辺諸国とが儒教のタームを用いてやりとりし，それぞれが自らの利益を追求する，せめぎ合いの場として，中国的世界は理解される．したがって，ここに実現した共存や安定は，けっして静態的なものではない．中国と周辺諸国とのせめぎ合いの結果としての均衡状態であった．異質性・多様性のせめぎ合う均衡状態という，きわめて動態的な実態が，儒教的タームによって，あたかも静態的なものであるか

のように語られているにすぎないのである(3).

　これは，辺疆において漢族と非漢族とが接触するなかで展開されるせめぎ合いにも通ずる．この意味で，徳治や教化の理念，およびその現実における政治的意味などに着目することによって，王朝国家の版図と朝貢・冊封との，内外の連続性において総合的に理解するひとつの視点が獲得されるように思われる．明清期を通じて顕著だった漢族の移動は，けっして版図の内側にとどまるものではなく，広東・福建など東南沿海地域では，東南アジアや台湾へ向かうかたちをとることも少なくなかった．

　海外に出た華人については，たとえば，1742年にジャワでおこった華人虐殺の知らせに対し，当時福建総督を代理していた策楞（さくりょう）が，被害に遭った漢人は自ら王化を棄てた者であるので，傷ましいが自業自得であるとしたうえで，カラパ（バタビア）のオランダ人が遠隔地であることを恃みほしいままに残害をおこなったことに対し，彼等が「心をあらため教化に向かう」まで通商を禁止することを献策しているが（『清朝文献通考』巻297「四裔考, 葛喇巴（カラパ）」），このように遠隔地にあって掌握しきれない漢人は「王化を棄てた」者として，華夷思想にもとづいて「天朝の棄民」とみなされていた．

　しかし南シナ海の朝貢貿易を担う商人たちにはこうした人々も多かった．彼らが中国に持ち込む南洋の物産を朝貢の品と認め，その積出地を「国」「国家」と認定し，その荷主を国王と認定して，国王が皇帝の徳を慕ってやって来た（「遠き者来たる」）と，皇帝の側から一方的に認定するのが，少なからぬ朝貢貿易の実態であった．

　南洋への漢族の移動と，それによってつくられる華人のネットワークとを，棄民視する一方で，南洋物産を安定的に調達するのに役立つかぎりは容認し，これを朝貢として皇帝の権威のもとに統合するのが朝貢体制の一面だった．南洋華人を棄民視するのも，化外に放置して統治の正当性が傷つくのを回避するのと同様，遠隔地において保護・掌握しきれないことを正当化する便法であったともいえる．

　ここでもう一度朝貢と冊封によってつくられた中国的世界について，中国社会の流動性に着目してその性格をまとめるならば，これは，広東が東南アジアに対して，福建が東南アジアや琉球・日本に対して，雲南がタイやビルマに対

して等々，高い流動性をもって外に開かれた中国王朝国家の版図の周辺の地域社会が，隣接する外側の地域・民族との間にもっている独自の，かなり自律的な交流のネットワークを取り込みながら，つまりその地域相互の間に内在する多様な地域の論理をそれとして容認しながら，中央にいる皇帝の権威のもとにこれを整序・管理し，緩やかに統合して，それを中継するものだった．領域として囲い込むというよりは，このようなネットワークを中央が吸引する，その吸引力によってつくられる空間が，いわゆる中華世界であり，そのうち科挙官僚によって巡回される「巡礼圏」が中国王朝の版図であると観念された．それゆえ，中心—周辺の関係，そして吸引力の強弱によって定まるこの空間は可変的であり，暫定的だった．官僚が巡礼する版図において，典礼・科挙・学校事務など儀礼や学問，すなわち中華の正統思想を総括し，正当な秩序構築をつかさどる，いわば中華のイデオロギー担当部門である礼部が，外側にある朝貢をも統括し，あるべき世界を構想し，具現化するわけである．

　朝貢関係が周辺との既存の関係をいわば追認し，これらを束のようにして皇帝のもとに統合しようとするものだったために，個々の朝貢関係の具体的なあり方は，既存の地域間交流のあり方によって多様な様相を呈した．朝鮮との関係はかなり密接で，特に清代には，故地満洲に隣接していたため，清朝にとっては安全保障の側面がかなり強く，その近さもあって清朝の入関以前に既に朝貢を余儀なくされていた朝鮮側からはむしろ圧迫と受け取られることが多かった．これに対し，琉球との関係は儀礼的・経済的側面が主で，地続きで境界を接していたベトナムの場合は境界維持装置として機能していたといえる．

　その際，中国王朝が仲介し結合させるネットワークに参加する周辺諸国にとって，重要なのは中国，あるいは中国版図内の一部の地域との交流の獲得・維持であった．そこでの交流を確保すれば，中国を介することによってもたらされる他の地域の物産や情報なども入手できる．したがって，周辺諸国が東アジアの広域的空間において自らの位置を構想する場合，中国との一対一の関係において自己を語りさえすれば，それでことは足りる．その意味で，彼らにとって朝貢関係は体制というような有機的な連関性や全体性として理解する必要はなかった．こうして，一対一の関係を束ねることで別の一対一関係と接続する，すなわち全体を束として掌握する必要をもつ中国のみが，この世界を全体とし

て構想する語りをもつことになり，加えて漢字文化圏のいくつかの国の知識人がこれを復唱して内面化していく．

　この全体としての語りは，『会典』の編纂など中華のイデオロギーを語る場において，その必要が生じたときに語られる．天下を主宰する中国王朝の立場から語られるわけである．中国を中心として，個別の地域間交流の具体性を抽象化し，徳治や礼治などという理念によって，中華の高みから一方的に語られるのはそのためであろう．これを同時代の中国および漢字文化圏のエリートや後世の歴史家が「誠実に」解読することによって，中国中心の世界像を内面化し，再構築していくわけである．

　しかし，すでに見てきたように，そこには全体としての語りを必要としない多くのメンバーが，それぞれの思惑で参加していたことはいうまでもない．中華という理念や，中華世界などというこの中国的世界のくくり方は，そのようなイデオロギーでもあることを認識しておくべきであろう．

2. 再定義された「伝統」

「伝統」の自覚化

　「複数の一対一関係の束」［坂野 1973: 76］であった朝貢関係は，19世紀後半になると，近代世界と対峙するなかで，近代世界の側から次第に問題化されるようになった．朝貢と冊封による関係について，正朔を奉ずるほか，定められた儀礼を守って使節を派遣すれば，中国王朝は朝貢国の内政外交には干渉しない，すなわち自主が容認されるということを，近代世界の側からの問いかけに応答するなかで確認し，自覚化していくこととなった．

　1860年代，フランス人宣教師の殺害や難破したアメリカ船シャーマン号乗組員の殺害によって，それぞれ朝鮮と紛議を引き起こしていたフランスやアメリカに対して，清朝の総理衙門は「朝鮮は中国に臣服しているが，その政教禁令はすべて該国の自主によるので，中国は関与していない」などといった照会を相次いで発している（『同治朝籌辦夷務始末』巻80「総理衙門恭親王等奏」同治十年正月壬子，13頁）．

　また，江華島事件後の対中国工作を進めた北京公使，森有礼が1876年1月，

総理衙門で朝鮮問題についてとりあげた際，大臣沈桂芬(しんけいふん)は「所謂属国トハ我カ所有ノ地ニアラズシテ，其ノ時ヲ以テ進貢シ，我冊封頒暦ヲ奉スルヲ以テ云フナリ」，「政教禁令ノ如キ総テ彼レノ自カラ為スニ任ス」，「外国ト交ル如キモ自由ニ任セテ中国之ニ関セザルナリ」と述べたとされている（『日本外交文書』巻9, 39「清国総理衙門諸大臣トノ晤談筆記送附ノ件」明治9年1月13日，142-162頁）．

こうして属国が自主であることが確認され，その近代世界と異なる独自性が自覚されるようになり，東アジアの国際関係において利用されるようになっていった．朝鮮との朝貢関係は，近代からのレンズを通じて再定義されたわけである［茂木 2002：30］．

この「属国自主」概念に関しては，岡本隆司が，各国の意味づけの異同，交錯を種々の史料から解読することにより，説得力のある歴史像を提示している［岡本 2004］．各国のそれぞれの思惑がこの概念に相互乗り入れしていく，その意味の幅が一定の均衡状態に結果している様相は，前節で述べたような，異なる解釈や思惑の相互乗り入れを，儀礼が受け止めることによって，共存の秩序が現出している様相と相通ずるものがある．「属国自主」概念も一種の境界維持装置として機能していたといえるだろう（1-1「清末の対外体制と対外関係」参照）．

前近代の朝貢儀礼の場合，それぞれが自らの利益を追求してせめぎ合う際には，徳治など儒教のタームに仮託しておこなわれていたわけであるが，しかしここでは，近代世界の側から意味づけがなされる場合，もはやこの儒教的タームへの仮託はなされず，近代世界を律する万国公法を基準にして意味づけようとする．それぞれが儒教や徳治の理念に依拠することによって曖昧さが覆い隠されていたわけであるが，その境界装置としての覆いが機能しなくなったため，内実をつき合わせて説明し理解することが求められるようになった．近代世界からの問いかけに対する再定義は，このように解釈できるだろう．これによって，それぞれの理解や思惑が相互乗り入れできる幅がますます縮小していき，思惑の違いが表面化することで，関係はますます不安定化していく．「属国自主」概念が，その包含できる意味の幅を狭めていくことにより，朝鮮をめぐる情勢は不安定なものとなっていった．この幅を解消して一義化しようとする動きが，日清開戦の大きな一因ともなった．

朝貢関係から朝貢体制へ

中国とそれぞれの朝貢国との一対一の関係の束についての認識も，この時期，新たな展開をみせる．

琉球王国の日清両属を否定して併合を企てる明治日本との間におこった琉球帰属問題において，1872年琉球国王尚泰を琉球藩王とし，75年中国への朝貢を禁止して福州琉球館を廃止するなど，日本が着々と既成事実を作り上げようとするなか，これに危機感をもった駐日公使何如璋（かじょしょう）は，78年，日本は「琉球の朝貢を阻止するだけではやまず，必ず琉球を滅ぼすだろう．琉球が滅びれば，次は朝鮮に及ぶだろう」と述べて，琉球の問題は中国の朝貢体制全体の存否に関わる問題であり，琉球の確保が他の属国（なかんずく朝鮮）の確保に連続するとして，日本の琉球併合の動きに断固たる態度をとることを主張した．これに対し，李鴻章は，「琉球は偏隅にあるので大した問題ではないが，もしさらに進んで朝鮮が同様に侵略されることがあったら，黙認できない」と，琉球への積極的な介入には反対しながら，一方で朝鮮重視の姿勢を鮮明にした〔鈴木1992: 530-536〕．

李鴻章は戦略上重要なところにはこだわるが，重要でないところにはこだわらないという姿勢で，これは中国―琉球，中国―朝鮮などの関係を，それぞれ個別の一対一関係と考えていたといってよい．これに対し何如璋の方は，ふたつの一対一関係が連動する有機的なシステムとして朝貢関係の束を考え，そのシステムの維持を考えていたといえるだろう．

この後，79年日本の琉球への廃藩置県の実施，沖縄県設置に衝撃を受けた李鴻章をはじめ清朝は，琉球と朝鮮とを連動させて考えるようになり，朝鮮保持の動きに向かった．日本の近代国家建設（＝両属の否定）による一元的主権の確立という動きに対峙するなかで，朝貢関係の束を，単純な集積としての足し算から，複数の束が連動するといういわば掛け算へと理解するようになったわけである．個別の朝貢関係の束は，こうして有機的に連動する朝貢体制へと新たに定義し直されていったのだった．

また，欧米諸国や近代を掲げて東アジア国際関係の再編を有利に進めようとした日本に対して，周辺に対する自らの優位を保つためには，欧米や日本とは異なる独自の歴史的関係が，中国にとって重要な拠りどころとして使用された．

したがって，こうして再定義された「伝統」的体制は，中国と周辺諸国との関係の実態から抽出されたものというよりは，近代世界と対比して見出された独自性を内容とするものとなった．そもそもは中国王朝と各々の周辺諸国とのそれぞれの関係のあり方は多様であり，だからこそ，徳治などという抽象的な理念や，多様な解釈の余地をもつ儀礼によって，この秩序は律せられていた．それが近代世界と対峙するなかで，近代世界を鏡として，「伝統はこういうものだった」という説明がまずつくられ，今度はその説明によって実態を規定していこうとする．理念と実態との関係性において顚倒が生ずる結果となり，今度はその再定義された理念によって，現実の政策が規定されていく傾向を強めていくこととなった．

こうして1880年代以降，最後に残された朝貢国である朝鮮を保持しようとする清朝の周辺政策の再編によって，朝貢関係は，近代世界と対峙する以前とは大きく変質していった．宗主国と朝貢国との上下の枠組は，徳治や礼の色を徐々に薄めていくなか，近代世界の国家平等や権力政治と結びつくことにより，この関係は支配，抑圧の様相を強めていったのである．その際，この上下の階層構造は支配，抑圧をさらに強固にしてしまう作用をはたす結果となったと考えられる．

3.「伝統」の行方

こうして再定義された朝貢体制ではあったが，以後次々に列強に蚕食され，ついには日清戦争敗北により，朝鮮との朝貢関係も否定されてしまった．現実としての朝貢関係が消滅したなかで，近代のレンズを通じて伝統的な朝貢体制を理解する営みは，今度は理念のなかで営まれるようになったともいえる．理念化されることにより，かえって実態から離れて純化されたり，拡張されたりすることでその内容と作用を変質させて，政策に動員されたり，人々を駆り立てたりすることとなった．その変容について概観したい．

「伝統」の創造

中国世界とは別の内陸アジアの論理で間接統治されていた藩部において，そ

のモンゴル統治は，清朝皇帝がモンゴル帝国を継承する大ハーンでもあることによって裏づけられていたわけであるが，20世紀になり清朝自身が近代的改革に乗り出すようになると，モンゴル，とくに外モンゴルには自立の動きが強まり，ついに辛亥革命のさなか，1911年12月独立を宣言した．

かつての藩部を保持するために中華民国政府が持ち出した論理は，中国王朝の冊封の「伝統」とそれにもとづく宗主権であった．かつてこの地域を律していた内陸民族の大ハーンとの関係は，中国王朝の「伝統」にすり替えられてしまったのである．そのうえ，そこで持ち出された冊封は，後述のように，すでに伝統的な冊封ではなく，近代世界の宗主権 suzerainty にもとづく冊封として読み替えられたものであった．

独立を宣言したモンゴルをめぐって，1914年8月から翌15年5月にかけて，中国，ロシア，モンゴル，三者の間で交渉されて結ばれたキャフタ協定をみると，清朝以来の歴史的な宗主権という伝統と，独立や主権という近代の論理との間で，その内実が微妙に融合，変質していることがわかる．

交渉において，ロシアは中国の宗主権を承認する一方，中国に外モンゴルの自治を認めさせることにより，自己の影響力の確保をはかった．中国の側は，ロシアの実質的影響力が及ぶのは仕方がないと考え，それ以上に，「東方の慣習的見解では，ボクド・ハーンの名号やモンゴル独自の年号は断じて容認できない」と，帝号や年号など，宗主権の名分にこだわった（「中俄蒙三方恰克図会議録（1914年9月-1915年3月）第四次会議録」（呂一燃編『北洋政府時期的蒙古地区歴史資料』ハルビン：黒龍江人民出版社，1999年，42頁）．ここに伝統的体制との連続性をみてとることができる．しかし，その宗主権は，以下のように，かつて冊封や朝貢によって維持され，機能していた際に構想されたものとは，その内実を異にするものとなっていた．

交渉の結果結ばれたキャフタ協定は，第2条で「外モンゴルは中国の宗主権を承認し，中国・ロシアは外モンゴルが自治をおこない，中国領土の一部分であることを承認する」と規定され，宗主権と領土とが結びつけられている．かつては，たとえば朝鮮への宗主権は，朝鮮が「中国領土の一部分」であることを意味するものではなかったはずである．また，第6条では「中国・ロシアは，外モンゴルが現に有する内政自治には干渉しないという制度を担う」と内政の

自治が規定されたが，伝統的な宗主権では，中国との関係を損なわないかぎり，対外関係も「自主」に委ねられていたはずである．

さらに，第4条では「外モンゴルのボクド・ジェプツンダンバ・ホトクト・ハーンの名号は，大中華民国大総統の冊封を受け，外モンゴルの公文書においては民国の年暦を用い，モンゴルの干支紀年を兼用することができる」と中華民国大総統の冊封を受け，正朔を奉ずることが決められた．これにもとづいて庫倫（クーロン）（現ウランバートル）には北京から漢文・蒙文による冊印が届けられて，庫倫駐在の陳籙（ちんろく）が冊封使に任ぜられ，1916年7月8日，冊封の式典が挙行され，新たに宗属関係が構築されることになった［張 1995: 300-303］．

近代国家として出発した中華民国が，ロシアとの力関係に影響されるなかで，外モンゴルへの独自の優越的地位の根拠を冊封の伝統に求めたわけであるが，そこでは宗主権と近代国家の領土主権の概念とが融合するなど——キャフタ協定第2条は，宗主権があるから領土主権がある，という論理——，伝統と近代との融合がうかがわれる．そして，この新たな関係を冊封と朝貢といった伝統概念で語ることによって，外モンゴルと中国との独自の関係が，歴史的に「正しい」関係として安定し，定着していくわけである．

そこには，1870-80年代，近代世界と対峙するなかで朝鮮に対して，「属国自主」を自覚し，それにもとづいて中国の朝鮮への独自の優越的地位を確保するために，中国の朝鮮に対する宗主権は，近代世界の主権 sovereignty や宗主権 suzerainty とは異なるものだと主張した［茂木 1992］のとは大きな違いをみてとることができる．朝鮮に対しては結局，その独自の地位を確保するために，その内実は近代世界の宗主権と同質のものに堕してしまったにもかかわらず，最後まで東アジアに歴史的に形成されていた独自性を主張することはやめなかった．それに対し，この交渉において主張された外モンゴルへの宗主権は，当初から近代世界のそれと同じであると読み替えられてしまっていた．伝統は換骨奪胎されて新たな「伝統」が創造され，近代国家建設のために動員されることとなったのである．

なお，こうした「伝統」の創造は思想や学術の面でも同様であった．章炳麟（しょうへいりん）は儒教や仏教など中国の思想や学術を批判的に再編して「国学」を構想したが，それは西洋近代と対峙しつつ，これとの対抗のなかで自らの民族文化を見

つめ直す営みだった．こうした新たな「伝統」の創造は，五・四新文化運動期の東西文化論争における中国文化論，さらには近代の諸価値をふまえつつ儒教哲学を再構築しようとした，その後の新儒家など，確かな潮流となっていった．

「伝統」の記憶

現実にはすでに失われた冊封や朝貢による世界秩序は，その後，記憶のなかに残ることとなった．清末・民国期の地理教科書を調べた黄東蘭は，周辺の藩属国が「喪失之地」として記されることで，中国の主権が侵害された「国恥」と結び付けて人々に記憶されることとなったことを明らかにしている［黄 2005］．そこでの藩属国は，むしろ 1880 年代以降に再編されて実質的支配を強めた属国，あるいは近代世界の属国を標準としてイメージしていたといってよい．そして，失われたがゆえに，この中国的世界像は実態を離れて理念として記憶され，あるべき秩序，回復されるべき伝統として理想化されていった．

また，朝貢による周辺諸国との関係について，孫文は，前述の「大アジア主義」演説において，中国は「完全に王道をもって遠方の国家を感化し，かれらは中国の徳をしたい，心から願ってみずから朝貢した」と王道や朝貢について，理想化して述べている．また，その数か月前，『三民主義』の講演，「民族主義」第 6 講において，「中国が第一等の地位になったとき，どうしたらいいのか．中国では，むかしから「弱いものを救い，危ういものを助ける」といってきた．中国にこういうよい政策があったからこそ，数千年間強大であった間も，安南(ベトナム)，ビルマ，朝鮮，シャムなどの小国は独立を保っていられたのである．それが，ヨーロッパの風が東に吹き寄せるや，安南はフランスに滅ぼされ，ビルマはイギリスに滅ぼされ，朝鮮は日本に滅ぼされることになってしまった」と述べ，朝貢によって「独立」が保持されるという論理によって，西洋帝国主義と対比される道義的優越性を朝貢に見いだしている．こうして朝貢体制は，近代の側から，現実の帝国主義と対比されて再定義され，あるべき秩序として，帝国主義批判の視座になっていったのであった．孫文にとって偉大なる中華の「伝統」，独自中国的な価値は，世界にアピールする価値であった．

小国が大国を大として認めて処遇し，大国が小国を小として配慮して処遇する．これが孫文の「平等」だったのであろう．ただし，この「平等」は我々の

いう平等と同じだろうか．朝鮮やベトナムが中国との朝貢関係を，平等とは別の次元で，彼らなりの対中国戦略として主体的に選択していたことは，今日では周知のことであろう．また，権力政治の横行する近代のコンテクストにおいては，このような大一小の差異に立脚する「平等」のもつ意味は前代と同じではないだろう．実際，日本の朝鮮植民地支配を否定しない，この「大アジア主義」演説は，即座に韓国知識人から強い批判を浴びせられている．記憶から想像された「伝統」的秩序が近代の東アジアにおいてもつ抑圧性に，孫文は鈍感だったことがわかる．

「伝統」の共有

以上，20世紀初の中国における新たな「伝統」について概観してきたが，こうした趨勢は中国に限定されるものではない．伝統的秩序において多かれ少なかれ規範や思考様式を共有していた東アジアでは，近代と対峙するなかで自らを新たに立ち上げていく際に，類似することがおこなわれた．東アジアの伝統的秩序を律していたさまざまな概念や修辞が共有されているなかで，自らの行為を正当化する際には，これらの概念や修辞を用いることによって，文化的，倫理的に正当化されて定着を容易にすることができた．前述のモンゴル独立をめぐる交渉において問題となったハーンの名号の問題など，その一例だろう．君主の名号や年暦に関していえば，明治日本の一世一元制への転換や，日清戦争後の朝鮮における高宗の皇帝即位と光武建元は，大清皇帝の存在を前提とした行為であった．

東アジアにおいて中心の地位を中国から奪取しようとした日本は，東アジアの伝統を後進的と否定することでその近代性を正当性の根拠としながらも，一方で歴史的に形成されてきた場の論理に接合させる努力を必要とした．明治政府は，琉球王国併合においては明治天皇による琉球国王の琉球藩王への冊封をおこない，韓国併合においては，条約によって近代国際関係の規準を満たすべく努めながらも，同時に，天皇による大韓皇帝の朝鮮国王への冊封という手順も踏んでいた．

他方，日本の帝国支配は以前の中華帝国よりは優れた体制であることを説明する必要もあった．かつての中国的論理と対比しつつ，その差異性を強調する

にあたり，近代性は有効であった．また，あるべき秩序をめぐって日中の間で概念の主導権争いもおこなわれた．満洲国における「五族協和」のスローガンの裏には中華民国の「五族共和」との熾烈な主導権争いがあったことは贅言の要はあるまい（五族共和については，1-10「中華民族論の系譜」を参照）．

さらに，欧米帝国主義と対立するようになると，欧米帝国主義とも異なる帝国として，その優越性を主張する必要性も生じることとなった．それは結局，日米開戦直後の第79帝国議会での「大東亜ノ各国，各民族ヲシテ各其ノ所ヲ得シメ，帝国ヲ核心トスル道義ニ基ク共存共栄ノ秩序ヲ確立」するという，東條英機首相の議会演説に帰結したわけである．『周易』繋辞下伝の「各得其所」まで持ち出して欧米帝国主義の植民地との違いを強調したように，欧米との差異を強調すればするほど，今度は中国的世界の原理に近似してくることとなった．ただし，盟主である日本が大東亜各国に対し「各其ノ所ヲ得シメ」と使役形を用いて仕向けていく表現に対し，『周易』原文の「各其の所を得」は使役形ではない．ここに民の自発的帰順を理想とする中国的秩序の理念と，「大東亜共栄圏」構想の秩序の現実との間には決定的な溝があったわけであるが．

利用するにしろ，対抗するにしろ，近似するにしろ，東アジアにおいて行動するなかで，日本は中国的世界の漢語諸概念にますます縛られることとなったともいえよう．韓国も同様だろう．中国的世界像の再編は東アジア大で展開することになったわけである．

おわりに

本章では，前近代東アジアの中国的世界の秩序が19世紀後半以降，近代の側から再定義されていったこと，そしてその再定義された「伝統」的秩序は，その実態が崩壊した後では理念化されて彼らの構想のなかに残り，新たな地域秩序構築や帝国主義批判のキイ概念にもなっていったこと，またこうした世界像の再編は日本など東アジア大に及ぶ大きな動きだったことを，中国および東アジアのコンテクストに即して理解しようと試みた．さらに付言すると，「中華」は伝統として機能したばかりではない．20世紀，近代的価値が標榜されるようになると，華―夷の枠組は文明―未開や先進―後進の枠組と共鳴し，

「中華」は近代，さらには社会主義という新たな先進文明としても語られ，辺疆の人々（領域的周縁に限らず，女性，貧農など性差や階級差などにもとづく社会的・権力的周縁も含む）を「開化」「解放」していく原動力となった［茂木 2007］．

これら近代に再編された「中華」は，前近代から連続するある側面が近代と対峙するなかで新たに現れた中国的（あるいは東アジア的）近代のひとつにほかならない．これを本来の近代からの逸脱と考えるのではなく，前近代の多様な特徴に規定された，それぞれの多様な近代の一表現と考えることによって，グローバルな近代の東アジアにおける特徴を考えることができるだろう．それによって，我々の西洋近代理解を，より広い視点から柔軟に考え直し，中国あるいは東アジアの側から新たな問題提起が可能になるかもしれない．

注
(1) 20世紀初，梁啓超はこうした自由を「野蛮の自由」と呼んで批判した（「十種徳性相反相成議」『清議報』第82冊，1901年）．
(2) 清朝は全体の語りをいくつか併存させていたわけである．それぞれの視点から語られる複数の全体としての語りは，結局，皇帝の身体とその人格において統合されていた．皇帝がどの方面の，どんな問題について，誰（満洲，モンゴル，漢，チベット，東トルキスタン，あるいはそのいくつか）を向いて語るかによって，併存する複数の語りのなかから適当な語りが，その都度選択されていた．
(3) ヘーゲルやマルクス，ウェーバーらの「持続」，「停滞」というきわめて静態的な中国像は，このような動態的実態と静態的語りとの相互作用を反映するものではない．静態的な語りによって仕立て上げられた概観を実態とみなしているに過ぎない．後世の多くの伝統中国社会像は，この延長上にある．

［参考文献］
石濱裕美子　2001『チベット仏教世界の歴史的研究』東方書店
岩井茂樹　2007「帝国と互市——前近代中国の対外通交」籠谷直人・脇村孝平編『帝国の中のアジア・ネットワーク』世界思想社
上田信　2005『海と帝国』（中国の歴史9），講談社
岡洋樹　2003「東北アジア地域史と清朝の帝国統治」『歴史評論』642号
岡本隆司　2004『属国と自主のあいだ——近代清韓関係と東アジアの命運』名古屋大学出版会
岡本隆司・川島真編　2009『中国近代外交の胎動』東京大学出版会
川島真　2004『中国近代外交の形成』名古屋大学出版会
黄東蘭　2005「清末・民国期地理教科書の空間表象——領土・疆域・国恥」『中国研

究月報』685号
佐々木揚　2000『清末中国における日本観と西洋観』東京大学出版会
鈴木智夫　1992『洋務運動の研究』汲古書院
武内房司　1994「清代貴州東南部ミャオ族にみる「漢化」の一側面——林業経営を中心に」竹村卓二編『儀礼・民族・境界——華南諸民族「漢化」の諸相』風響社
寺田浩明　1997「合意と斉心の間」森正夫ほか編『明清時代史の基本問題』汲古書院
西嶋定生　1983『中国古代国家と東アジア』東京大学出版会
浜下武志　1990『近代中国の国際的契機——朝貢貿易システムと近代アジア』東京大学出版会
——　1997『朝貢システムと近代アジア』岩波書店
濱田正美　1998「モグール・ウルスから新疆へ」『東アジア・東南アジア伝統社会の形成』(岩波講座世界歴史13)，岩波書店
坂野正高　1973『近代中国政治外交史——ヴァスコ・ダ・ガマから五四運動まで』東京大学出版会
平野聡　2004『清帝国とチベット問題——多民族統合の成立と瓦解』名古屋大学出版会
茂木敏夫　1992「中華帝国の「近代」的再編と日本」大江志乃夫ほか編『植民地帝国日本』(講座近代日本と植民地1)，岩波書店
——　2002「中華帝国の解体と近代的再編成への道」東アジア地域史研究会編『東アジア史像の新構築』(講座東アジア近現代史4)，青木書店
——　2007「中華世界の再編と20世紀ナショナリズム——抵抗／抑圧の表裏一体性」『現代中国研究』21号
——　2009「中国王朝国家の秩序とその近代」『理想』682号
桃木至朗　1996『歴史世界としての東南アジア』山川出版社

張啓雄　1995『外蒙主権帰属交渉1911-1916』台北：中央研究院近代史研究所

第3章

交通通信と帝国システムの再編

千葉正史

はじめに

　本章では，清末時期における変革を，交通通信分野の近代化にともなう統合システムの変容より明らかにしていく．秦漢以来，中国の統合は歴代の統一王朝による専制支配によって実現されてきた．こうした統合のシステムをここでは「帝国システム」と称するが[1]，そこでは統治を遂行する手段として通信・輸送の両分野にわたるシステムが構築された．とくに政治情報を疎通させるための駅伝制度と財政物流を遂行するための漕運制度が重要であり，その機能は帝国システム維持のうえで不可欠の役割を果たすものであった．

　こうしたシステムは，近代に至って変革の過程をたどった．近代的な通信・輸送の手段が導入されることで，飛躍的な機能向上が図られることとなったのである．本章はこうした変革が帝国システムを媒介とした歴史的な中国の統合に与えた影響を分析することを課題とするものであるが，とくにここでは帝国システムの維持が前提とされた19世紀後半の洋務運動時期と，近代国民国家体制をモデルとする形でその再編がめざされた20世紀初頭の新政時期とに分けて分析することで，この間の変革過程における交通近代化の意義を明らかにしていきたい．

1. 帝国システムと交通通信

情報伝達システムとしての駅伝制度

まず帝国システムを維持するうえで不可欠の存在であったのが，文書を馬などでリレー輸送する駅伝制度である．先秦時代より成立を見たそのシステムは，とくに皇帝と全国の官僚との間での政治意志の疎通を担うことで秦漢以降の統一王朝体制のなかで不可欠の存在とされた．清代にもその機能は維持され，東三省（満洲）・内地 18 省（中国本土）をはじめとしてモンゴル・チベット・新疆の藩部など，清朝の政治支配が及ぶあらゆる地域と首都北京とを結んでネットワークが形成された．その具体的な機能としては，通常速度ではたとえば北京より 2319 里（約 1336 キロメートル）を隔てた江蘇省南京へは 13 日，5604 里（約 3228 キロメートル）の広東省広州へは 32 日，5910 里（約 3404 キロメートル）の雲南省昆明へは 40 日で文書を伝達するものとされ，緊急の場合はこれより加速された（『(光緒朝) 欽定大清会典事例』巻 688-689, 699）．こうした政治情報の伝達機能は，とくに清代中期における奏摺（そうしょう）制度の確立により一層の強化が求められた．各地の官僚からの上奏が従来の内閣を経由する「題本」に加えて，図 1 に示したような皇帝に直接に提出される「奏摺」という形でおこなわれるようになり，これらの上奏文の迅速かつ確実な伝達が改めて課題とされた．それは清朝版図に張りめぐらされた駅伝制度のネットワークが十全に機能することにより可能とされ，こうしてまず情報伝達という機能を通じて交通通信は帝国システムを支える役割を果たした［劉 2004］．

財政物流システムとしての漕運制度

情報とともに帝国システムを維持するうえで不可欠の要素であるのが，さまざまな物資の運用である．必要とされる各種の物資を運用するために，中国においては大規模な調達・管理・輸送のシステムが国家の手で構築されてきた．近年の研究では「国家的物流」としてこうしたシステムが規定され，財政の重要な構成要素として位置づけられている［足立 1990］（財政全般に関しては 1-6「中華帝国財政の近代化」参照）．なかでも大きな比重を占めるのが食糧を水運により輸送する漕運制度であり，米穀の供給を華中からの移送に依存するように

なった隋唐以降に大きな発展を見ていった．宮廷での消費や官僚・軍隊への支給など，とくに首都における需要を満たすために必要とされた大量の食糧を輸送する体制が構築され，以後の王朝へと継承されていった．その清代における状況として，嘉慶 16 年（1811）の規定では山東・河南・江蘇・浙江・安徽・江西・湖北・湖南の各省より税糧を年間で米・麦・豆合わせて

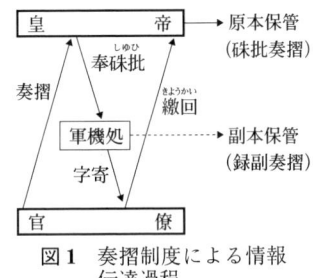

図 1 奏摺制度による情報伝達過程

471 万石（1 石約 103.5 リットル＝日本の 1 石の約 5 分の 3），そのうち途中消費・消耗分を差し引いて 338 万石が北京へと移送されるものとされた（『欽定戸部漕運全書』巻 1, 2）．「漕糧」と称されるこれらの穀物は北京在住の皇族・官僚や八旗[2]への俸給などに用いられ，その輸送のために漕運制度が機能していった．その具体的なシステムとしては「運軍」と称される衛所属の軍隊を動員する体制が明代より継承され，毎年船団を編成して大運河経由で北京への輸送に当たった［李・江 1995］．

以上に近代以前の帝国システムにおける交通通信の機能を概述したが，このように中国専制王朝の支配のうえでは国家自らの手で通信・輸送のシステムを構築することが求められた．いずれも民間による利用は厳しく禁じられ，社会的な交通システムとは別個の存在として機能を果たした．ここに伝統的な中国統合の特性を垣間見ることができる．

2. 電信ネットワーク形成による情報伝達システムの再編

電信導入とネットワーク形成

19 世紀後半以降，内憂外患からの統治体制維持が清朝にとり大きな課題となるなかで，帝国システムは近代技術の応用による変革が図られていった．いわゆる洋務運動として展開されたこうした変革過程のなかで交通通信システムもその機能の維持・強化が求められ，それは汽船・鉄道・電信などといった新たな手段の導入により実現されていったのである．

ここではまず通信分野における変革を見ていくが，その過程は東アジア地域

に国際電信網が到達した 1870 年代より開始された．1871 年から 72 年にかけてデンマーク大北電信会社の手でウラジオストク—長崎—上海—香港間の海底線が敷設されたことでユーラシアの東西を結ぶ電信網が完成し，中国と欧米との通信も電報を用いておこなうことが可能となった．これにより 1870 年代後半より開始された外交官の海外派遣に際しては着任後まもなく総理各国事務衙門(そうりがもん)（総理衙門）との間での連絡が電信でおこなわれるようになり，それまでの駅伝による文書伝達を基礎とした公的情報伝達システムは，ここに近代的な変革の過程を迎えた．とくに 1879 年から 81 年にかけてのロシアとの間での伊犂(イリ)問題交渉では，初めて皇帝からの指示が直接に電報を用いて在外の交渉担当者に伝達されるなど電信は大いに活用され，その有用性が認識されていった．

　こうした電報使用の進展を受けて，中国国内における電信建設は開始された．日本軍の台湾出兵を契機として 1874 年に試みられた福建—台湾間での建設を皮切りに，台湾島内や天津などでの局地的な建設を経て 1880 年より本格的な導入が開始された．それは電信ネットワークの有無により生じていた国外との情報伝達環境の格差を解消する必要から取り組まれ，同時期に展開されていた伊犂問題交渉に際してとくにこうした問題が強く認識されたことから，北洋大臣李鴻章の提議を受けて天津—上海間の建設が決定されたのである．かくして 1881 年 12 月に同区間が開通したのを皮切りとして，国内電信ネットワークは急速に発展していった．清仏戦争前後の 1883 年から 85 年にかけてはベトナム国境地帯や沿海部・長江流域の防衛強化のために蘇州—広州—広西省龍州間，南京—漢口間，天津—奉天・旅順間などが相次いで建設され，さらに首都北京にも開戦直前の 1884 年 8 月に天津からの電信延長が実現した．戦後も各地への建設は継続され，日清戦争前までに湖南を除く全国各省にネットワークが到達した．そして残る湖南省長沙へも 1897 年には電信が開通し，19 世紀末にはモンゴルも含めた全国的ネットワークが形成されるに至った[3]［千葉 2006］．

電奏・電寄諭旨制度の確立

　こうした電信建設の進展により，清朝体制における情報伝達システムは同時期に大きく再編されていった．電報により官僚からの上奏や「上諭」すなわち皇帝からの指示を伝達する電奏・電寄諭旨の制度が確立を見ていったのである．

そもそも中国における電信の建設は，当初より公的情報の伝達を第一の目的とした．軍機処・総理衙門などの中央政府機構と総督・巡撫（以下「督撫」）や駐防八旗将軍などの上奏権を有する地方官僚は料金上の優遇措置とともに電報を優先的に発することが認められ，外交官に続いて彼らも活発に電信で連絡をとるようになっていった．とくに皇帝との間での公式連絡の手段としても電報は用いられ，1880年代初頭に電奏・電寄諭旨制度が確立された．その過程を図式化したものが図2であるが，中央政府の側では総理衙門が窓口となり，在外の外交官とともに国内各地の官僚との間での電報の授受を受け持った．こうした業務を遂行するために同衙門の近傍には1884年の北京への電信開通に際して専用電報局が開設され，暗号電で伝達された電報を文書化して皇帝に提出した．

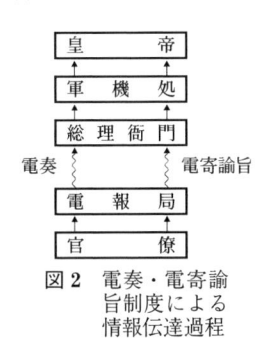

図2　電奏・電寄諭旨制度による情報伝達過程

こうして電奏・電寄諭旨制度が確立されたことで，緊急性を有する重要情報は以後電報を用いて伝達されていった．従来の奏摺など文書による情報伝達は専ら緊要性のない案件を対象に用いられることとなり，相対的にその重要性を低下させていった．駅伝制度自体は辛亥革命後の1912年5月まで存続し，汽船など近代輸送手段も利用するなどしながら引き続き公文書の伝達を担っていったが，文書による上奏は1901年に題本制度が廃止されて奏摺に一本化され，簡便化が図られていった［千葉 2006］．

こうしてまず通信分野において，近代技術導入による帝国システムの再編は進展を見ていった．それは数時間から数十時間で全国から北京に情報を伝えるという，それまでと比較して圧倒的な迅速化を実現することで，清朝統治の維持・強化に寄与したのである．

3. 汽船・鉄道輸送導入による財政物流システムの再編

漕運の海運移行と汽船輸送の導入

輸送分野においても，1870年代よりシステムの近代化過程が開始された．その契機となったのは漕運制度の維持をめぐる問題である．19世紀前半まで

は「河運」と称される大運河を経由する内河水運で輸送されてきたが,次第にその機能低下に悩まされるなかで,1840年代末より海運への移行が試みられていった.「沙船(させん)」と称される在来帆船を用いた民間海運業[松浦 2004]の輸送力に依拠して開始された海運は,1853年より漕糧全体の過半数を占める江蘇省江南地域と浙江省からの輸送が全て移行したことで本格化した.一方同年には太平天国軍の江南進出により長江流域からの河運による輸送が不可能となり,江浙両省からの海運が唯一の輸送手段となった.かくしてこれ以後,漕運は海運を主体とする輸送体制が維持され,上海を積出港に天津へと至るルートで沙船を雇用して実行された[倪 2005].

こうした輸送体制は,1860年代に在来海運業の衰退にともなう輸送力確保の困難化という問題に直面することとなった.同時期に天津・営口などが新たに開港されたことで北方沿海航路にも外国船が進出したことによるもので,清朝政府はその輸送力減を補う対策を迫られた.かくしてここに輸送分野でも近代手段を導入する必要が生じることとなった.沙船による輸送力の不足を補い,かつ外国船との経営競争にも太刀打ちできる存在として,汽船輸送事業の創始が決定されたのである(1-4「沿海社会と経済秩序の変容」参照).こうして1872年に輪船招商局(りんせんしょうしょうきょく)が設立された.李鴻章の提議により最初の官督商辦企業(かんとくしょうべん)として誕生した同局は漕運輸送への従事を主要な事業目的とし,早速翌年より同局所属の汽船を用いた輸送が開始された[張 1988].

こうして帝国システムは,輸送分野においても近代技術を用いて遂行されるようになった.漕運全体の輸送量に占める比率では,1890年代前半まではまだ沙船や河運の曳船など在来輸送手段の方が高く,90年代末に至ってようやく汽船輸送が過半数を占めた.そして後述する漕運制度の改革が実行された1901年以降は,全ての漕糧が汽船海運で輸送されるようになった[千葉 2006].

対外危機による河運回帰と鉄道建設の検討

こうして19世紀後半に漕運は海運中心の輸送体制が維持されたが,それは一方で有事に際しての途絶の危険性をともなうものであった.すでに第二次アヘン戦争(アロー戦争,1856-1860年)でそうした問題は表面化し,近代海軍を擁する列強諸国に制海権を奪われるたびに海運は実行困難となった.

そこで太平天国反乱の平定とともに清朝政府は河運の再開に着手した．早くもその翌年の 1865 年に実行され，以後山東省と江蘇省江北地域からの漕糧を対象に輸送がおこなわれたが，その拡大には大運河の機能低下が大きな制約となった．1855 年に河南省東部で発生した決壊により黄河の流路は大きく北へと移動し，大運河との交差地点も江蘇省北部から山東省西部に移動したことで，それまでは抑止されていた黄河から大運河への水の流入が生じていった．これにより河道の埋没化が進行していったことで大運河の輸送機能は大幅に低下し，河運への回帰は一部分に限定された．だがその後も対外危機のたびごとに河運回帰論は唱えられていった．

　汽船に続く近代輸送手段としての鉄道の導入は，まさにこうした漕運をめぐる議論のなかで具体的に検討されていくこととなった．陸上での大量輸送手段としてのその機能が，河運に代わりうる新たな漕糧輸送の手段として着目されるようになったのである．その最初の検討の機会となったのは 1880 年の劉銘伝による北京と江蘇省北部の清江とを結ぶ鉄道の建設提案であり，前述した伊犂問題にともないロシアとの関係が緊張するなかで，大運河に並行した同区間に建設することで有事に際しての輸送維持がめざされた．これは結局検討だけに終わったが，こうした発想からの建設提議はその後の 1880 年代末にかけての鉄道建設論の主流を占めていくこととなった．たとえば清仏戦争に際しては海運途絶の危機が現実化したことで戦後にかけて河運輸送の増強が課題とされたが，その具体的な検討のなかで黄河からの導水により大運河が最も機能不全に陥っている山東省西部の陶城埠（とうじょうふ）より臨清に至る区間に限り，鉄道を建設して輸送を代替することが提案された．そして今回は実行に向けて現地調査なども進められたが，黄河下流の治水問題が建設の障害になることが指摘され，やはり着手されるには至らなかった．

　こうした大運河に並行した建設計画の検討を経て，1889 年に浮上したのが北京郊外の盧溝橋と漢口とを結ぶ盧漢鉄路（ろかん）の建設案である．同時期には開平炭坑の開発に伴い 1881 年より建設が開始された天津―唐山間の津楡鉄路（しんゆ）を北京東郊の通州に延長する計画が李鴻章と総理海軍事務衙門（海軍衙門）の手で立案され，その是非をめぐって政府部内で激しい論争が展開されたが，複数の反対論者からは別路線の代替建設が提案された．大運河が機能を維持している天

津―通州間よりも，その機能が低下している別区間にこそ並行して鉄道を建設すべきであるとして，これまでにも出されてきた北京―清江間や臨清―陶城埠間などの建設案が提議されたのだが，そのなかで盧漢鉄路の代替建設を提案したのが両広総督張之洞であった．その主要な目的は長江流域と北京との間での輸送手段の確保であり，漢口で長江水運と接続することにより，江浙地域からの漕糧輸送も同鉄路を経由しておこなうことが提案された．そして大運河並行線では建設の障害要因として指摘された黄河の治水問題も，より内陸を経由することでその影響を回避することが可能とされ，政府は最終的に張の提案を受け入れて同鉄路の代替建設を決定した．それはまさに帝国システムを維持するうえで長年にわたり懸案とされてきた，有事に際しての漕運途絶の問題に根本的な解決をもたらす方策として位置づけられたのである．

　こうして建設が決定された盧漢鉄路だが，実際にはその着手は日清戦争後を待つこととなった．朝鮮問題など北方情勢の緊迫化にともない東三省方面への輸送強化を図るべく李鴻章と海軍衙門を中心にして新たに唐山から吉林へ至る関東鉄路の建設が検討され，1891年より着手されることになった．その建設を優先して進めるために盧漢鉄路の建設費を全額転用することとなり，同鉄路の建設は一時延期となったのである．その後日清戦争に際しては海運途絶の危機が再現されたことで，改めて南方との間での鉄道建設の必要性が認識され，戦後ようやく盧漢鉄路の建設が再開された．その資金調達のために1897年にはベルギーからの借款導入を余儀なくされたが，以後建設は順調に進行し，1905年11月に全線が完成した［千葉 2006］．

義和団事件後の漕運制度改革と廃止

　こうして19世紀後半に漕運制度は近代輸送手段を導入することで機能の維持が図られたが，同世紀末にはその廃止も提議されるようになった．漕糧徴収を銀納に変更することで輸送関連の各種経費を財源化することを目的としたこうした提案は，1901年に至って実行が試みられた．義和団賠償金の莫大な財源捻出を迫られたことによるもので，8月15日に全面的な漕糧輸送の停止と銀納化を命じる上諭が下された．しかし北京における需要をまかなうためには引き続き100万石程度の米穀輸送が必要とされ，わずか2か月でこうした方針

は撤回された．結局廃止は河運のみを対象としておこなわれ，江浙両省からの海運は維持された．同時にその輸送は全て汽船を用いておこなわれることとなり，さらに塘沽(タンクー)から北京への輸送は従来の大運河経由から鉄道使用へと改められた．こうした鉄道輸送の利用はその後江南地域においても無錫―呉淞(ウースン)間でおこなわれるようになり，呉淞―塘沽間での汽船輸送と接続することで北京に至る一貫した輸送体制が形成された．一方で1905年には前述したように盧漢鉄路（京漢鉄路と改称）が完成したが，その輸送が漕運に利用される機会は結局なく，以後も海運による輸送体制が継続された．

　このようにして，20世紀初頭に至るまで漕運制度は変革をともないつつ維持された．輸送手段は全面的に近代化されたものの，八旗への俸給を中心とした北京での食糧需要を政府自らの手で満たすというその機能は変わらなかった．しかし同時期には，改めてその廃止が提議されていくこととなった．新政の展開とともに開設された各省の諮議(しぎ)局(きょく)や北京の資政院といった諮問議会で漕運制度の廃止が決議され，そこでは漕糧納入を負担する地方エリートの立場より銀納への変更が求められたのである．結局その実行は辛亥革命後のこととなり，漕運は清朝最後の1911年まで続けられた．まさしく帝国システムの一環としての漕運制度は王朝体制の終焉とともにその歴史に終止符を打ち，以後は民間流通に依存することで政府も必要物資の調達を図ることとなった［千葉 2006］．

4. 帝国システムの再編と近代交通通信ネットワーク

近代国民統合と交通通信ネットワーク形成の課題

　こうして近代技術を駆使することで維持が試みられてきた帝国システムは，20世紀に至って抜本的な再編が迫られていくこととなった．義和団事件で頂点に達した危機的状況を克服すべく，事件後に清朝政府は新政を開始し，欧米や日本をモデルにした各種の改革に着手した．それは1905年以降政治体制改革へと展開し，海外政治考察を経て翌1906年に将来的な立憲政体への移行方針が決定された［韋ほか 1993］．

　こうした政治体制の改革は，それまでの専制王朝国家による統合のあり方の根本的な変容を意味するものであった．近代国民国家をモデルとする社会体制

の確立が前提とされることで，中国においても近代的な国民統合の実現に向けた施策が推進されていくこととなったのである．それはまず議会制の導入による国民の政治参加を基礎とし，さらに地方自治制度の導入や学校教育の普及などによる社会の組織化が取り組まれていった．一方でこれまで間接的な政治支配がなされてきた土司やモンゴル・チベットなどの藩部地域に対しては，まず近代的な領土の一部として位置づけたうえで改革政策を実施することが求められ，直接統治体制への移行が検討されるようになった［趙 2004］（内モンゴルの事例に関しては，1-8「「藩部」と「内地」――20世紀前半の内モンゴル」も参照）．

　近代交通通信ネットワークの形成は，同時期にはこうした改革のなかで改めて求められていくこととなった．たとえば議会政治の実行のためには，全国各地より国会の開かれる北京へと議員の迅速・安定的な移動を保障する手段が確保されねばならない．その導入に向けた政府部内での議論では，こうした課題が指摘された．このように近代的な政治体制に基づく統合の実現のうえでは，全国土を短時日内に結合しうる交通手段の存在が不可欠であり，とりわけ国土の広域性などにより地理的障壁の大きい中国においては，その必要性は大きかった．まさにその手段として近代交通ネットワークは全国的な整備が必要とされたのだが，この時点での発展状況はまだまだ不十分なものであった．まず通信分野に関しては，すでに見てきたように19世紀末には各省を結ぶ電信ネットワークが形成されたが，それより下の府級・県級の行政単位について見れば，1911年の時点でもそれぞれ電信開通の比率は66％と27％にとどまっていた．末端地域レベルまで含めた通信の近代化を実現するためには，依然としてネットワークの拡充が課題とされていたのである．さらに輸送分野についていえば，近代ネットワークの形成はなお局地的な段階にとどまっていた．沿海部や長江などの汽船航路網とともに，日清戦争後には外国借款の導入などにより鉄道建設も進展を見たが，まず開通したのは東三省と華北から長江中下流域にかけての沿海・平原部を中心とする地域の路線網であり，広大な西方内陸部は全く近代輸送ネットワークの枠外に取り残された［千葉 2006］．

立憲政体移行過程における交通建設の進展

　そこで新政時期には近代交通通信ネットワークの整備が，立憲政体移行に向

けた重要な政策課題として検討された．1908年8月27日に清朝政府は8年後をもって憲法を公布することを正式に決定し，その準備のために政策各分野にわたる年次計画を立案することとした．交通政策に関しては1906年に新設された担当官庁の郵伝部［蘇 2005］により計画が立案されたが，そこでは電信・鉄道の全国的ネットワーク形成に向けた建設推進が最重要の課題とされた．とくに鉄道に関しては，1907年に立案されていた全国的路線網構想を青写真に建設が進められることとなった．前郵伝部尚書（大臣）の岑春煊の提案をもとにして同部により立案されたこの構想では，図3に示したように北京を起点として愛琿・伊犂・広州・恰克図に至る東西南北の四大幹線を中心にしたネットワークの形成が目標とされた．たとえばチベットへも蘭州より西寧を経て拉薩に至る現在の青蔵鉄路の建設が計画され，藩部も含めた清朝の支配領域全体に及ぶ鉄道網形成が構想されたのである．

　かくしてその実現に向けて以後の交通政策は推進されていった．とくに広大な内陸部に新たにいくつもの長大な幹線を建設する必要があった鉄道については，抜本的な建設促進のために思い切った政策転換を図る必要性に迫られた．同時期の鉄道建設の方針としては外国借款依存からの脱却を図るべく民営建設の奨励策が打ち出され，各地に鉄路公司が設立されて建設が取り組まれていった．さらに1905年以降は利権回収運動が展開されたことで新規の借款導入は原則として中止され，鉄道建設は民営鉄路公司を主体に推進する方針がとられていた．しかしその進展は必ずしも順調ではなく，一方で1907年には津浦（天津―浦口）・滬杭甬（上海―杭州―寧波）両鉄路の借款交渉を契機として借款導入条件の大幅な改善が実現されたことで，政府はこうした方針を見直す方向へと動いていくこととなった．とくに民営計画が立てられていなかった内陸部の鉄道建設を推進する手段として，再度外国借款を導入する必要が生じることとなったのである［馬 2004］．

　こうした観点からの借款建設の推進は，同時期に地方の側より求められていった．雲南・甘粛・新疆・モンゴルと，西方内陸部の各地域より政府に対して早急な鉄道建設の着手が要求され，あわせてその具体的な手段として借款導入が提案されたのである．その対象路線については図3に示したが，未だ近代輸送ネットワークが到達していないこれらの地域では，全国的な改革進展からの

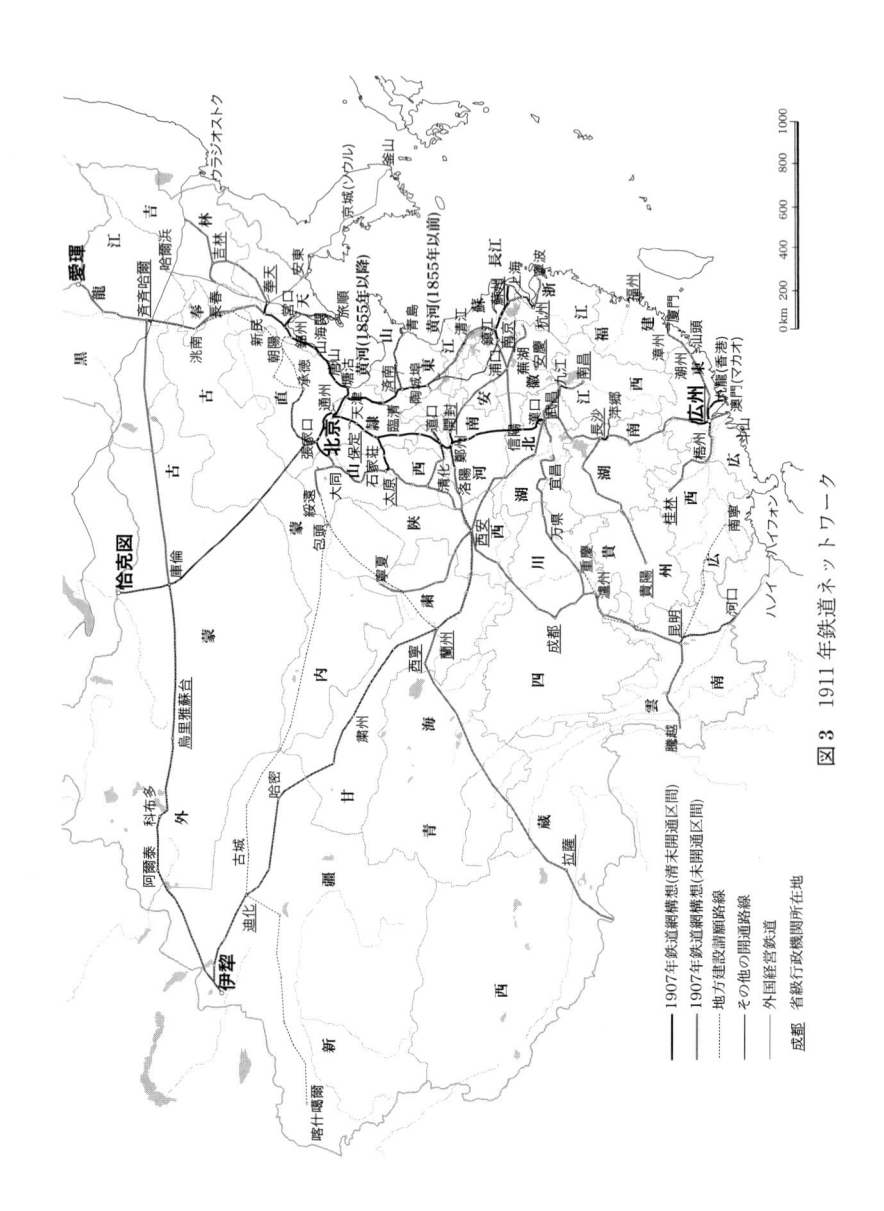

70 ―― 第Ⅰ部　中華世界の構造と変容

図 3　1911 年鉄道ネットワーク

立ち後れが強く意識され，その打開の手段としてこうした沿海部と結ぶ鉄道の建設による交通の利便化が求められた．とりわけ国境に接する雲南や新疆などでは，隣接する地域を支配するフランスやロシアの進出に対して領土を保全するためにも，国内の他の地域との間での鉄道開通が待望されていた．1910年に開かれた第1回の資政院では，まさにそうした観点よりモンゴルへの鉄道建設促進が決議された．国会に相当する諮問議会として設置された資政院には，モンゴル地域の支配層である王公からも十数名が議員として参加した．彼らは積極的にモンゴル地域の近代化促進を求める議案を提出し，同院の大多数を占める漢人議員の賛同も得て成立を見ていったのだが，そのなかのひとつが鉄道建設促進議案であったのである．そこではモンゴルへの鉄道建設に早急に着手すべき理由が，以下のように述べられた．

　　内外蒙古の風気が開けず，社会が進歩しがたいのは，実に交通の不便さに由来することであります．現在強大な隣国が情勢をうかがい，まことに危機の度合いは強まっております．そこで交通を便ならしめ，風気を開き，蒙古の領域を保ち，国防を固めるためにも，鉄道の建設は絶対に先延ばしさせるべきではありません（中国第一歴史檔案館蔵軍機処檔案録副奏摺7566巻32号「宣統2年12月11日資政院総裁溥倫等奏」）．

このように地域社会の近代化とロシアの進出からの領土保全を図るべく建設が求められ，具体的に張家口―恰克図・張家口―錦州・庫倫―伊犂の各区間の建設が提議された．

かくして清朝政府はこれらの地域への早急な鉄道建設実現という課題に直面した．その実行に向けた検討のなかで，翌1911年に鉄道国有化政策が打ち出されることとなったのである．政府の手による鉄道建設のうえでは財政的制約により資金を借款導入に依存せざるをえないが，内陸地域では開通後の営業収入による返済は見込めなかった．そこで収益の見込める他の地域の路線も一体で経営することにより鉄道事業全体として採算性を確保することが検討され，同年5月9日に全国の幹線鉄道の国有化実施が決定された．これまでは借款導入の担保とするために民間より鉄道利権を収奪すべく実施された政策であると一般的に認識されてきたが，その実際の目的は全国的な鉄道建設の推進にあった．借款導入の条件もこの頃には沿線地域の税収など鉄道以外を担保に設定す

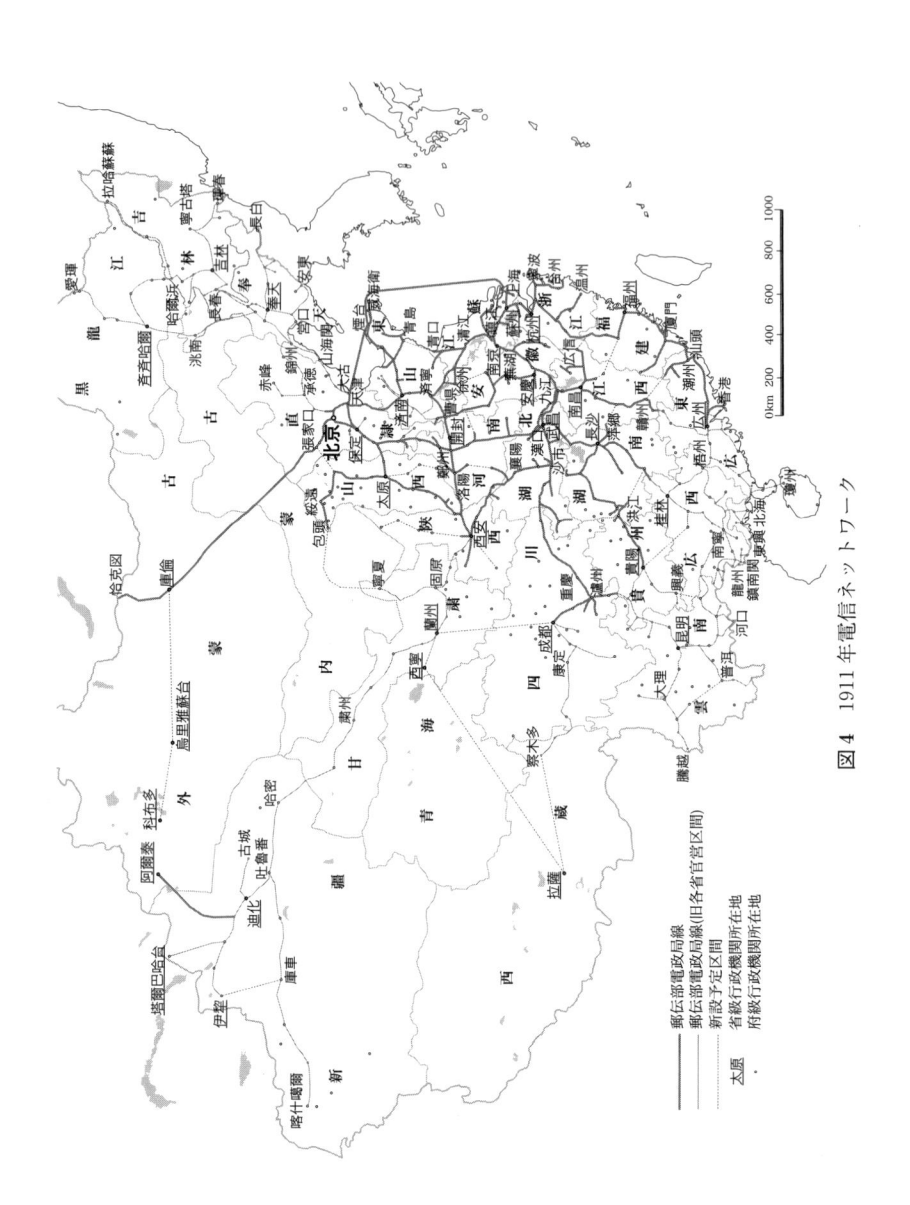

72 —— 第Ⅰ部　中華世界の構造と変容

図4　1911年電信ネットワーク

るようになり，また中国側の運営権を保障するなど大きく改善されていた．前年には憲法公布の3年前倒しも決定され，立憲政体への移行が一層早急に取り組まれるなかで，その重要な前提条件である近代交通ネットワークの全国的整備がこれにより一挙に推進されようとしていたのである．こうした観点からの運営体制の再編は電信事業についても実施され，同年1月に各省の官営電信が郵伝部電政局に移管されて国営一元化が達成されていた(4)．これらの施策は歴史的な帝国システムを近代国民国家をモデルとした政治体制へと再編するための必須の課題であり，鉄道国有化はそうした観点から実施されるべき必然性を有していたのである［千葉 2006］．

近代交通通信ネットワークの形成と統合の変容

こうして清末に交通通信ネットワークの近代化は一定の進展を見た．図3・図4に示したような近代ネットワークの形成により，それまでの帝国システムを媒介とした中国の統合は同時期に変容を遂げていくこととなった．最後に本章では，こうした問題について象徴的な事例を二つ挙げることとしたい．

まず取り上げるのは，通信分野の近代化が政治統合のあり方にもたらした変容である．電信ネットワークの形成は，これまでに述べてきたように皇帝と官僚との間での情報伝達手段としてその機能を発揮したが，同時に官僚間の情報伝達にも広く用いられていった．とくに駅伝制度では使用を認められてこなかった私的な連絡にも電信は任意に利用することが可能であり，これにより統属関係にない官僚同士でも活発に情報交換をおこなうことができるようになったのである．

そのことは，これまでの皇帝を頂点とするピラミッド型の意志決定過程を媒介とした政治統合の構造に変革の可能性をもたらしていった．その最初の具体的な機会となったのが，義和団事件に際しての東南互保の成立である．大沽(タークー)での軍事衝突を契機に中央政府が対外宣戦の上諭を発したのに対し，両江総督劉 坤一(りゅうこんいつ)・湖広総督張之洞・両広総督李鴻章ら南方各省の有力官僚はその遵守を拒否して，独自の判断で対外和平の維持に乗り出した．その過程で彼らは電報により緊密に意見を交換しあい，共同で事態に対処していった．それと同時に，彼らは中央政府に対しても合同による上奏を繰り返しおこない，南方各省

の一致した意志として和平維持を求めていった．このことは慈禧皇太后（西太后）ら政府指導部の穏健方針への転換という事態の変化をもたらし，義和団事件の展開に重要な影響を与えたのだが，こうした地方当事者間での協議と合意に基づく意志形成は以後もさまざまな局面で見られていくこととなった．その延長線上に，やがて各省の独立とその自発的な協議による新政府の樹立という方向性が現れていったのは，決して偶然ではないと指摘することができる．まさに中華民国臨時政府樹立に至る辛亥革命の一連の過程は，こうした通信システムの変革を裏付けとしてその実現に向けた具体的な条件を獲得していくこととなったのである［謝 2003；千葉 2006］．

　一方で輸送面においても，近代ネットワークの形成は地理的障壁を打破することで，清朝統治下の各地域をそれまでとは比較にならない緊密さをもって結び付ける役割を果たしていった．そのことは一面で急激な社会変化をもたらすことで，とくに異なる民族地域間での摩擦を拡大させていくこととなった．ここで取り上げるのは，1907 年から 1909 年にかけて検討された外モンゴルへの自動車輸送の導入計画に対する現地社会の反応である．同時期にまず都市部の輸送手段として導入が開始された自動車を，張家口と庫倫（現ウランバートル）との間を結ぶ約 1100 km の区間で 4 日間に分けて定期運行しようという計画で，商業輸送の利便性向上を求めた漢人商人を察哈爾都統の誠勲が支援するという形で事業に着手されることとなった．それはモンゴルへの統治強化を図るという清朝政府の政策にも寄与するものとして実現がめざされたのだが，現地外モンゴルの各盟は一貫して反対を唱えた．その理由は自動車の走行が遊牧の障害になるということのほか，このように述べられた．

　　内地の民間人による蒙古への交易は，これまで厳しく規制が課せられてきました．今検討されているところでは，開業後自動車を 10 台まで増備し，1 台当たり 12 名の客を乗せてそれぞれ毎月 3 往復するとのことであります．その利用者数を計算すれば，年間約 8600 人になります．さまざまな素性の人間が集まってくることになり，あれこれと面倒な事件が生ずることを免れないでありましょう［交通部・鉄道部交通史編纂委員会 1935：第 9 章 45-46］．

　こうして自動車運行により中国内地との交通が利便化すること自体が，反対

の理由とされたのである．同時期にはこれまでの商人に加えて農民の入植も進行するなど，モンゴル地域へは内地からの漢人進出が促進されていた．こうした状況に対して，現地のモンゴル人の側は少なからず警戒や反発をいだかざるをえない状況にあった．そうしたなかで内地との交通手段が改善されることに対しては，支配層の王公の一部などからは前述したようにこの後資政院の開会後に積極的な促進を求める意見が出る一方で，外モンゴルの盟旗はこのように否定的な姿勢を示していたのである［千葉 2007］．

　かくしてこの計画は現地社会の同意を得られなかったことで実現を見ずに終わったが，このことが物語るように近代ネットワークの形成による輸送の利便化は，それまでの地域ごとの独自性を解消させていく作用をもたらすことで，特に漢人以外の各民族社会にとっては諸刃の剣というべき出来事であった．その軋轢から，辛亥革命後の外モンゴル・チベット独立といった状況も生じていくこととなったのである．そして上記の史料に語られている危惧は，その後の今日に至る中国の「少数民族問題」に通底して存在していくこととなった．清末以来百年目にしての計画実現となった 2006 年における青蔵鉄路の開通が，他地域からチベットへの進出を加速させたことで民族間の軋轢も招き，2 年後の暴動発生の一因となったという事実より，我々はまさしくそのことを認識させられるのである．

おわりに

　本章では，清末における交通通信の近代化過程を分析してきた．ここでその内容を，改めて総括しておきたい．
　そもそも 19 世紀後半に開始された近代交通通信手段の導入は，歴史的な帝国システムの維持・強化を目的とするものであった．専制王朝の全国支配を実現すべく形成されてきた通信・輸送のシステムがさまざまな面で制約に直面するなかで，その解決のために電信・汽船・鉄道といった手段が導入され，情報や物資の疎通に活用されていった．
　このように，中国における交通通信システムの近代化は，駅伝制度や漕運制度によって担われてきた既存のシステムの機能を直接に継承する形で進展を見

ていったが，そのことは同時に飛躍的な機能向上を実現することで帝国システムそのものの変革に道を開くこととなった．その象徴的な出来事となったのが，義和団事件に際しての東南互保の成立である．そこでは遠隔地の当事者同士がリアルタイムで意思疎通を図れるという近代通信ネットワークの機能に依拠して地方当局側の主導により危機への対処がなされ，これまでとは異なる政治統合の可能性が示された．

　そして事件後に開始された新政において，帝国システムの変革は清朝自身の政策として推進されていった．近代国民国家をモデルとする政治体制への移行が課題とされるなかで，交通通信ネットワークは新たに国民統合の手段として全国的な近代化が求められることとなったのである．とくに通信に比較して立ち後れていた輸送分野の近代ネットワーク形成が重要な課題とされ，全国的な鉄道建設の推進により実現がめざされた．こうした取り組みの一つの帰結が，1911 年における鉄道国有化の実施であった．国内資本による建設が必ずしも順調に進展しないなかで，清朝政府は憲法公布までの限られた期間に全国的なネットワーク整備を推進すべく鉄道政策を大きく転換させていった．その現実的な選択肢が国有化と外国借款の導入であり，こうした方針は内陸部を中心とした地方の側からも求められていた．国有化政策自体は四川省などにおける反対運動の発生により失敗したとの印象が強いが，それは確実に同時代の中国において必須の課題として求められたことであった．そのことは清朝と対峙する立場にあった孫文が，辛亥革命後に一層大胆な方法で外資導入による鉄道建設の全国的推進を試みたという事実に象徴されている〔岸田 1992〕．まさに近代国家としての中国統合の前提として，交通通信ネットワークの近代化は必要とされていたのであり，それは以後の時代の各政権へと継承されていった．

　こうして 20 世紀に帝国システムは多くの遺産を残しつつ解消へと向かっていった．代わって追求された近代国民国家をモデルとする体制確立の過程において，交通通信分野の近代化は必須の課題として位置づけられたのだが，その実現は同時に両者の間に横たわるさまざまな違いを時に相当な無理をしてでも埋めていくという過程でもあった．その結果として生じていった中国の統合をめぐり今日なお解決しえない多くの問題を考えるうえでも，清末という時代はその出発点として重要な意味を有しているといえよう．

注
(1) 「帝国」という言葉については，中国において今日的な意味で用いられるようになるのは近代以降のことであり，いわゆる和製漢語の一つとして19世紀末から20世紀初頭にかけて定着した［吉村 1999］．したがって近代以前の中国王朝を「帝国」と称することは，厳密には歴史的用例より乖離したことであるが，ここでは分析概念としてその使用が研究の上でも定着していることに鑑みて，こうした用語を用いることとした．なお「帝国」呼称の中国における定着過程については，拙稿「天朝「大清国」から国民国家「大清帝国」へ——清末における政治体制再編と多民族ナショナリズムの起源」（メトロポリタン史学会編『地域世界論の新地平（仮）』桜井書店，2009年刊行予定）で分析を加えている．
(2) 満洲人を主体に構成された世襲軍団で，北京をはじめとする主要都市に駐屯した．
(3) 運営は官督商辦企業の電報総局が中心となり，これに各省当局の官営による官電局が内陸部などに設立されて，両者の分担によりおこなわれた．
(4) 電報総局は1908年に完全国有化され，郵伝部電政局に改組されていた．

［参考文献］
足立啓二 1990「専制国家と財政・貨幣」中国史研究会編『中国専制国家と社会統合——中国史像の再構成 II』文理閣
岸田修 1992「孫文の鉄道論——一九一二年を中心として」藤井昇三・横山宏章編『孫文と毛沢東の遺産』研文出版
謝俊美 2003「情報伝達と辛亥革命——盛宣懐と中国電報局をあわせて論ず」孫文研究会編『辛亥革命の多元構造——辛亥革命90周年国際学術討論会（神戸）』汲古書院
千葉正史 2006『近代交通体系と清帝国の変貌——電信・鉄道ネットワークの形成と中国国家統合の変容』日本経済評論社
——— 2007「清末中国における長距離自動車運行計画——蒙古汽車公司計画を事例に」『鉄道史学』24号
松浦章 2004『清代上海沙船航運業史の研究』関西大学出版部
吉村忠典 1999「「帝国」という概念について」『史学雑誌』108編3号

交通部・鉄道部交通史編纂委員会 1935『交通史路政編』南京：鉄道部
李文治・江太新 1995『清代漕運』北京：中華書局
劉文鵬 2004『清代駅伝及其与疆域形成関係之研究』北京：中国人民大学出版社
馬陵合 2004『清末民初鉄路外債観研究』上海：復旦大学出版社
倪玉平 2005『清代漕糧海運与社会変遷』上海：上海書店出版社
蘇全有 2005『清末郵伝部研究』北京：中華書局
韋慶遠ほか 1993『清末憲政史』北京：中国人民大学出版社
張後銓 1988『招商局史（近代部分）』北京：人民交通出版社
趙雲田 2004『清末新政研究——二〇世紀初的中国辺疆』ハルビン：黒龍江教育出版社

第 II 部

社会経済の動態と再編

第4章

沿海社会と経済秩序の変容

村　上　　衛

はじめに

　近年における中国の急速な経済発展のなか，あらためて中国の潜在的な経済力が認識され，そのなかで，近代以前の中国，とりわけ清代中期が注目されるようになってきている．欧米の学界においては，ポメランツがグローバル・ヒストリーの文脈から，清代中期の長江下流域がさまざまな経済指標において同時代の西欧と同様の水準であり，両者の分岐は石炭資源への近接性と新世界へのアクセスの良さにあったとし［Pomeranz 2000］，英語圏の研究者に大きな衝撃を与えた．そして，経済史の分野では18世紀以降の中国を西欧だけでなく日本等のアジア諸国と多様な経済指標から比較する試みも進んでいる［斎藤 2008］．

　もちろん，このような「近代」への出発点における指標の検討は比較の観点からは重要であろう．しかしながら，中国近現代史研究の立場からすると，経済指標の比較だけでは，19世紀の中国が抱えていた危機や，現在にいたるまでのさまざまな困難，さらには19世紀末以降における日中の経済発展の相違を十分に説明できない点に不満が残る．それでは，近代中国の危機あるいは日中の経済発展の相違といった，ある意味で古典的な問題は，近年の日本における中国史研究からみて，どのように考えることができるのだろうか．

　19世紀の中国の危機については，18世紀の人口増大が内陸への移民を引き

起こし，それがもたらした摩擦が一因となって内陸の反乱が勃発したという説明がなされている（19世紀中国の「衰退」の意味については，1-5「清代後期における社会経済の近代化」も参照のこと）．しかし，19世紀の危機は内陸からだけではなく，沿海からも到来したから，沿海の側からの視点も必要であろう．

　また，近代における日中の経済発展の相違についてはこれまでに多くの議論がおこなわれてきたが，両者が大きく異なる点は二つある．一つは従来から指摘されてきているように政府の果たした役割の相違であり，日本の明治政府による近代化政策が高く評価されてきた．しかしながら，これは19世紀中葉の大動乱のなかで清朝政府が直面していた秩序の回復という課題と，明治政府の近代化という課題が大きく異なっていたことに起因しているため，この違いが生じた原因，すなわち19世紀の危機への対応の解明が重要となる．

　そこで本章では，まず19世紀の危機とその克服について，沿海社会の側面から，18世紀以前を視野にいれつつ，長期的に考えることを第一の課題とする．ここで取り上げる沿海社会は主として商人・漁民・海運関係者を中心とする沿海の人々で構成される社会である．

　そして，日中のもう一つの大きな違いは経済制度の違いである．近年の日本における近代中国経済史研究の一つの焦点は明清時代から近代にかけての経済制度であるが，18世紀以前にどのような制度が存在し，19世紀にいかに変化したかをみることが，日中の経済発展の相違，あるいは中国の近代化が直面していた困難を明らかにする鍵であるといえよう．本章では，こうした近年の研究成果を背景として，18世紀以前からの中国の経済制度，ここではとりわけ政府・官僚と商人の形成していた経済秩序の問題を考えることを第二の課題とする．

　さらに，沿海社会は貿易による影響を最も直接的に受ける地域であるゆえに，貿易の問題を外すことはできない．そこで1980年代以降の日本のアジア交易圏論に関する研究をふまえつつ，ここでは主にモノ・ヒトの移動を沿海社会と経済秩序と関係づけながら論じることにする．これが本章第三の課題となる．

1. 沿海支配の崩壊——18-19世紀初頭

清朝の沿海支配

19世紀以降の中国沿海の変動を考察するためには，18世紀までの清朝の下での沿海の支配体制をみておかなくてはならない．明朝，とりわけ明代初期に成立した財と人の流動化に対して制度的な枠をはめる「固い」支配体制は，16世紀のユーラシアを襲った商業活動の活性化の衝撃を受けて崩壊した．そこから登場してきた清朝は，対外的に開放的で，ゆるいシステムであったとされる［岸本 1995: 15-39］．それでは，清朝の沿海支配は具体的にどのような仕組みの上になりたっていたのだろうか．

清朝による沿海の支配は，台湾に拠って海上から清朝に対抗していた鄭氏が1683年に降伏したことによって確立した．沿海の経済・社会秩序の維持に重要であったのが，貿易を管理して確実に徴税をおこない，治安を安定させることである．

貿易管理の側面についてみれば，鄭氏降伏の翌1684年，清朝は海禁を撤廃し，江蘇・浙江・福建・広東にそれぞれ江海関・浙海関・閩(びん)海関・粤(えつ)海関の4海関を設置した．これらの海関は中国人の海上貿易だけでなく朝貢貿易と外国船貿易を含む海上貿易全てを包括的に管理するようになる．そして海関は仲介商人である牙(が)行(こう)を指定して取引と課税を請け負わせることにより，多様な貿易に柔軟に対応することが可能になった［岡本 1999: 60-77］．

海上貿易の管理に関しては，反清武装勢力や海賊対策として，乗船者の身元保証や船舶の規模，乗船人数，積載品，武装などについてさまざまな規定も存在した．そして多くの場合，牙行がこの取締規則を保証する形となっていた［松浦 2002: 98-113, 585-587；村上 2003: 204-205］．つまり清朝の海上貿易管理体制は，牙行に依存することによって成り立っていたといえる．そして清朝は海上貿易の禁制品などを定めてはいたものの，明代のように民間貿易を禁止することはなく，貿易量全体に対する統制も試みなかった．

かかる管理体制の下で，海上貿易は拡大し，結果的に清朝の対外貿易の大半を海上貿易が占めることになった．主要な貿易相手の推移をみると，18世紀前半に日本との貿易が衰退する一方で，厦(アモイ)門を中心とする中国船による対東南

アジア貿易が拡大した．一方，18世紀後半になると，広州に来航する欧米船との貿易が中心となった．そして海上貿易の発展のなかで，銀は一貫して中国内に流入し，農村に至るまでの中国経済の好況をもたらした［岸本 1997: 173-212］．

中国経済の好況にともない，国内の商品流通が活発化し，江南の綿布・生糸に代表される農村手工業も盛んになった．国内の海上貿易も急速に発展し，華南産砂糖，江南産綿花・綿布，東北・華北産の肥料用大豆・大豆粕を取引する貿易が福建・広東船や江南の沙船によっておこなわれた．そして，貿易規模の拡大にしたがって，上海・天津などの貿易港が新たに発展した［宮田 2006: 15-22; 松浦 2004］．

商業の発展を背景に，清朝においては明朝よりも塩税・関税などの商業部門からの税収の役割は大きくなった．だが，その総額は農業部門への土地税の4分の1程度であり，18世紀中葉から19世紀にかけて減少したから［岩井 2004: 30-36］，商業への負担はそれほど大きかったわけではない．このほか，非正規の財政負担も存在したとはいえ，清朝政府は商業活動に依存していたとはいえない．また実際，団体や公権力による規制が薄弱で，取引が固定されないなかで［足立 1998: 187-188］，無数の零細な取引を行政が把握して課税するのは困難であった．したがって，地方政府が牙行を通じて流通過程からの徴税をおこないつつ多少の統制を試みたが，全体的に官僚と商人が結びついて形成する経済秩序は強固ではなかった．清朝にとって沿海で最も重要であった広州でさえ，牙行たちの激しい競争により，徴税機構はしばしば再編を迫られていたのである［岡本 1999: 79-109］．むしろ，この流通過程への統制が少ないことが，経済や商業の発展につながったとみてよい．

ゆるやかな沿海管理体制のもとで，ヒトの移動も増大し，制限されていた台湾や禁止されていた海外への移民は，台湾の開発や18世紀末以降の東南アジア開発にともない増大した．これは沿海の過剰な人口の吸収に貢献し，ひいては沿海の安定に貢献した．

このような清朝中国は，ヒト・モノ・カネの移動を厳格に管理していた日本・朝鮮・琉球などといった他の東アジア国家とは対照的な体制であった．逆に東アジア諸国が厳格な管理をおこない，欧米商人が広州で清朝の規制をおお

むね遵守して貿易をおこなっていたために，清朝のゆるやかな体制の下でも，貿易管理が成り立っていたともいえる．

　一方，治安の側面であるが，鄭氏の降伏以降，海上には大規模な反清武装勢力は存在しない．これは民間貿易が許可されたことにより，明末清初の倭寇のように，海賊と貿易が結びつかなかったことが背景にある．もっとも，中国沿海では恒常的に海賊活動は続いていた．沿海の治安を担当する清朝水師は，これを完全に鎮圧する意思も能力もなく，船舶の武装に関するさまざまな規定も遵守されなかった．また，海難事件の際にも，外国人漂流民の本国送還制度のみが機能しており，生命・財産の保証が確立していたわけではない［村上2006］．したがって，清朝に対する脅威はなくなったものの，治安についても非常にゆるやかな管理であったといってよい．

　このようなゆるやかな沿海支配は，厳格な統制がもたらす緊張を緩和し，統制に要するコストを軽減する方向で，沿海の安定に寄与していた．したがって，海関を通じて決められた額の税収が確保され，海上貿易によって銀が中国に流入し，沿海の治安がおおむね安定している限り，清朝にとってはほとんど問題がなかったのである．

沿海支配の崩壊

　ゆるやか，あるいはルーズといってよい清朝の沿海支配は18世紀末以降，治安と貿易の両側面から動揺する．まず，治安の面では，18世紀末から19世紀初頭にかけての「嘉慶海寇」といわれる海賊活動が沿海の平穏を乱していく．広東，福建，浙江沿海に広がった海賊活動に対し，清朝は鎮圧に手間取り，広東省ではポルトガルの力を借りるとともに，結局は海賊を水師に編入する招撫政策によりこれを抑え込むことに成功する［Murray 1987］．もっとも，この鎮静化の背景には，この時期に，華南沿海部において発展しつつあったアヘン貿易に沿海住民が吸収されたことがあるだろう．

　同時期，治安だけではなく，貿易管理の動揺も進んだ．厦門においては，19世紀初頭以降，福建人商人がコストの高い厦門を離れて東南アジアや華南沿海の小規模な港及び広州・上海・寧波などの中国沿海諸港で貿易を営んだため，その貿易は衰退した．それにともなって牙行は次々と倒産し，牙行による厦門

の貿易管理体制は崩壊した［村上 2003：206-210］．また，広州においても 18 世紀後半の広州における対欧米貿易の飛躍的な増大によって，すでに統制が困難な状態になり，1830 年代には牙行が構成した徴税機構が破綻に瀕していた［岡本 1999：95-105］．そして，上海・天津をはじめとする新たに発展した諸港においても，徴税は牙行に依存していたが，貿易量の増大に対応した課税どころか，管理もおこなわれていなかった［村上 2000：230-238］．つまり，従来の管理体制では，貿易の急速な変動に対応することはできなくなっていたのである．

貿易管理体制にとどめをさしたのは，いうまでもなくアヘン貿易である．アヘン貿易が増大した原因は，イギリス東インド会社に属さずアジア間貿易に従事する私貿易商人（Private Trader）の活動の活性化と，それに中国沿海の貿易を担っていた広東人・福建人を中心とする中国沿海の人々が応じたことにある．私貿易商人と結託した沿海の人々によって，アヘン貿易は福建・広東沿海だけでなく，上海・天津などを通じて内陸に広がり，そのうえ最大の貿易拠点の広州では，牙行を通じた貿易管理体制の外側で拡大した．かかるアヘン貿易は財政的観点から問題となり，清朝は徴税を請け負う牙行を通じた取締を図ったが，アヘンは禁制品であるために，牙行にアヘン徴税を通した取締をさせることはできなかった．そして，牙行に対する取締強化はアヘン取引の牙行回避と取引の零細化・小港への移動という分散化をもたらしただけであった．結局，沿海でバラバラに活動する中国人を統制できない清朝は外国人商人を取り締まる以外に方法がなくなり，これが林則徐による外国人商人からのアヘン没収，さらにはアヘン戦争へとつながっていく［村上 2003］．すなわち，牙行に依存した貿易管理体制の完全な崩壊であった．同時期，世界的な不況も原因で中国から銀が流出していたとされるが［Lin 2006：1-143］，このような貿易管理体制の崩壊のなかでは，銀の流出を防ぐことなど到底できず，銀不足は中国全体の不景気と混乱につながっていく．

したがって，アヘン戦争は近代の始まりなどではなく，19 世紀初頭以来の清朝の沿海支配崩壊の一つの帰結といえよう．つまり，沿海部はすでに近代の変動に巻き込まれていたのである．清朝の支配がゆるやかであったことが，この変動を拡大することにつながり，その結果，対処もより困難になったから，

ルーズな支配の代償は大きかったといえよう．
　アヘン戦争が始まると，清朝はイギリス軍に協力する「漢奸_{かんかん}」対策として，こうしたバラバラに活動する人々と貿易の統制を図り，沿海の住民を団練・郷勇に編成して囲い込み，船舶の出入港を禁止するという旧来の方法で，清朝単独での沿海支配の再編を試みたが失敗した［村上 2004a］．清朝は沿海の支配回復のために新たな協力者・新たな手法を必要としていたのである．

2. 開港と沿海支配の再編——1840-1850 年代

沿海の混乱

　南京条約に基づき 5 港が開港し，追加条約で貿易に関する諸規定も定まったが，これらの条約が沿海支配の回復を保証することはなかった．沿海の混乱はむしろ悪化し［Fairbank 1953］，その解決には約 20 年を要することになる．

　周知のように，イギリスの期待に反して貿易は停滞した．この背景には，銀不足を一因とする中国全体の不景気や新たな開港場における取引制度の未整備があった．

　貿易管理の再建も遅れ，零細化した取引を把握できない状況は，アヘン戦争後も変わらなかった．上海，広州，厦門などの開港場では密輸が横行し，この状況はイギリスをはじめとする欧米諸国の認めるところではなく，海関機能の正常化も求められていた［Fairbank 1953: 104-132］．

　ヒトの移動の面では，従来からの東南アジア移民を含め，海外移民に外国船が使用されるようになったが，新たに外国人商人による主として中南米・北米・オーストラリア向けの移民，いわゆる「苦力貿易」が華南諸港で勃興した．これが移民募集に際して誘拐・詐欺などの手法をともなったために［可児 1979: 1-20］，外国人に対する反発を招き，華南開港場社会の治安をも動揺させており，ヒトの移動の管理も必要になっていた．

　その治安の側面であるが，アヘン戦争による清朝水師の打撃に加え，交易の停滞，外国船の中国沿海への進出と貿易の開港場への集中にともない，従来アヘン貿易などに従事した漁民・海運関係者が失業し，浙江，福建，広東の東南沿海部においては，海賊の活動が活発化した．とりわけ，広東人海賊は，欧米

人との関係を用いて装備を改善し，清朝官僚との「関係」を使って清朝水師への編入を図り，さらには開港場に展開する広東人買辦と協力することでその勢力を拡大していった［村上 2004b］．海賊問題に限らず地域社会の動揺は進み，特に珠江デルタ地域の混乱は著しかった［Wakeman 1966: 61-156］．また，海難事件に際しても沿海住民の略奪により，漂着時に生命と財産が保証されない状況は，貿易をおこなう欧米人には脅威であった［村上 2006］．

沿海の混乱は1850年代前半にピークに達した．19世紀前半，社会が不安定になるなかで華南各地に秘密結社の結成が進んでいたが，19世紀中葉にその勢力は急速に拡大した．内陸から起こった太平天国勢力が長江沿いに進軍すると，沿海でも1853年5月に廈門小刀会，同年9月には上海小刀会が廈門，上海を占領し，1854年6月には天地会が蜂起して広州城を包囲するなど，開港場そのものが占領・攻撃される事態に陥ったのである．

このような沿海の混乱は，清朝だけではなく，開港後の貿易の発展を期待していた欧米諸国側にとっても大きな問題であり，沿海支配の体制の回復は1850年代の課題となる．

沿海支配の回復

もちろん，清朝には沿海支配の回復を単独でおこなう能力はなく，欧米諸国の協力が必要となった．しかし，1850年3月の咸豊帝即位以降，清朝中央が対外強硬的な方向に転換したため，地方における欧米諸国との協力関係が支配回復にとって重要となる．

1850年代に進められた貿易管理体制の回復では，海関の制度再編がある．これは上海において小刀会の乱によって海関が機能不全に陥ったことが原因で，1854年6月，海関監督と英米仏三国の領事の間で協定が結ばれ，上海に外国人税務司制度が導入されたことに始まる．この制度は外国貿易への課税額と税徴収額を正確に把握し，それにもとづく納税を外国商社に義務づけるものであり，外国による関税行政権の奪取でも，清朝的な体制の克服でもなかった．とはいえ，この制度のもとでの合法的な課税と厳格な徴税は衝撃をあたえ，やがて全開港場に拡大する議論へとつながっていく［岡本 1999: 179-219］．

取引制度についてみれば，開港後，広東人を中心とする買辦は広州から上海

をはじめとする新たな開港場にも進出して，外国人商人と中国人商人の仲介者として機能するようになっていた．買辦などが産地に赴いて輸出品を購入する内地購買制度によって江浙・広東産生糸や福建産紅茶といった重要な輸出品が開港場に引き出され，アヘンに加えて在来織布業向けのインド綿花の輸入も盛んになり，1850 年代以降，貿易は再び拡大を始めた．次なる課題は，かかる買辦や中国人商人とその取引を，いかに統制するかにあった．

　ヒトの移動についてみると，欧米領事と地方官僚の協力により，1850 年代後半以降，開港場での「苦力貿易」が衰退し始め，イギリス・アメリカ領事などは自国商人・船舶への統制を始め，欧米諸国の政府・外交官の手をかりつつ，ヒトの移動の管理も始まった．広東省，とりわけ澳門(マカオ)における「苦力貿易」問題の解決は遅れたものの，全体としてみれば外国人を通じた移民は減少し，中国人のネットワークによる東南アジア移民への集中が進み，移民に関する問題が沿海の治安問題になることはなくなった．

　沿海の治安問題で鍵になるのは，当時，東アジア海域で圧倒的な力をもっていたイギリス海軍である．1847 年以降になると，イギリス海軍の海賊鎮圧は本格化し，とくに清朝地方官僚とイギリス外交官が協調することによって，イギリスの砲艦の筒先は海賊に向けられ，1840 年代までに福建人海賊，1850 年代後半から 1860 年代にかけて広東人海賊が抑え込まれた．これにより，交易を脅かす大規模な海賊は消滅し，開港場交易を安定的におこなうことも可能になった．中国沿海における海賊の時代は終焉を迎えたのである．清朝地方官はいわばイギリス海軍をタダで「招撫」することによって，沿海の治安回復に成功した．中国近代海軍の整備は，まさにその直後に始まった［村上 2004b］．また，海難事件に関しても，イギリスをはじめとする欧米諸国の軍艦派遣により，外国人の生命の安全確保は進み，事態は改善されていった［村上 2006］．

　沿海の反乱については，イギリスは中立を保ったものの，反乱勢力は後背地と切り離されて開港場交易の発展に失敗し，1853 年 11 月に廈門が，1855 年 2 月にはフランス軍の協力を得て上海が清軍に奪回された．さらに 1855 年 3 月には広東天地会も鎮圧され，1850 年代半ばまでに沿海の諸反乱はすべて抑え込まれ，清朝は開港場を確保することに成功した．また，珠江デルタの混乱も，第二次アヘン戦争時に英仏連合軍が広州を占領し，現地清朝官僚と協力して統

治をおこなったことによって収束へと向かい［Wakeman 1966: 159-176］，郷紳のもとでの宗族結合を中心とする伝統的な手法による地域社会の秩序再編が進んだ［Faure 2007: 291-324］．かくして広州・香港の後背地の安全も確保されたのである．

このように5港開港期は，19世紀初頭以来の変動で崩壊した沿海支配の再建に費やされた．そして，以上のように，沿海支配の回復は欧米諸国と清朝地方官僚との開港場における地域的な協力関係により達成された．清朝政府は，みずからの力では不可能であった沿海支配の回復を，欧米諸国の政府・欧米人に困難な業務を委託して達成したといえる．開港場周辺では小規模な海賊や械闘（宗族間の武力衝突）などは続いていたから，治安が完全に確立したわけではないが，沿海の人々とその貿易を，従来と比べてかなりの程度統制する体制が成立した．そして，内乱の続く内陸部と比較すれば，清朝の沿海支配の回復は際立って早く，以後，沿海社会の不安定が開港場交易に脅威を与えることはなくなった．こうした支配回復をもとにして開港場に貿易が集中して発展し，経済的な秩序の再編が進んでいくのである．

3. 開港場体制と経済秩序の再編——1860-1870年代

開港場貿易の拡大

周知のように天津・北京条約により，開港場は華北・長江流域に拡大した．それだけではなく，外国人税務司制度，合法的な海外移民，外国海軍との協調による海賊の掃討など，沿海各地で実施されて成功を収めていた手法は，天津・北京条約で追認され，沿海・沿江の開港場全体に拡大される．その結果，1860年代までに開港場を中心とする沿海の管理体制が成立した．同時に，開港場とその後背地を脅かした太平天国も，1860年代前半までには鎮圧され，対外関係もイギリスをはじめとする欧米諸国との協調関係により安定した（1-1「清末の対外体制と対外関係」参照）．

安定した開港場体制のもと，中国の対外貿易は江浙・広東産生糸や華南産茶などの輸出を中心に拡大した．インドアヘンや在来織布業向けの機械製インド綿糸の輸入は華南から華中・華北へと拡大したものの，その伸びは輸出品に追

いつかず，以後，中国は 1880 年代末まで貿易黒字を享受することになった [Lin 2006: 94-97]．

貿易の拡大にともない，輸出品生産のための後背地開発が進展し，開港場を中心とする経済圏が形成され，沿海・沿江地域を中心に経済発展を引き起こした．これが，内乱のもたらした戦災からの復興と，沿海地域社会の安定に貢献したことはいうまでもない．同時期，沿海・沿江の蒸気船航路と港湾の整備・電信の敷設・郵便網の整備・植民地銀行の進出といった交通・通信・金融のインフラ整備も進んだ．しかし，鉄道・汽船などの交通インフラの内地への拡大に保守派や郷紳および運輸関連業者らが反対したこともあり，結果的にインフラ整備を外国企業や海関に依存することになったため，欧米諸国と東アジアの開港場を結ぶネットワークのみが先に整備された．そのため，内陸に向けたインフラ整備は遅れ，内地の流通コストの軽減は進まず，経済発展の内陸への波及も限定されていた（交通・通信のインフラ整備に関しては，1-3「交通通信と帝国システムの再編」を参照）．

一方で，開港場を結ぶインフラ整備は，開港場のネットワークの拡大に寄与した．とりわけ，香港・上海は開港場間貿易の中心となり，後背地・国境を超えて発展した．この発展は華人商人の活動範囲の東アジア諸国（日本・朝鮮）への拡大と東南アジアへの一層の進出と軌を一にしていた [古田 2000]．これらの華人商人は中小商人を主体とし，近代以前のネットワークの延長線上に広域なネットワークを形成し [廖 2000]，アジア域内交易の発展と貿易・移民ネットワークの拡大に大きく貢献していく．

上記のような開港場貿易の発展の最大の受益者は清朝であった．関税・釐金（りきん）収入の増大によって清朝は軍事費を確保し，内陸の反乱鎮圧にも成功，王朝の安定は保たれた．清朝中央政府や総督・巡撫（以下「督撫」）がともに開港場貿易に依存する体制がここにできあがったのである．

経済秩序の再編と工業化の端緒

それでは，当該期における貿易の発展は中国内地のどのような経済秩序に支えられていたのか．また，貿易の発展は工業化につながったのだろうか．

まず，開港場では，各海関への外国人税務司制度の導入により，徴税過程に

仲介者が入って経済秩序を構築することはなくなったが，その内地市場においては秩序が再編されていた．1850年代中葉からの太平天国鎮圧過程において，督撫は軍事費捻出での必要性から釐金・内地諸税徴収を開始したが，それら新たな商業税を確実に確保するために，現地有力者が徴収を請け負うことになった．反乱の鎮圧以降，沿海・沿江の都市においては主として地縁をもとにした商人団体である会館・公所の再編が，商品生産地においては繭行・糸行などの牙行の編成が進められていたが，これら商人団体や有力商人に特定の商品の取引を割り当てる代わりに諸税徴収がおこなわれることになった．こうした，「税の請負徴収を代償とした特定団体による何らかの経済活動の独占」［本野 2004:6］といった原理は従来と同じであるが，従来の流通過程の統制が限定的であったのと比較すれば，より濃密なものであり，放任されていた商業を統制するという側面からみて大きな変化であった．商業が急速に拡大するなかで，個別の商人および個々の零細な取引を把握できない以上，各地域において取引を特定の人々に委任して，課税を割り当てる秩序形成は有効であった．

かかる内地市場の秩序のために，外国人商人は内地市場に入り込むことができなかった．そこで外国人商人は使用人とも独立した商人ともつかない買辦に依存せざるをえず，この買辦を統制するのは極めて困難であった．外国人商人は，内地市場の秩序に対しても挑戦したが，中国産の茶・生糸の海外市場における占有率が高く，貿易が売り手市場となっていたために，これらの商品を扱う中国人商人団体は優位にたち，その団結力は固かった．したがって外国人商人の挑戦は失敗に終わり，その活動は開港場・租界内に封じ込められた［本野 2004:14-124］．

一方，当該期に中国の近代工業が勃興するが，それは貿易の発展にともなう商業分野の資本蓄積や，日本のような中央政府の殖産興業政策，在来産業の改善および近代産業の急速な勃興から始まったのではない．中国の工業化は，軍事的実力を背景に財源を押さえ，内地の経済秩序の頂点に立つ督撫を中心にした洋務運動のなかで始まったのである．まず1860年代には江南製造局・福建船政局などの官辦といわれる官営軍需工業が設立され，次いで1870年代には，輪船招商局・上海機器織布局をはじめとする官僚が監督して商人が経営する官督商辦企業という形で近代産業が創設された［波多野 1961:193-228］．

官辦・官督商辦という形態で工業化が始まったのは，投下資本に対するリスク回避制度の欠如と，合股(ごうこ)（中国の合資形態）の無限責任制などが制約になったこと［本野 2004: 230-245］や，そもそも遊休資金が分散していて集約機構が存在しない中国においては，地域工業化のための資本集積が困難であったこと［黒田 2003: 149-177］といった中国独自の制度的な制約要因が大きいだろう．中央政府に資力もない以上，李鴻章をはじめとする督撫の力を背景にしなければ，大規模な資本集積と人材確保は困難であったから，この形態は初期の近代産業創設には妥当であった．とはいえ，周知のように企業経営が杜撰であったこと，軍需工場が兵器国産化に失敗したこと，上海機器織布局による 10 年間の独占が外資だけでなく中国資本をも抑制し，綿工業発展の阻害要因ともなったことなど，これらの形態の弊害が多く，また中央集権的な近代化とは別の方向に進んでいたことも確かである．

同時期，外国人商人も工業化を試みるが，上海におけるジャーディン・マセソン商会の製糸工場の試みが，繭行・糸行の妨害で原料繭調達に失敗して挫折したように［石井 1998: 163-195］，内地の経済秩序の下，原綿・原料繭などの原料を調達するための協力者を見いだすのは困難であった．

以上のように，1860 年代からの 20 年間は，開港場貿易の安定的な発展をみた．開港場における制度が新たに整えられた一方，内地における経済秩序の再編が新たな制度導入をともなわず，むしろ旧来の制度を分権的な形で拡大・強化したことは，商人の統制という点では有効であった．一方で，中央集権的な近代化や中国資本・外国資本を利用した工業化あるいは輸出商品の競争力強化などの点からみればマイナスに働いたともいえるだろう．そしてこうした秩序は 1880 年代に早くも動揺を迫られることになる．

4. 貿易の変動と経済秩序の動揺——1880-1900 年代

貿易の変動

1880 年代以降，世界的な貿易の拡大にともない，中国の貿易拡大傾向は続いた．とりわけ，インド，中国，日本を基軸とする綿業関連貿易の発展にともなって，アジア間貿易は第一次世界大戦までの時期に急速な発展をみせた［杉

原 1996:13-49]．アジア間貿易拡大のなかで，開港以来始まっていたアジア間競争［川勝 1991］は一層激化し，中国製品が無条件に繁栄を謳歌する時代は終わり，中国の貿易構造には大きな変化がみられた．

輸出品では，すでに 1870 年代に生糸価格の暴落が発生していたが，1880 年代になると福建茶はインド・セイロン・日本茶に敗れ，イギリス・アメリカ市場を喪失した．1890 年代には華南産砂糖も，ジャワ糖・フィリピン糖をはじめとする東南アジア糖に押され，輸出が大幅に減少したのみならず中国市場の半分を喪失した［ダニエルス 1984］．これらの商品については，品質改善が進まなかったのが，輸出衰退の原因であるが，その背景には，工業化と同じ制約要因に加え，そもそも品質改善よりも産地の移転・生産商品の転換などで対応したことや，近代的生産と生産地の経済秩序との利害調整が困難であること［村上 2000:49-51］があった．一方で，華北産綿花・華中産胡麻・東北産大豆などの工業国での需要が拡大した商品作物の貿易は急増した．かかる変動の結果，清代中期以来形成されてきた全国的規模の商業的農業ネットワークは解体・再編へと向かった［黒田 1994:228-242］．

輸入品の変動も大きかった．国産アヘン製造の増大にともない，外国アヘン輸入量は衰退し，アヘンは輸入代替化が進んだ［杉原 1996:55-68］．一方で1880 年代以降，インドからはアヘンに代わり，在来織布業向け機械製綿糸が本格的に輸入され，銀銭比価の銭高傾向もあり，1890 年代以降，その輸入量は激増した［小山 1992:435-531；森 2001:13-36］．

当該期の中国の貿易に大きな変化を与えたのが，日本の台頭である．日清戦争の勝利により，日本は台湾を日本の経済圏に編入する一方で，東北産の大豆・大豆粕を大量に輸入するようになった．一方で，日本紡績業の勃興により日本綿糸が中国市場に進出し，日本向け原綿の輸出は増大した．そして製糸業においては，1870 年代以降，欧米市場において中国糸は日本糸と激しく競争し，成長著しいアメリカ市場を日本糸に支配されていく．このように，18 世紀初頭以来，約 200 年を経て，日中間の貿易が再び重要性を増すと同時に，競合も本格化する．

これらの貿易の変動の結果，20 世紀以降，中国の対外貿易赤字は拡大した．とりわけ商品輸出が停滞した華南の貿易赤字は大きかった．これを補塡したの

が東南アジア華僑からの送金であった［浜下 1990：56-57, 191-192］．同時期，東南アジアの植民地開発にともなって華南諸港から東南アジア向け移民は激増し，移民ネットワークは拡大していた［杉原 1996：297-323］．いわば，華南はヒトの輸出によって華僑送金による後背地を創出し，商品輸出の減少分を補填したのである．その結果，華南の開港場は従来の交易構造を維持していた［村上 2000］．かかる移民という逃げ道があったことが，貿易の変動にともなう華南沿海社会の動揺を和らげていた．むろん，貿易の衰退した地域においては，治安は悪化したものの，開港場そのものの脅威になることはなく，沿海地域社会の安定はさしたる問題ではなくなった．そして開港場周辺の治安の悪化は，開港場内，とりわけ安全な租界内に富が集中する傾向を強めていくことになる．

経済秩序の動揺と軽工業の勃興

　貿易変動はむろん，経済秩序に大きな影響を与えた．輸出入取引が減少した商品を扱う商人団体が地方官僚と築き上げていた経済秩序は解体した．さらに，輸出入品が子口半税を納めれば釐金・内地諸税を免除される子口半税特権という不平等条約特権や，株主有限責任制を利用する中国人商人・組織が出現した．これは中国人商人団体の団結を失わせ，釐金・内地諸税を軸に構成されていた従来の経済秩序を崩壊させた［本野 2004：144-185］．外国人と結ぶ沿海の商人は，またもや秩序の破壊へと向かったのである．

　もっとも，このような「英語を話す」中国人の行為を外国政府は快く思わず，彼らの活動の制限を図っていくことになる［本野 2004：248-309］．同様に，東南アジア華人商人など，外国籍特権を利用する商人らは，内地における経済秩序を動揺させただけでなく，植民地宗主国の外交官らを紛争に巻きこんで諸制度を混乱させており，宗主国政府による彼らの統制も始まった［村上 2009］．台湾籍民（日本国籍をもつ台湾人）などを含め，このように外国人の特権を利用する人々は外国政府にとっても厄介な存在であった．彼らにとって，特権を与えてくれるという点で外国政府・外国人商人も清朝地方官僚も違いはなかったから，外国政府・外国人商人への忠誠心などはなかった．そのうえ，貿易の変動のなか，多くの開港場で外国人商人はその足場を失っていた．したがって，外国人商人を中心にした経済秩序が形成されることもなく，秩序の核が存在し

ないなかで，状況は混沌としていた．

　かかる貿易の変動と，経済秩序の動揺，さらには下関条約に基づく外資企業の工場進出は国家の危機とあいまって督撫らに危機感を与えていた．そこで督撫らは，1890年代に開港場において商務局などを設置して商人の統合・統制と産業の保護・振興を図った［曽田 1992：122-126］．しかしながら，中国商人の財産保護制度の創出ができない商務局は，商人とその資本を惹きつけて産業振興に寄与することも，商人支配体制の再編もできなかった［本野 2004：173-185］．

　一方，清朝中央政府は，義和団事件を経て光緒新政といわれる近代化政策が進められるなかで，初めて本格的に商業・産業に対して関心を向けた．清朝は1903年9月に商部を設置し，商部は各地に商会を設置することによって商人の統制を図った．

　商会は従来の会館・公所などの商人団体に加え，紳士や新興商人層らを含んでおり，より広範な組織を形成した．そして，地方官僚と協力してボイコット運動などで外国商人の影響力を排除し，商業紛争の仲裁によって中国人商人を統制し，さまざまなインフラ整備をおこなうという点では重要な役割を果たした．これらの商会は商部とつながっていたとはいえ，上海や北京を除き，その創設には商部よりも地方の商務局が関係しており，中央政府による統制が進んだわけではない．さらに，清朝中央政府がおこなうべき法律整備のなかで，とりわけ破産律（破産法）の失敗によって，清朝中央政府による商人統制の可能性はなくなった［曽田 1992：132；本野 2004：182-184］．

　このように流動的な秩序のなかで，従来の経済秩序による規制の弛緩と政治的な後押しもあって，工業化への動きは進んでいた．綿紡績業では，洋務運動の流れからは1890年には上海機器織布局の生産も始まり，免税の優遇を受けた上海を中心に綿紡績業が発展した．日清戦争後には外国企業進出や清朝地方官僚の刺激もあり，商辦（民営）が許可されたために中国企業の設立も本格化し，1899年ごろまでに，上海を超えて江浙の各地に綿紡績業は急速に発展した．その後，市場の閉鎖性と狭隘性のために限界に直面したが，20世紀に入ると，光緒新政と銭安傾向にともなう中国綿糸の移出増大が織布業の展開を後押ししていくことになる［森 2001：436-442］．

一方，近代製糸業も，1860年代に珠江デルタで紳士らを主体として始まっていたが，その後1870年代末から外資系企業が上海で創出された．そして綿業と同様に，日清戦争後になると産業振興策やナショナリズムの高揚から，上海・江浙で生糸・繭商人および買辦らが経営する中国企業の器械糸生産が本格化して外資を圧倒した．その後，調整がおこなわれた後，欧州市場，とりわけフランス絹織物業向けの輸出が進んでいった［鈴木 1992: 419-501; 曽田 1994: 52-80, 153-169］．

かくして，綿業や製糸業といった軽工業は中国の工業化の先駆けとなった．その範囲が主として江浙や珠江デルタ周辺に限定されていたのは，これらの地域が原綿や繭などの原料の産地かつ在来産業の中心地であったことによるが，資本の調達・集積や技術導入には，地域による著しい偏りが生じていた．かかる初期工業化と商業の関連はより研究を深める必要があるが，いずれにせよ，これらの企業の多くが外資系企業であるか，督撫や紳士などの地方権力あるいは外資と結びついた中国企業であったことは留意されてよい．

以上のように，19世紀末になり，19世紀中葉以降に再編された経済秩序は大きく変容を迫られるが，その際の中央集権化の試みは失敗に終わり，19世紀中葉以降の分権化は進展し，新たな商人組織も，勃興してきた近代工業も地方権力と関係していた．したがって，経済変動が清朝を崩壊させたわけではないが，李鴻章をはじめとする清朝を支えていた督撫が世を去り，清朝中央政府と督撫，あるいは督撫と州県の紳士などの間で利害の不一致が進んだとき，清朝崩壊を容易ならしめたことは間違いないだろう（清末民初の中央・地方関係に関しては，2-1「政治制度の変遷と中央・地方関係」を参照）．

おわりに

このようにみてくれば，清朝治下の非常にゆるやかな沿海支配が19世紀初頭以降の沿海の人々と外国人商人らが結びついて引き起こした変動に耐えきれずに崩壊した後，いかに社会秩序を再編し，分散し，零細化した貿易をどのように把握していくかが，19世紀中葉以降の大きな課題となっていたといえよう．近代という時代においては，人々を枠の中にいれて統制するより「固い」

体制であることが優位に働いたのである．中国が，そもそも国家も社会も藩，ムラ，イエといったさまざまな「固い」入れ物とそれにともなう社会体制から成り立っていた日本とは出発点も，その歩みも異なっていたのは当然であろう．

　この沿海における支配回復に際して，清朝側は開港場を中心に，外国人税務司制度や外国海軍の活用など，西洋諸国と外国人の制度や力を利用した．これによって清朝政府は貿易を開港場に集中させつつ，従来よりも確実な税収と治安を確保し，19世紀中葉の危機を克服することに成功した．以後，対外戦争時を別にすれば，貿易管理が長期にわたり崩壊したり，沿海の社会秩序の混乱が貿易や政府を脅かしたりすることはなかったから，この沿海の安定の固定化は，中国史上，かつてない大きな変化であった．

　一方，内乱鎮圧にともない再編された内地の経済秩序は，釐金・内地諸税の徴税請負を通じて清朝地方官僚と有力者・商人が結びつく形で形成されたものであった．これは伝統的な形式をとりつつも，財政的な必要からその課税の規模や対象は拡大していたから，これも従来よりもやや緻密な体制といえるかもしれない．しかし，この秩序は中央集権的体制とは逆の分権化へとつながっていく．

　19世紀中葉以降，貿易の拡大にともない中国沿海部は発展していくが，それは開港場を一つのクッションにしつつ展開した．外国人商人と中国人商人の間には買辦が入り，再編された内地の経済秩序に阻まれ，結果的に外国人は開港場に封じ込められた．

　ところが，19世紀末以降，貿易の変動に加えて，沿海の中国人商人がまたもや外国人商人らと結託したこともあり，内地の経済秩序は再び解体の危機にさらされる．しかし，清朝中央政府の下での経済秩序の再編はできず，結局は政治と経済が密接に結びつく経済秩序は地方レベルで民国期以降も再編・継承されていった．それゆえ，こうした秩序の最終的な解体と中央集権化には，中華民国南京政府時期から中華人民共和国成立期までの長い時間を要したのである．

　そして江浙や広東をはじめとする沿海部のみの発展という傾向はその後も解消されず，20世紀中葉になって調整されることになる．また当該期から激増した移民や多国籍を保持する人々の統制は，国民国家を創成しようとする中国

のみならず，植民地政府や独立した東南アジア諸国を巻き込んだ問題を引き起こし，20世紀中葉以降，各国が国家の枠組を固めることで問題への対処が進んでいく．

しかし，1970年代末以降における経済体制の変化によって，中国は沿海部から再び急速な経済発展を見せる一方で，社会主義体制下で構築された枠組もゆらぎつつある．沿海都市部の突出した発展，地方政府と商人・企業主との関係，人々の行動・取引・移民の統制といった本章で述べてきた問題は，完全に過去のものとはいえないであろう．

[参考文献]
足立啓二　1998『専制国家史論——中国史から世界史へ』柏書房
石井摩耶子　1998『近代中国とイギリス資本——一九世紀後半のジャーディン・マセソン商会を中心に』東京大学出版会
岩井茂樹　2004『中国近世財政史の研究』京都大学学術出版会
岡本隆司　1999『近代中国と海関』名古屋大学出版会
小山正明　1992『明清社会経済史研究』東京大学出版会
可児弘明　1979『近代中国の苦力と「豬花」』岩波書店
川勝平太　1991「日本の工業化をめぐる外圧とアジア間競争」浜下武志・川勝平太編『アジア交易圏と日本工業化 1500-1900』リブロポート
岸本美緒　1995「清朝とユーラシア」歴史学研究会編『近代世界への道——変容と摩擦』(講座世界史 2)，東京大学出版会
────　1997『清代中国の物価と経済変動』研文出版
黒田明伸　1994『中華帝国の構造と世界経済』名古屋大学出版会
────　2003『貨幣システムの世界史——〈非対称性〉をよむ』岩波書店
斎藤修　2008『比較経済発展論——歴史的アプローチ』岩波書店
杉原薫　1996『アジア間貿易の形成と構造』ミネルヴァ書房
鈴木智夫　1992『洋務運動の研究』汲古書院
曽田三郎　1992「清末の産業行政をめぐる分権化と集権化」横山英・曽田三郎編『中国の近代化と政治的統合』渓水社
────　1994『中国近代製糸業史の研究』汲古書院
ダニエルス，クリスチャン　1984「中国砂糖の国際的位置——清末における在来砂糖市場について」『社会経済史学』50巻4号
波多野善大　1961『中国近代工業の研究』東洋史研究会
浜下武志　1990『近代中国の国際的契機——朝貢システムと近代アジア』東京大学出版会
古田和子　2000『上海ネットワークと近代東アジア』東京大学出版会

松浦章　2002『清代海外貿易史の研究』朋友書店
────　2004『清代上海沙船航運業史の研究』関西大学出版部
宮田道昭　2006『中国の開港と沿海市場──中国近代経済史に関する一視点』
村上衛　2000「清末廈門における交易構造の変動」『史学雑誌』109編3号
────　2003「閩粤沿海民の活動と清朝──一九世紀前半のアヘン貿易活動を中心に」『東方学報』75号
────　2004a「清朝と漢奸──アヘン戦争時の福建・広東沿海民対策を中心に」森時彦編『中国近代化の動態構造』京都大学人文科学研究所
────　2004b「一九世紀中葉，華南沿海秩序の再編──イギリス海軍と閩粤海盗」『東洋史研究』63巻3号
────　2006「漂流する「夷狄」──19世紀後半，華南における海難対策の変容」『エコノミア』57巻2号
────　2009「清末廈門における英籍華人問題」森時彦編『20世紀中国の社会システム』京都大学人文科学研究所現代中国研究センター
本野英一　2004『伝統中国商業秩序の崩壊──不平等条約体制と「英語を話す中国人」』名古屋大学出版会
森時彦　2001『中国近代綿業史の研究』京都大学学術出版会
廖赤陽　2000『長崎華商と東アジア交易網の形成』汲古書院

Fairbank J. K.　1953. *Trade and Diplomacy on the China Coast : The Opening of the Treaty Ports, 1842-1854,* Cambridge, Mass. : Harvard University Press.
Faure, D.　2007. *Emperor and Ancestor : State and Lineage in South China,* Stanford : Stanford University Press.
Lin, Man-houng.　2006. *China Upside Down, Currency, Society, and Ideologies, 1808-1856,* Cambridge, Mass. and London : Harvard University Asia Center.
Murray, D. H.　1987. *Pirates of the South China Coast, 1790-1810,* Stanford : Stanford University Press.
Pomeranz, K.　2000. *The Great Divergence : China, Europe, and the Making of the Modern World Economy,* Princeton and Oxford : Princeton University Press.
Wakeman, F. Jr.　1966. *Strangers at the Gate : Social Disorder in South China, 1839-1861,* Berkeley and Los Angeles : University of California Press.

第 5 章

清代後期における社会経済の動態

吉澤誠一郎

はじめに

　18世紀後半の乾隆時代に清朝は隆盛をほこったが，19世紀に入ると衰退の兆しが現れるという見方は，かなり広く共有されているようである．論者によっては，アヘン戦争や太平天国といった危機に直面して清朝の統治はますますゆらぎ，そのまま滅亡に向かっていくという概括をおこなうこともある．
　濱下武志は，このような王朝の興亡に注目する歴史像に対し異をとなえ，19世紀末に衰退したとされるものは清朝の権力にすぎず，「この衰退と反比例して，活気を帯び，かつ力を増大させつつある領域も少なくない」と述べ，洋務や自強を主唱する官僚・知識人・新興実業家に体現される新たなエネルギーを重視すべきだと指摘した［濱下 1989: 5-6］．
　清朝の滅亡（1912年）の後，20世紀になされた歴史叙述の多数は，辛亥革命を肯定的に評価する立場に立っていた．この前提からすれば，辛亥革命で打倒された清朝を腐敗・堕落した政権とみなし，その社会情勢についても混乱した様相をことさらに強調しがちな傾向は避けられなかっただろう．濱下の指摘は，これに対して反省を迫るものである．
　近年は，たしかに単純な清朝衰退史観を乗りこえようとする観点が研究者のあいだにも見られるのだが，19世紀の清朝について一貫した解釈による新たな枠組みを提示するところまでは到達していない．その理由としては，当時の

社会経済的な実態について，信頼に足る数量データが不足していることをまず挙げるべきだろう．たとえば，最近では，中国の国内総生産（GDP）の変化を示すデータが示されて国際比較史の材料となっているが，少なくとも18-19世紀の数字については根拠があまりに薄弱であるから無批判に従うことはできない．それとも関連して，地域的な偏差をきちんと把握できるだけの研究蓄積もまだ不十分であるといえる．

このような困難があるとはいえ，本章では，清末の社会経済的変動について，現時点で可能な限りの見通しをつけることを目標としたい．時期尚早の整理であるかもしれないが，本シリーズの性格を考えるとき，すでに解決された問題を要約するよりも，いまだ解決されていない課題の所在を示唆するほうが有意義だと思うからである．

1. 人口増加と移民

経世家の危機表明

1820年ごろに著された龔自珍（きょうじちん）の文章「西域に省を設けることの提案」には，次のような指摘がある．

> 今や中国の人口はますます増え，情勢は苦しくなるばかり，黄河による被害も大きくなるばかりだ．大官にしても皇帝陛下にしても，事態を憂慮して対策をたてているのだが，〔財政収入のため〕買官をはじめようとしたり土地税・塩税を上げたりする議論にとどまる．それはたとえるなら自分の尻の肉をとって頭にもってくるようなもの，自分で自分の肉を食らうようなもので，別の者が負担を引き受けてくれるわけではない．〔だから結局は民間を疲弊させるだけである．〕乾隆の末年以来，官・吏・士・民は非常な困苦に直面し，士でもなく農でもなく工でもなく商でもない者〔まともな生業についていない者〕は，10人のうち5-6人にちかい．さらにアヘンをたしなみ，邪教になじみ，処刑される者もいる．また，飢えてのたれ死にする者がいたとしても，わずかでも衣服・食物を調えて他人に供しようということはない．乾隆60年間の太平の盛時をうけて，人心は贅沢になれ，風俗は享楽になじんでおり，北京でそれが甚だしい．北京からはじまって

全国いずこでも，おおかた富戸は貧戸に変わり，貧戸は飢えた者に変わっている．士農工商の筆頭にある士も賤しきことに奔走し，各省の大勢は危機のただなかにあり，いずれも一月・一日もちこたえられず，まして一年の見通しなど持てない（『定盦文集』巻中「西域置行省議」）．

そして，龔自珍は，余剰人口のはけ口として，新疆への入植を提案する．その意味で，これは文字通りの植民地主義言説（colonialist discourse）といえる．

龔自珍の祖父は著名な考証学者段玉裁（だんぎょくさい）であるが，龔自珍はむしろ政治の変革を志向する公羊学（くよう）を学び，晦渋な表現のなかに時代の危機意識を表現した．また，彼は，西北地理の研究にも関心をもち，その知見が以上の文章に反映されている．その地理への関心も含め，この時代の経世学の流れのなかに位置づけられる．

上の引用文では，18世紀末以降，国家財政が困窮するとともに，人口増加と自然災害によって民間も貧苦にあえいでいることが，印象的に指摘されている．ただし，その言い方には，ことさら危機感を煽り立てるような調子も感じられる．これまで，この時期の経世論を引用して，19世紀の危機（清朝の衰退と社会の混乱）について概括することが，しばしばおこなわれてきたが，その危機意識の表明は，どの程度まで実態に即したものか，あるいは政治改革を正当化するための煽動的辞辞なのか，なるべく慎重に考えていくべきだろう．

18世紀の人口増加と移住民

18世紀の中国大陸が爆発的な人口増加を経験したことは，よく知られている．むろん精密な統計は得られないし，研究者の推計値にもばらつきがある．だいたいのところ，17世紀末には一億数千万人だったのが，18世紀半ばには2億をこえ，その18世紀末には3億を突破していた．1850年には4億数千万となった［Perkins 1969: 192-216］．別の学者による推計は図1の通りである．18世紀中国の人口増加の背後に，人々のどのような行動があったのか，さまざまな観点からの研究がなされているが［劉 1992; Lavely and Wong 1998］，いまだ十分に納得のいく説明は得られていないようである．

このような人口増加の背後には，それにみあった生産拡大があったと，ひとまず推定できる．それだけでも驚くべき経済規模の膨張を意味している．

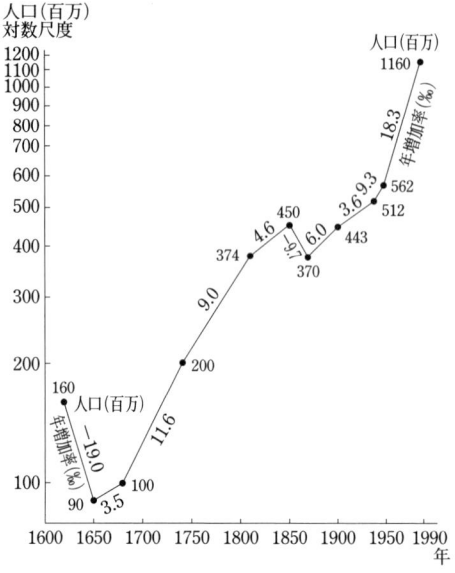

図1 中国人口変動の概略
出典）〔姜 1993: 122〕

これに関連して，18世紀に目立つのは，大規模な移民と入植である．これは，台湾や四川・雲南などの辺境の開発，耕地拡大につながる．東南アジア方面への移住も，人口圧の軽減に役だっただろう．ただし，日本の徳川政権は，中国大陸からの移民を政策として拒絶していた．

とはいえ必ずしも遠い辺境や海外へ向かっての移住ばかりではなく，むしろ比較的近接する地区への移動も多かったかもしれない．ある地域のなかでも，早くから開発が進んでいた地区と，一定規模をもつ水利・堤防などの整備を経てはじめて入植可能となった地区があり，移住・定着と開発の過程は，ときに千年もの時間をかけて進行してきた．上田信は，浙江省奉化県忠義郷における村落の形成時期から示唆される開発の様相を分析し，まず唐〜五代十国時代には山地から河川が盆地に流れ込む地点に耕地が営まれ，宋〜元の時代には堤を築いて海潮を防ぐ工事によって沿海部が開発されたことを指摘した．さらに，明代には県内での移動が主で盆地中央や既存の開発地に新たな集落が現れ，16-18世紀には，隣接する鄞県(ぎんけん)からの流入が多く，官が関与した工事によって基盤が作られた地域や定期市のある集落に住み着いたという〔上田 1983〕．

以上のような入植は新たな土地開発と結びついていた．他方で，旧来の集落において人口が増えて，ひとりあたりの耕地面積が狭くなっても，より付加価値の高い生産活動に活路を見いだすこともできた．江南地域の綿作と手工業の展開はその一例である．清代の江南地域では，肥料として大豆粕が大量に投入されていた．周知の通り，豆類には空気中の窒素を取り入れる作用があり，大

第5章　清代後期における社会経済の動態 —— 105

豆の油を絞ったあとの粕は肥料として有用である．華北・遼寧方面から海上を運ばれた大豆粕は上海に着き，江南で綿花栽培などに投入された．肥料を購入しての生産であるから，綿花のように換金性の高い作物を育てる農業が展開していたことになる［足立 1978］．長江流域には，水稲の裏作としての油菜も普及し，そこからとれる菜種油は人々のカロリー源となった［川勝 1992: 101-151］．降雨量がより少ない華北においても，畜力によって深く耕したのち整地する農法と適切な輪作（休耕や豆類の栽培を含む）によって生産性を高め，さらに家畜のために飼料を自給し家畜から肥料を得るという経営が展開しており，他方で綿花や煙草などの市場向けの生産も広まりつつあった［足立 1981］．

　こうして清代の農村においては，むろん総体としてみれば自給のための生産という基調は揺るがないものの，自由な市場競争に支えられた経済社会とみることのできる側面も生まれていた．江戸時代の日本とはことなり，人口移動や土地売買に対する制限的な政策理念もほとんどみられなかった．むろん，商品生産のための農業は，市場価格の変動や不作などの危険を含むものであるから，これに警鐘を鳴らす当時の議論も十分な理由をもっていたといえるだろう．

成長の限界

　しかし，18世紀の人口拡大を支えた以上の状況は，次第に行き詰まりに直面していく側面もあった．まず，耕地開発の限界である．むろん19世紀まで開発の余地が残った地方もあるだろうが，この時代の技術を前提としたばあい農業生産に適当な土地は次第に少なくなっていく．かりに新たな耕地を拡げることができたとしても，それが条件の良い土地でないならば，必ずしも期待どおりの収穫を得られないかもしれないし，自然災害で大きな打撃を受ける可能性も高まる．華北の乏しい降雨は夏の数か月に集中しがちで，春の種まき時期に干天が続くと農業生産にすぐ悪影響をあたえた．華中・華南においても，山地であれば水資源の問題から水稲栽培は容易でない場合も多い．無制約な焼畑や木炭の生産をおこなうと，森林破壊や土壌流出をもたらしかねない．陝西省の秦嶺山脈では18世紀なかば頃，深山の山林開発，木炭による製鉄，そしてこれらで働く労働者の食料となるトウモロコシの生産が展開し，活況を呈した．しかし，それは長続きするものではなかった．森林破壊・略奪的農法によって

生産基盤は自壊していき，19世紀前半には衰退してしまった［上田 1994］．

また，開発の進展で問題となりうるのは，先住民と入植民との関係である．以前から山地，牧地に根ざした生業を展開してきた人々のいる地域に，穀物生産や商業的農業を意図して入植がなされた場合，何らかの矛盾が生じるかもしれない．先に述べたように清朝は人口移動については基本的に自由放任的ではあったが，そのような対立を避けるような配慮をときに示した場合もある．しかし，入植の勢いは，とどめがたいことも多かった．

付加価値の高い生産，とくに農村手工業で生計を支えていた人々にとっても，発展の可能性が頭打ちとなっていく．たとえば，18世紀を通じて各地に綿紡織の農村手工業が広まっていくと，それまで江南などの綿製品の販路となっていた地域がそれを需要しないようになる［山本 2002］．これは，地域経済の成熟や自立と評価することもできるが，それまでの手工業製品の販路を失った地域からみれば苦しい状況ともいえよう．

結局のところ，18世紀の繁栄による人口増そのものが，中国社会の負担として重くのしかかってきたといえる．次節で見るように，19世紀の反乱と災害の背景には，この問題を想定しておくのがよいだろう．

2. 戦乱と災害への対応

反乱の時代

1796年，乾隆帝が嘉慶帝に譲位したころ，四川・湖北・陝西の境界地域では白蓮教徒の蜂起が始まろうとしていた．この反乱は清朝に大きな軍費負担をかけたすえ，次第に鎮定された．1813年，白蓮教の流れをくむ天理教徒が北京の紫禁城に突入するとともに別の地で蜂起をはかるという事件もおこった．むろん，これら民間宗教は脈々と存在しており，それより先，乾隆年間にも山東における王倫ら清水教の乱，台湾における林爽文ら天地会の反乱なども発生している．必ずしも19世紀に入って反乱が頻発したとはいえず，個々の事件は，それぞれの民間教派の展開から，原因を論じることが可能であろう．

嘉慶年間の白蓮教の反乱については，その歴史的前提としての四川省雲陽県の移住史について詳細に検討した山田賢の研究がある．17世紀から18世紀に

かけて四川, 湖北, 陝西の境界の地区には, 主に湖北・湖南から大量の移住民が流入した. 当初は季節的にこの地域へ往来して商業活動をおこないつつ, なかにはこの地区に土地を得て定着する者があらわれた. 雲陽県では, 移住民のうち一部の成功者は低平地の土地を集積し商業の利権を握ったが, 多くの者は山地でのトウモロコシ栽培やそれにともなう養豚をおこない, 商業活動にも従事していた. 不利な地理環境での耕作を続けつつも社会的上昇の可能性を閉ざされた (とくに後からやってきた) 移住民たちが, 自分なりの秩序を作りあげようとして白蓮教のもとに集まっていったものと説明される [山田 1995]. 18世紀の盛んな移住の結果として開発の限界を迎えた地域があり, これまでの流動的な社会が落ち着きをみせようとするそのときの閉塞状況のなかに反乱の背景を見いだそうとする視点が注目される. 上で乾隆年間の反乱として挙げた台湾の林爽文らの蜂起も, 類似した社会状況のなかから現れたと考えられる.

　また, 同じころ, 雲南の西部にあっても, 鉱山開発をはじめ新開地において人口流入がすすみ, 住民構成は複雑化していた. この流動的な社会において, 離合集散しつつ生存競争が展開されるなかで, とくに漢と回 (ムスリム) という対立軸が次第に明確になり固定化していき, のちの大規模なムスリム反乱の前提が作られていった [安藤 2002].

　19世紀中葉で最大の反乱は, 太平天国の運動である. その起源をなした広東西部から広西にかけての地域においても, 18世紀に入植・開発が進行していった. それは, 生計の安定と社会的上昇をはかろうとする移民の活動の結果であったが, 結果としては科挙資格をもち地元で権勢をふるうようになった一族もあれば, 社会的成功をおさめることができない人々もいた. 清朝は, 辺境開発の過程で客家・チワン (壮) などの族群(エスニック・グループ)を利用したが, 統治が安定してくると, むしろ, これらの人々は弾圧の対象ともなった [菊池 1998]. 太平天国の蜂起は, 社会的上昇の道が閉ざされた人々にとって, 新しい可能性を提供することになったのである.

　辺境地域における族群の矛盾としては, 他にも貴州東南部のミャオ (苗) の事例が挙げられる. ミャオの人々は, 山地における棚田での水田耕作や材木業によって生計を立てていたが, 18世紀以降, 漢人の移民が入り込み, ミャオとの経済関係のなかでその土地を獲得していった. また地方官も, ミャオから

の徴収を強化したため不満は高まっていった．太平天国の時期になると河川を通じた木材輸送ルートがふさがってミャオの人々は困窮した．さらに，ミャオから土地を奪おうとする漢人の主張が現れるなど緊張が高まり，ついにミャオの蜂起に至った［武内 1982］．このような土地をめぐる厳しい対立の背景には，この地域の土地開発が限界に達しており，生きるための激しい競争がこの地域の人々を漢とミャオの対立に駆り立てていったことがある．

　以上のような反乱は，むろん単に経済的要因で説明すべきものではなく，山田賢も白蓮教という宗教思想に強い関心を示している．太平天国の性格を考察する場合にも，プロテスタント布教や華南の憑依習俗といった文化的要素が見逃せない．とはいえ，18世紀末の人口増と移民が，入植地での流動的社会における競争を激化させ，またそれ以上の開発が生態環境の制約によって限界に達しつつあったという事態が各地で見られたことも指摘できるだろう．

　そして，とくに19世紀中葉は，反乱の連鎖ということにも注目する必要がある．陝西に太平天国が近づくと地域的な武装によって防備を固めようとする動きが現れた．剽悍さで知られるムスリムの回民の一団は，他の集団とは区別されていたが，あるとき，相互の猜疑心が高まるなか，ムスリムを皆殺しにするという計画の噂が広がり，ムスリムは蜂起することになった［黒岩 2002］．軍事的緊張のなかで，族群のあいだの対立が生じた事例と考えられる．

　このように，反乱に備えるため団練など地域的武装がおこなわれると，その地域での緊張が高まり新たに武装対立が起こってしまうこともあった．清朝にとっては，アロー戦争（第二次アヘン戦争）のような外国軍との戦いだけでなく，各地でさまざまな反乱が起こるので，対応するのに手が回らない．どうしても兵力の手薄なところが生じ，各地の有力者は地元の自衛武装を進めていくことになる．

戦乱の影響

　しかし，結果として，清朝は苦境を何とか乗りきることができた．それは，諸反乱が，各地の有力者の中核を占める士紳の支持を集めることができなかったという政治的理由が根本にあるだろう．地方社会においては，諸反乱が起こった理由を誤った教えの広まりにもとめ邪教に対抗して儒教倫理を復興しよう

とする動きが活性化したが，これは各地の士紳の宗族形成による秩序形成と符合していた．清朝はこれら各地域での地元有力者の力を利用することで統治の再建をめざしたのである．それほど戦乱の被害を受けなかった四川においても，地元の士紳が運営する公局にさまざまな行政機能が政府から委託されていった［山田 1995: 188-259］．

くわえて，財政的にも，清朝は反乱を鎮圧する軍費や新式企業の創立を支える財源を見いだせたことが注目される．それは，釐金（りきん）の賦課と海関の整備による．釐金は，流通過程における地方的徴収であって，各地の費目は多様である．この徴収にも地元有力者が深く関わっていた．また，海関は，清朝が雇用した外国人税務司の管理のもと海外貿易から関税を徴収する機構である．これらは，次節で述べるような新しい商品流通の動向に即した財源という性格を持っていた（さらに，沿海部の経済秩序の再構築については，1-4「沿海社会と経済秩序の変容」参照）．

さて，戦乱がもたらしたのは，大量の死者である［曹 2001: 455-689］．戦乱の直後は政府の人口把握力が弱まって公式統計では人口が過少に表現されるため，人口動態に 19 世紀中葉の諸反乱が与えた影響をきちんと数量的に示すことは難しい．いずれにしても，全国平均でいえば，19 世紀初めの人口増加率が維持されたとは全く考えられない．姜濤による人口推計によれば，総人口は 3 億 7000 万人まで落ち込んだ．ただし，全国人口は 1880 年代には 4 億人にまで回復したと推定され［姜 1993: 72-80］，この数字からは清朝統治がかなり速やかに建て直された状況を読みとることもできる．

戦乱は，各地の経済活動にも，悪影響を与えた．ただし，山西・四川のようにそれほど影響を受けなかった地域，江南地区のように大きな被害を受けながらも比較的早く生産の回復をみた地域，陝西・甘粛のように戦乱の爪痕から容易に脱することのできなかった地域といった相違があったことに留意すべきであろう．もうひとつ，想定されるのは，族群の勢力図の変更である．たとえば，陝西・甘粛のムスリムは，反乱によって郷里から離れてしまい，鎮定にあたった左宗棠（さそうとう）によって移住地を指定され，城内の居住を禁じられた［中田 1959: 145-149］．近年まで，たとえば平涼市・固原市では，城外の回族居住地区が残されている．

災害と救済

　地域社会に打撃を与えたもうひとつの要因として忘れてはならないのが，自然災害である．19世紀半ば以降，それまで山東半島の南がわに向かっていた黄河の流路が変わり，山東半島の北がわに向かって渤海に流れ込むようになった．河道の変動の過程では，深刻な洪水がおこった．これは，たとえば安徽省の北部において捻子と呼ばれる武装集団が活性化するのを促進した．この地域は，それまでも周期的に洪水・旱魃・蝗の被害を経験してきたが，1851年に黄河の堤防が大決壊し，また太平天国の反乱の影響を受けると，農民は生存のために略奪をおこなったり自己を防衛したりする必要から武装して結集せざるをえなかった［Perry 1980: 96-151］．

　1870年代末には，華北の広大な地区で，大干魃が発生した．1877-1878年ごろの山西・河南の被害が最も深刻だった．旱魃の被害が深刻なのは，その罹災面積が往々にして広大にわたるため，飢えに苦しむ人々が食物のある場所まで逃げのびることができず餓死するところにある．この1870年代の大飢饉の救済活動においては，外国人の宣教師が海外にまで募金の宣伝を進めていった．また，江南を拠点とする民間の慈善家がみずから組織をつくって，救済事業をおこなったことも注目される．とはいえ，食糧を大量に確保し搬送をおこない，さらに農業生産回復のための措置をとるのは，やはり官のみに可能なことであり，多額の財政支出がなされた［髙橋 2006］．

　このような救済活動は，国家と民間の活動による富の再配分の意味をもっていた．清朝の財政支出のばあいにはもちろんそうだが，民間人が上海など江南地域で盛んに寄附を募ったのも新しい事業からの収入を集めて貧しい地域に送るということにほかならなかった．盛宣懐がこの1870年代末の救済活動に深く関与したあと，さまざまな新式企業に従事したのは，この時期の慈善と洋務事業との結びつきの象徴的な事例である．

　清代には，官が主導して飢饉に備え食糧を蓄える制度が発達していた．しかし，現物の保全管理は難しく，19世紀半ばには穀物ではなく貨幣による蓄積に傾斜していった．1870年代末の飢饉対策では輪船招商局の汽船による長距離輸送も利用されたが，それは救済活動も新しい物流の状況に依拠していたことを意味している．たびかさなる戦乱や天災によって蓄積に乏しい地域，しか

も19世紀後半の経済環境のなかで対外的に収益を挙げうる産業を持たない地域にとっては，国家と富裕な地域による救済事業がますます不可欠となっていったのである．

3. 対外貿易と経済構造の変動

開港と商品生産——蚕糸業のばあい

1842年の南京条約による5港（広州・廈門（アモイ）・福州・寧波・上海）の開港は，国際貿易の拡大を通じて，中国社会に影響を与えていく．その点を，まず輸出品のなかで大きな位置を占めた生糸について概観してみよう．

養蚕と絹織物業とは，中国古来の伝統をほこる産業である．とくに，明末以降の江南では，これが盛んであった．桑は水はけのよい土地を好むので，江南デルタのうち土地の比較的高い地区では桑の栽培と養蚕がおこなわれた．養蚕農民は自分の家において繭から生糸をとり販売した．南京・蘇州・杭州は，これを原料とする高級な絹織物の産地として知られていた．

上海が開港すると，江南の生糸は新たな市場を海外に見いだした．フランスなどの絹織物業である．太平天国の戦乱は，江南の生糸生産に悪影響を与えたが，その戦火が収まった後の1860年代後半には，ヨーロッパでの蚕病流行とあいまって，上海からの生糸輸出は急速に回復した．なかでも，太湖の東南岸で生産される湖州糸は高く評価されたが，それほどでもない格付けの生糸も総じて高値で輸出できた．

しかし，1870年代に入ると，ヨーロッパでの生糸生産の回復，日本からの生糸輸出の躍進や需要構造の変化などによって価格は下落し，輸出が低迷した．この状況への対応として，1878年以降には上海に器械製糸が本格的に導入されていった．器械製糸とは工場において繭を煮て動力で巻き取って生糸にする産業のことである．そして，器械製糸に繭を提供するため，無錫などに新興の養蚕地が現れてきた．19世紀中葉までの無錫では，さほど養蚕がおこなわれていなかったが，その後，もっぱら上海の製糸工場に繭を売るために，急速に養蚕を発展させたのである．他方，湖州では，海外市場の動向をみて，器械製糸とは別の方途をとった．それは，生糸を買い集めた地元の業者が，近隣農民

に委託して再繰の工程を付け加えることで，輸出に適した品質に調整するというものだった．

以上のように，清末の蚕糸業は，国際的環境に適合しつつ，発展の機会を見いだしてきたのである［古田 1990；鈴木 1992：287-342；曽田 1994］．ここからまず指摘できるのは，19世紀後半の中国蚕糸業の発展は，清代中期（ないしそれ以前）からの一定の連続性のなかで理解すべき側面をもつとともに，新たな産業再編の結果でもあるということである．かねてから湖州の生糸は海外市場で高く評価されるだけでなく，伝統をほこる在来の江南織物業に原料を提供する役割も果たしていたが，海外市場の動向に対応して再繰工程を付け加えていった．他方で，無錫の養蚕業のように開港後に世界経済の需要に対応することで，新たな発展をとげた産地もある．国際交易の拡がりは，価格動向や需要構造の変動などによって産地を振り回すという一面もあるが，それほどに農民は商品生産によって利益を手にする機会を得たといえるだろう．

日本の養蚕では，桑の葉は自家栽培して蚕に与えるのが普通だが，江南地方では，養蚕農家はすべての桑葉を自給するとは限らず，桑の葉の売買が一般的におこなわれていた．場合によっては，近隣の鎮まで船で桑の葉を買いに行く養蚕農家もあった［田尻 1999：205-283］．その背景には，おそらく農家ごとがもつ土地・労働力をうまく組み合わせる必要があったものと考えられる．養蚕は，どんどん成長していく蚕に桑を与えつづけ上簇をおこなって繭を作らせるまで，労働力を多く投入しなくてはならない．かりに労働力が十分にあっても，桑葉がなければ多くの蚕を育てることはできない．桑は確かに成育の速い樹木であるとはいえ，植えてから葉がまともに採れるようになるまで何年かは要するので，小作料を払って土地を借りたうえで新たに桑を植えることは難しい．家族労働力が少なく土地のある農家の立場からみれば，収益性の高い桑を植えて桑の葉を売れば，結果として養蚕業の利益にあずかることができる．場合によっては，もっぱら桑の栽培をおこなう者がいてもよい．また，水路の舟運で結ばれた一定の範囲内では，ある地区で余りがちな桑の葉を別の地区が求めることもあろう．すなわち，桑葉の売買は，産地にある生産要素を市場の原理によってうまく組み合わせるための手法が成熟していたものと理解することができよう．なお，桑の葉の価格は変動が激しくその売買は投機的な性格を帯

びていた．そこで，価格変動における危険性を避けるため，養蚕をする者は桑畑を持つ者と交渉して事前に価格を決めて桑の葉の購入を約束しておく取引方法すらあった．以上のように歴史的に洗練されてきた桑葉売買の市場も，やはり19世紀の蚕糸業の発展を支えていたのである．

他方で，器械製糸業の登場は，以上に述べたように海外市場への積極的対応であるとともに，江南の生糸生産にとって新しい生産要素として化石燃料を導入したということも注目される．清代の江南はすでに森林資源に乏しく燃料問題は深刻で，繭を煮るのに燃料が足りなければ別の土地から薪炭を持ってくる必要があった［李 2002: 224-237］．開港後の上海は，蒸気船に燃料を提供する石炭市場ともなったが［杉山 1978］，上海やのちの無錫の製糸工場では，この石炭が用いられた．このように，日本の九州など（のちに華北や遼東も含む）の石炭を利用することで，製糸業に不可欠な燃料・動力源の問題を解決できたことになる．これは，生産のために必要な要素が，開港によって入手容易になったことを意味している．

開港の影響における地域偏差──沿海と内陸
　もうひとつ代表的な輸出品をつくりだす茶業についても，在来の生産構造と新しい市場との結びつきによる産地形成が見られた．中国における喫茶の歴史は千年を越えるが，18世紀には英国などにおける茶の需要拡大が，国際商品としての茶の地位を高めており，福建・浙江・安徽などが産地として知られていた．他方，生産量が多かった湖南の茶は，むしろ陝西・甘粛やモンゴル方面に販路を見いだしていた．しかし，南京条約による5港開港ののち，湖南茶は一躍脚光を浴びることになった．湖南の山沿いの傾斜地での茶の栽培がいっそう盛んになって栽培農家に利益をもたらすとともに，流通業にも刺激を与え，1860年代に開港された漢口は茶の輸出によって発展した．その後，英国向けの市場はセイロン・アッサムなどの新興産地に奪われ，福建茶業はこのため没落したが，湖南はロシア向けの磚茶（四角く固めた茶）も多く生産していて急速な衰退を免れた．台湾北部では，もともとほとんど茶は栽培されていなかったものの，淡水開港ののち，アメリカをはじめとする海外市場向けの茶の輸出によって大いに利益をあげ，今日の台北延平区あたりは茶の集散・再加工の基地

となって都市発展がみられた［重田 1975: 207-294; 陳 1982; 林 1998］．

むろん，以上のような商品生産の利益が，結果的に誰の手にわたっていったのかということも，議論する必要がある．すなわち，生産労働に携わる者だけでなく，土地や資金を生産過程に提供する者，そして商品流通を担う者が，それぞれの利益を獲得していたはずだが，その配分は基本的に市場の仕組みによって大枠が作られていた．それゆえ，誰が利益を多く得ていたのか，それぞれの時点の経済状況に即して考察するべきだろう．

綿業については，外国貿易の影響は複雑である．清代にあっては，綿は中国大陸の広範な地域で主要な衣料素材となっていた．とはいえ，たとえば都市の富裕層の着るおしゃれのための衣服と，寒冷な地域での農村生活に必須の綿入れといった違いがあって，綿製品に対する需要は多様であり，イギリス製（及びのちに加わったアメリカ製）綿布の輸入の影響は限られていた．むしろ在来の手紡ぎ・手織りの綿布の耐久性が大多数の農民から歓迎されており，イギリス人の商事報告はマンチェスター産の綿布について販路の限界を指摘していた．この背景には，19世紀後半に銀価格がゆるやかに下落する傾向が，イギリス製品を相対的に高値にしていたという事情もある．さらに，この時期にボンベイで紡績業が発展していくと，比較的安価で太めの機械製インド綿糸が盛んに中国へ輸入され手織り綿布の材料となったことが注目される．こうして，華北などには，新興の綿織物産地が形成された［小山 1992: 435-531］．

開港後，沿海都市は流通の要として発展の機会を得た．天津は，それまでも大運河や海運を利用した長距離運輸の結節点として重要な地位を占めていたが，華北地域の産業との結びつきは弱かった．しかし，1860年代に対外貿易が始まると，しだいに後背地との経済的関係を強め，物流と金融の中心として発展していった．華北平原における織布業の展開は天津への綿糸輸入を促した．また，モンゴルや青海で生産された羊毛を絨毯の原料として天津からアメリカなどへ輸出する交易は，その生産者であるモンゴル人やチベット人，また輸送に従事する回民といった人々を結びつける流通網を形成した［グローブ 1999］．

また開港は華南においては海外移民を促進した．19世紀後半には，広東，福建から新大陸，オセアニア，東南アジアへの移民が盛んになって当該地域の人口圧を下げただけでなく，その華僑送金は中国の貿易赤字を埋め合わせて余

りあるほどにのぼった［濱下 1989: 139-149］(20世紀前半の華僑送金の意義については，2-8「中国と世界経済」を参照).

　以上のように，開港は各地の特徴に応じて経済的発展の機会を与えた．激しい競争のなかで市場を確保して発展を遂げていく産地もあったが，福建の茶のように一時は繁盛をきわめながら品質改善がなされないまま国際競争に敗れて販路を失っていくといった事例もある［本野 2004: 230-245］．また，事態が深刻なのは，そのような経済的機会を得られず政府からも見捨てられた地域である．たとえば，大運河にそった山東省の内陸部は，それまでこの大規模物流によって経済が支えられていた．しかし，大運河が放棄されて海運に変更されると，この地域は大きな打撃を受け，厳しい生態環境のなかで困苦の状況におかれた［Pomeranz 1993］．

　政府の収入も，まさにこの時期の経済構造に立脚するようになっていった．海関や釐金の制度が順調に機能した理由は，以上に述べてきたように開港後の新しい経済状況にあった．他方で，商品生産，流通の発展が緩慢な地域では，税収も土地税に重きがおかれ，財政上の必要があれば農業部門からの徴収を強めざるをえなかった．陝西省では，官と軍の交通を支えるための差徭（土地税に対する付加的な徴収）がもとから重い負担となっていたが，義和団賠償金の割り当てを払うための財源として，差徭の金額を調整しつつも既存の交通路から外れた地域からも徴収することにした［片岡 1985］．財源としては，依然として農業部門に頼るほかなかったのである．また，この事例は，帝国主義が民富を収奪したものと見るべきであろう（財政構造の変遷については，1-6「中華帝国財政の近代化」参照).

　最後に工業について見よう．清末の工業発展については，しばしば官営の大工場が注目され，欧米や日本の動向との比較がなされてきた．しかし，ながい伝統をもつ農村の商品生産の延長として考えられる手工業についても，近年その意義を強調する見解が示されている［彭 2007］．たとえば，すでに述べたように19世紀後半以降のインド機械製綿糸の輸入（のちに日本製・中国製の綿糸も加わる）は，それまで綿花栽培をおこなっていなかった地域にも綿織物業を広めていった．民国に入っても農村には力織機はほとんどなく，手工業に含めて考えるべき産業である.

業種によって少しずつ相違があるといえ，農村や小都市に基盤をおく小規模生産においては，不安定ながら市場条件に即応した柔軟な業種選択，自給生産を確保したうえで農民がおこなう商品生産の機会費用の低さ（家族労働力の有効利用），広大な中国内陸部における需要に即した生産（品質はやや劣っても手頃な価格での商品提供），海外技術の模倣による輸入代替（新規開発費の節約），投資額が小さいがゆえの利益率の高さといった性格を見て取ることができる．まさにこれは20世紀末からの中国工業化の特徴と重なる部分があるといえよう．このような観点から，中国の工業化の歴史を考える際には，国際競争が可能な高品質の製品を作り出す大規模な機械制工業だけでなく，巨大な人口に由来する国内需要を想定しながら中程度技術によって展開した生産のあり方にも留意する必要がある．

おわりに

18世紀の人口急増ののち，19世紀の前半にあたる嘉慶年間と道光年間には，さまざまな制度疲労と社会矛盾が強く意識されるようになった．嘉慶帝・道光帝だけでなく，具体的な政策を担当した陶澍や林則徐などの官僚にとっても，既存の制度を改革することは不可避と感じられていたのである．この時期には，水利・漕運・塩政・貨幣といった方面で，意欲的な改革が模索され始めた．

19世紀中葉は，太平天国はじめ捻子の活動，西北・雲南のムスリム蜂起など，戦乱の時代である．これは，社会矛盾の表現であるとともに，清朝の軍事・財政制度がうまく機能しないことを示していたともいえる．また，黄河の流路変動や1870年代末の大干魃は大きな被害をもたらした．これらの戦乱と災害の連続は，19世紀中葉の人口停滞の要因であった．

19世紀の開港は，商業的農業の発展を促し，また特産品の輸出も盛んにした．この背景には，外国銀行による貿易金融の提供があったが，信用の膨張はときに金融恐慌をひきおこし市場を不安定化させた［濱下 1974］．中国からの輸出貿易は，投機的側面を含みながら展開していったが，その過程で生産農民にも利益を挙げる機会をもたらしたといってよい．

19世紀末葉の清朝は，19世紀半ばの苦境をある程度克服することはできた

が，その背景には銀価下落時期の輸出好調と沿海都市における商人層の成長，そして農村部における士紳と行政当局の協力関係があった．これら士紳・商人は，確かに1911年の辛亥革命では清朝を見限ったとはいえ，それまでは清朝最末期の立憲改革を主に支える社会層であり，商会や地方自治機構を通じて，地域の政治秩序を再編していった．

さて，本章の内容をふまえて，冒頭で引用した龔自珍の文章を再び読み直してみると，過剰に危機感を煽りたてるなかにも，財政破綻・自然災害・人口増加などの問題の所在を指摘している．龔自珍の文章は，たしかにあいつぐ戦乱と災害の発生を予言していたとはいえるかもしれない．とはいえ，この苦境に必死に対応するなかで，民間の活力と清朝政権の関係が再編されていったのである．とくに開港後の沿海都市の発展，海外貿易の利益が国家と社会の建て直しの基礎となったことは，龔自珍の予測を越えた事態であろう．19世紀を清朝の衰亡の過程として論じるのは適当ではない．とはいえ，その反面，清末の社会は，悲惨な戦乱と災害による人口減少，内陸部の貧困，少数派の族群(エスニック・グループ)に対する抑圧（回民の強制移住など），一部の地域での開発の生態環境的限界といった代償も払わざるをえなかったのである．内陸への移民を社会問題の処方箋とした龔自珍の議論は，このような観点からも，その歴史的意味を吟味していく必要があるだろう．

ここで改めて留意すべきことは，全国各地に同じようにきちんと当てはまる社会経済動向を想定できない点である．長江の中下流域は19世紀の中葉の戦乱から比較的すみやかに立ち直ったが，それに対し，戦乱のあと発展の契機をあまりもたず，事実上の衰退局面に入ってしまう地域も，山東内陸部・河南・陝西・甘粛など広範にみられた．これは，清朝の政策的関心が沿海地区と国境地帯に向いたためでもある．また19世紀の四川はほぼ一貫して人口が増えて経済的にも発展がみられ，20世紀に入るころになってから人口過剰の問題が深刻になっていく［王 1993: 52-123；曹 2001: 266-326］．

スキナーは，中国全土について8ないし9の大きな地域区分を設定し，それぞれの発展と衰退の趨勢が異なることを主張している［スキナー 2006］．スキナーの提示した地域区分を数百年も安定した構造と考えることには疑問が大きく，また区切られた各地域相互の関係の変化も考慮に入れるべきだが，中国各

地で発展の動向が異なる可能性の指摘そのものは十分に現実的と思われる．

総じていえば，19世紀後半の国際貿易への参入は，沿海部や長江沿岸などに，大きな経済的な機会を与えた．物流は，ますます海運や長江などの河運に頼るようになった．イギリス人らの作った貿易関連の設備は，沿海地区と長江流域に集中していた．そのうらはらで，不利な立場に置かれた地域もあった．すなわち，各地の命運は，まさに19世紀後半の経済環境にうまく適合できたかどうかにかかっていた．このような地域的相違をどのように説明するかということは，かなり複雑な考察を要する大きな課題である．

地域ごとに不均衡な経済発展は出稼ぎをふくむ人口流動を促し，沿海都市は急速に人口を増やした．しかし，たとえば江蘇省北部の貧困から逃れようと上海に移住した人々は，上海で優勢を占める人々から差別をうけ，都市社会の最底辺に位置する労働者・雑業者となっていった事例［Honig 1992］からもわかるように，格差の構造が都市の内部に持ち込まれたにすぎなかったともいえる．

のちに，民国時期の内陸開発論は，国民経済の観点からこの経済的格差を強く意識していた［吉澤 2005］．毛沢東時期の中華人民共和国は大きな犠牲を払いつつ強引にこの格差を打破しようとしたが，鄧小平時期の改革・開放政策は改めて国際経済との連関のもとに発展を構想していったのである．

［参考文献］
足立啓二　1978「大豆粕流通と清代の商業的農業」『東洋史研究』37巻3号
——　1981「清代華北の農業経営と社会構造」『史林』64巻4号
安藤潤一郎　2002「清代嘉慶・道光年間の雲南省西部における漢回対立——「雲南回民起義」の背景に関する一考察」『史学雑誌』111編8号
上田信　1983「地域の履歴——浙江省奉化県忠義郷」『社会経済史学』49巻2号
——　1994「中国における生態システムと山区経済——秦嶺山脈の事例から」宮嶋博史ほか編『長期社会変動』（アジアから考える6），東京大学出版会
小山正明　1992『明清社会経済史研究』東京大学出版会
片岡一忠　1985「清代後期陝西省の差徭について」『東洋史研究』44巻3号
川勝守　1992『明清江南農業経済史研究』東京大学出版会
菊池秀明　1998『広西移民社会と太平天国』風響社
黒岩高　2002「械闘と謡言——十九世紀の陝西・渭河流域に見る漢・回関係と回民蜂起」『史学雑誌』111編9号

グローブ，リンダ　1999「華北における対外貿易と国内市場ネットワークの形成」（貴志俊彦・神田さやこ訳），杉山伸也・リンダ=グローブ編『近代アジアの流通ネットワーク』創文社
重田徳　1975『清代社会経済史研究』岩波書店
スキナー，G. ウィリアム　2006「中国史の構造」（中島楽章訳），宋代史研究会編『宋代の長江流域——社会経済史の視点から』汲古書院
杉山伸也　1978「幕末，明治初期における石炭輸出の動向と上海石炭市場」『社会経済史学』43巻6号
鈴木智夫　1992『洋務運動の研究』汲古書院
曽田三郎　1994『中国近代製糸業史の研究』汲古書院
高橋孝助　2006『飢饉と救済の社会史』青木書店
武内房司　1982「太平天国期の苗族反乱について——貴州東南部苗族地区を中心に」『史潮』新12号
田尻利　1999『清代農業商業化の研究』汲古書院
中田吉信　1959「同治年間の陝甘の回乱について」近代中国研究委員会編『近代中国研究』3輯，東京大学出版会
濱下武志　1974「十九世紀後半，中国における外国銀行の金融市場支配の歴史的特質——上海における金融恐慌との関連において」『社会経済史学』40巻3号
——　1989『中国近代経済史研究——清末海関財政と開港場市場圏』汲古書院
古田和子　1990「製糸技術の移転と社会構造——日本と中国の場合」『生活の技術　生産の技術』（シリーズ世界史への問い2），岩波書店
本野英一　2004『伝統中国商業秩序の崩壊——不平等条約体制と「英語を話す中国人」』名古屋大学出版会
山田賢　1995『移住民の秩序——清代四川地域社会史研究』名古屋大学出版会
山本進　2002『清代の市場構造と経済政策』名古屋大学出版会
吉澤誠一郎　2005「西北建設政策の始動——南京国民政府における開発の問題」『東洋文化研究所紀要』148冊

曹樹基　2001『中国人口史5　清時期』上海：復旦大学出版社
陳慈玉　1982『近代中国茶業的発展与世界市場』台北：中央研究院経済研究所
姜濤　1993『中国近代人口史』杭州：浙江人民出版社
李伯重　2002『発展与制約——明清江南生産力研究』台北：聯経出版事業股份有限公司
林満紅　1998『茶、糖、樟脳業与台湾之社会経済変遷』台北：聯経出版事業股份有限公司
劉翠溶　1992『明清時期家族人口与社会経済変遷』台北：中央研究院経済研究所
彭南生　2007『半工業化——近代中国郷村手工業的発展与社会変遷』北京：中華書局
王笛　1993『跨出封閉的世界——長江上游区域社会研究　1644-1911』北京：中華書局

Honig, E.　1992. *Creating Chinese Ethnicity : Subei People in Shanghai, 1850-1980,* New

Haven : Yale University Press.
Lavely, W. and R. B. Wong 1998. "Revising the Malthusian Narrative : The Comparative Study of Population Dynamics in Late Imperial China," *Journal of Asian Studies*, vol. 57, no. 3.
Perkins, D. 1969. *Agricultural Development in China, 1368-1968*, Chicago : Aldine.
Perry, E. 1980. *Rebels and Revolutionaries in North China, 1845-1945*, Stanford : Stanford University Press.
Pomeranz, K. 1993. *The Making of a Hinterland : State, Society, and Economy in Inland North China, 1853-1937*, Berkeley : University of California Press.

第6章

中華帝国財政の近代化

岩 井 茂 樹

はじめに

　1898年の亡命から，1912年10月に天津上陸を果たすまで，梁啓超は日本滞在中に社会科学という新しい武器を身につけた．中国近代化の主張を発信するため，書きながら学びとっていった最新の社会科学の理論と，幼少から親しんできた中国古典の学識とは，華々しい言論活動を支える両輪となった．1908年末，清朝政府は立憲準備の一環として「清理財政」に着手することを宣言した．すると梁は「中国改革財政私案」という長文の建議書を執筆し，上呈するための工作をおこなった．朝廷内で立憲政採用を主導していた皇族の有力者載沢が当時の度支部の尚書（大臣）であった．載沢は監国摂政王たる醇親王と義兄弟のような関係にあったほか，慈禧の跡を継いで太后となった隆裕（光緒帝の皇后）の妹を妻としていた．経済界の実力者盛宣懐とも親しく，理財に長けた「五大財神」の一人と目されていた（陳瀚一『睇向斎秘録』『近代稗海』第13輯，546-547頁）．梁啓超は載沢に期待を寄せたのであろう．
　「私案」は日本仕込みの近代財政学の観点から当時の中国財政の問題点を論じ，幣制や銀行制度にまでおよぶ財政制度改革の必要性を訴える［森1999］．この力作はその後公表されることなく，原稿も失われていたらしい．1927年，弟子の一人が寂れた古書店でその手稿を見つけてきた．これを見た梁は，たしかに自分が執筆したものであることを思い出し，写しをとって保存したという

［梁 1936: VIII-59］．

　梁啓超は 19 世紀以来の近代国民国家の財政制度を参照枠とし，清朝財政の現状を改革するための具体的な方策を提案している．依拠するのは日本語文献を経由した近代財政学の標準理論であり，とりたてて創見と言うべきものがないのは確かである［頼 2006: 72］．しかし「私案」の議論からは当時における近代的財政と中国の現状との距離をうかがうことができる．梁の提起する諸方策はこの距離を埋めようとする国家経済の近代化案にほかならない．財政の西洋型近代化モデルが唯一の解決方案として魅力を高めたのは，日本におけるその成功例を梁が目の当たりにしたからである．

　「私案」は植民地台湾で日本当局が実施した土地調査と田賦改正の方法を中国全土に適用し，さらに都市部の宅地への課税を強化すれば，約 3500 万両の田賦収入を一挙に 3 億両に増やせるとの試算をおこなっている．釐金（内地通行税）の廃止，酒・タバコ・砂糖への重点課税，法人・商標など諸権利の登記税，印紙税，国有財産の活用などを実現して，総額 7 億両の税収をあげる［梁 1936: VIII-25］．のちに辛亥革命によって誕生した中華民国政府（北京政府）は，こうした近代の標準的制度の導入を図った［渡邊 1987; 金子 2008］．1928 年以降の国民政府期の財政改革もその徹底を目指すものであったといってよい［中国現代史研究会編 1986; 久保 1999］．

　こうした近代的制度の導入という観点から，本章の課題である「中華帝国財政の近代化」を論じることも不可能ではない．この観点からすれば，「釐金」のように撤廃の対象となった制度や，集権的な管理原則のもとでおこった中央と地方との利害対立，その結果としての財政権の分散，さまざまな場に現れる請け負い構造などは，清朝時代から引き継いだ負の局面として評価されることになる．

　このような「近代的」と「非近代的」との二項対立，そして前者による後者の克服という図式に依拠する分析は，中国の近代を理解するうえで十分なものであろうか．梁に代表される同時代の論者や政策担当者は，「近代化」を目指す財政改革を希求し，その計画の一部は実践に移された．単線的な近代化論に依拠すれば，結局のところ改革は実施されたものの，徹底されることなく，旧い態制をあちこちに残存させることになった，という陳腐な結論を得るだけで

あろう．そして，1994年以降，共産党政権が推進しつつある「分税制」，農村における「費改税」改革（各種の費用徴収を止めて税として徴収する．現代の「一条鞭法」である），旧時代の田賦の制度を継承していた「農業税」の廃止こそが，財政近代化の最終段階である，という，現在にまでおよぶ長期の中国財政近代化論の筋書きを作ることもできそうである．しかし，筆者は，近代の標準理論に依拠した予定調和説的解釈を避けて議論を進めたいと思う．ゴールの見えた近代化という価値を前提とする二項対立的な分析ではなく，近代の中国が作りだした特異な制度について，何がそれを支え，持続させたのかということについて，一つの試案を提出してみたい．

1. 財政近代化の要諦

分散と請け負い

梁啓超は縷々数万言におよぶ議論の結びとして，改革の要諦を二つにまとめている．その第一は，財政権の分散を克服する「統一の策」を講じるべきことである．第二は現今の徴税の原則が「包徴包解」（請け負い）になっていると断じ，この制度を改めるべきことである．

梁によると，二つの問題が解決されない限り，それ以外の問題は論じることすらできない，というほどの重要性をもっている．そして，清朝中央政府が外省に清理財政のための基礎資料を提供させ，改革案を実施させようとしても，きわめて大きな困難に直面せざるをえない．本来，布政使（行財政をつかさどる省の長官）は皇帝に直属し，戸部とも直接に連係していたが，総督・巡撫の権限の強化とともに，実質的にその下僚となっていた．梁はいう．「清理財政を司る機関が国の金をもって私産としている総督・巡撫であり，清理する所のものが包徴包解の税目である．督撫らに真実の数量を報告させようとしても，それは虎にむかって皮をよこせと交渉するのと同じだ．仮に真実の数量が得られたとしても，政府はその送金指定を自由にできるだろうか．……〔包徴包解をする者らの私囊に帰している中飽分を〕尽く上納させて中央政府がその使途を指定しても，包徴する者は必ず別に手段を講じて，私囊が昔と比べて減らないようにするであろう」〔梁 1936: VIII-51〕．

こうした問題は梁だけが認識していたわけではないが［頼 2006：72］，清朝が並々ならぬ意欲で取り組んだ「清理財政」の事業も，上の二つが解決されなければ実効をあげることができないという指摘は正鵠を射るものであった．

清理財政の課題

中央政府の戸部（のち度支部）が外省の財政状況を把握できないことは，太平天国期（1850-1864）以来の懸案であった．動乱の鎮定にともない，外省が「奏銷(そうしょう)」（皇帝への会計報告）「報銷(ほうしょう)」（戸部などへの会計報告）をし，戸部がそれを審査する制度は回復されたが，外省は真実の数値を報告せず，その機能はまったく失われていたからである．「内銷」と「外銷」というこの時期に特徴的な財政用語の広がりとともに，この問題は深刻化した［岩井 2004：第4章］．「清理財政」の開始にあたって軍機大臣ら廷臣がおこなった覆奏（1909年）には，「外省は財用の実数をつねに隠匿し，度支部に知られないようにしている．ゆえに度支部では〔外省に〕欺かれていることを疑い，中央は外省を信じない．度支部は，外省の款項を実情どおりに報告させようとして，決して上納させることはないと明言するけれども，報告があがってくると往往にして食言する．故に外省はつねに度支部に誑(だま)されることを畏れ，外省は中央を信じない」とある［岩井 2004：80］．こうした中央―外省間の相互不信のもとで，集権的な財政権の再編をめざす近代化改革を実施できるだろうか．智者の眼を俟たずして結論は明らかだった．

「清理財政」事業の成果としては，1909年から翌年にかけて全国各省から各種の『財政説明書』を提出させたに止まり，辛亥革命によって頓挫した財政近代化の課題は，中華民国政府に引き継がれることになる．各省から上呈された『財政説明書』は貴重な資料であり，袁世凱政権下の1915年に経済学会がその全面的な復刻版全17冊を出版した．清廷は，「内銷」や「正額」の部分だけでなく，これまで戸部に報告されなかった「外銷」の経費についても，『財政説明書』に列挙することを求めた．これを繙くと，たしかに「外銷」の経費についての記載がある．しかし，梁啓超の「私案」が指摘するように，虎がおとなしく自らの皮を差し出したとは思えない．上に紹介した覆奏からも，外省からの報告の誠実さを担保する制度上の機制を欠いたまま事業が出発したことが伺

える．下からの朝廷への忠誠と上からの人事権による圧力が頼みの綱であったが，義和団事件の大失態は頼みの綱がすでに極限まで細くなっていることを露わにしていた．朝廷と中央政府の当事者たちにも，虎の皮を得ることの不可能は見えていたであろう．

梁啓超の「私案」が指摘した二つの問題は，「財政権の分散」と「請け負い態制」という用語で表現することができる．近代国民国家の標準的な財政制度を参照枠とするならば，この両者は当時の中国財政の特異点として突出したものだった．改革者の立場からすると特異さというよりは弊害，痼疾である．また，両者は独立した問題ではなく，深く相関していた．二つの問題についての梁啓超の理解を緒口として，この特異点を歴史のなかに位置づけてみよう．

2．財政権の統一と分散

帝国の分散

第一の問題，すなわち財政権の分散を批判する梁の舌鋒は鋭い．「今，我が国にはいわゆる中央財政は無く，各省がその余瀝(あまり)を分けて中央の涸轍(かわき)を潤しているに過ぎない．各省はそれぞれ種々の手段を繰り出して資金獲得を図り，人民をいかに苦しめているか，国家をいかに病ませているかは考慮の外にある」と現状を批判し，1904 年からの「光緒新政」の一環として地方での教育，警察などの近代化事業が実施されても，「新政人員」の私腹を肥やすだけに終わり，「人民が出すものは益々多く，官吏が瓜分するものは益々厚くなり，国庫にはついに一銭の増益もない」〔梁 1936: VIII-48〕．財政面から地方を統制し，集権的な管理体制を実現しなければ，「新政」を実施しても，効用を生まないばかりか，害をなすという指摘である．

「私案」が朝廷への建議書であったことを考えれば，財政の集権的再編の主張が前面に出るのは自然である．それは人民の負担を軽減し，その苦しみを救うという人民救済論と重ね合わされている．この論理では外省は仮想敵，地方統治を担う官吏も悪役であり，人民救済を実現するのは集権的支配の確立である．「私案」には「開明専制」の論理と国権伸張への志向が濃厚である．

20 世紀初頭には，清朝が「一国をもって十八国を成す」が如き財政上の分

裂状態にあるという認識は論者のあいだに広く見られた．1907年に日本の東亜同文会が刊行した『支那経済全書』は「戸部ハ……実際地方財政ニ関与スルコトナク，唯ダ中央北京朝廷ノ財務ヲ司ルノミ」と断定していた［東亜同文会編 1907：439］．中国海関での勤務経験をもつ H. B. モースによると，清帝国の国庫は，一部の税目をその直接収入とするのを除き，それ以外は地方の行政費・徴税費の余剰にたよっており，これは連邦制下ドイツ第二帝国の国庫負担金（Matrikulabeitrag）制度に類似したものだと述べている［Morse 1908：48, 84］．

　梁はこうした財政の分散を押しとどめ，集権に比重を置いた財政統合の恢復を主張した．中央行政と地方行政の系統を明確に区分し，中央行政系統に属する業務は中央が経費を支給し，地方行政系統に属する業務は地方税や他の収入によって支弁する．不足が出れば中央の財政部局（度支部）に補填を求め，度支部がその必要や緩急を見計らって決定する．これは国家規模で集権的に運用される中央財政（国家財政）の確立と，中央から地方末端におよぶ行政機構の階層的分業編成にもとづく地方財政制度の確立とを同時に実現する近代国家の財政モデルである．清廷は梁の「私案」を黙殺したが，さきにも紹介したように「清理財政」に着手した清朝当局者の現状認識もやはり梁の「私案」と方向を同じくしていた．

地方分権化傾向

　財政の分散＝集権的管理の弱体化が顕著に進行したのは，太平天国期であった（1-5「清代後期における社会経済の動態」）．南京が陥落した1853年には，外省から送られる京餉（けいしょう）の大幅な減少によって中央政府の財政はほとんど破綻の危機に瀕した［史 2008：46-52］．現銀の送金だけでなく，京餉や協餉（きょうしょう）の指示の根拠となる外省からの報告（「冬沽冊」「春秋撥冊」「奏銷冊」など）の制度は瓦解した．それ以前は，戸部が外省の財政状況の報告を受け，それを根拠として外省から戸部へ，また余裕のある省から別の省への財政資金の移動を命じるという集権的な酌撥（しゃくはつ）制度が機能していた．外省の財政状況の把握ができなければ，集権的な管理や調節は不可能である．省ごとに推定されたその財政能力に応じて，一定額の京餉や協餉をわりあてる定額制の京餉・協餉制度に移行せざるをえなかったのである［岩井 2004：108］．

動乱に直面した地域では，八旗・緑営からなる正規軍の不足と弱体を補って，傭兵からなる非正規の勇営が鎮圧の主力を担った．勇営を統率する有力な官僚——その多くは文官——は，中央・地方の官府からの経費支給があてにならないため，釐金をはじめとするさまざまな手段による経費の自力調達を余儀なくされた［羅玉東 1936］．当初，朝廷は総督・巡撫が勇営統率者を牽制することを期待したが，勇営統率者がつぎつぎと総督・巡撫に任命されると，財政と軍事にたいする支配を強化した権力者を牽制しうる官僚は省の内部にはなくなった．この措置は動乱の平定を成功させた一因であると同時に，平定後の復興事業や近代化をめざす各種事業も，沿海地方の諸省が財政権を拡張したことによって促進された．戸部は全国の財政を統括する手段を失っていたが，定額わりあての京餉制度によって中央政府や朝廷の機能が維持されたのは，外省の資金調達能力があってのことである．他省への協餉はともかくも，京餉については毎年ほぼ満額達成を実現する程度の求心力を朝廷が保持していたことも確かである．

　定額攤派制の京餉・協餉の制度への移行によって，地方分権化傾向（decentralization）の趨勢は定常化したといってよい．これは，総督・巡撫として外省を支配する地方大官の実力に朝廷が依存すると同時に，地方大官は皇帝の権威に藉て権力の源泉を獲得するという力関係の平衡が保たれていたからである．

　しかし，義和団賠償金支払いに加えて，「新政」実施による支出増大圧力は，中央政府の度支部（旧戸部）と外省との間の利害対立を深めることになった．梁啓超の「私案」は「一国をもって十八国を成す」と論断したが，外省の内部においても「州県の収支にいたっては，本省の督撫もまた詳細に稽べることが困難である．数千の小国，それぞれ計をなすに等しい」とする論者もあった（趙炳麟「請統一財権整理国政摺」『政治官報』第 233 号，1908 年 5 月 23 日）．財政権の分散は重層的だったのである．こうした財政上の分裂の延長上に辛亥革命による清朝政権の崩壊と，民国期の「地方なき中央」の態制が出現することになる［狭間ほか 1996 : 67］．

分散と近代化

　同じ事態を外省の立場から見れば，いわゆる洋務運動期の近代的な生産技術の導入や軍事・運輸通信の近代化は，外省の実質的な財政権拡大が支えたとい

うことになろう．中央の財政権が部分的に毀損したことと，省を範囲とする地域的な政治・経済上の組織が機能強化を実現したこととは表裏一体であった．黒田明伸，山本進ら［黒田 1994；山本進 2002］による省財政の成長という視点の提示は評価されるべきであろう．スペクターは19世紀後半の地方主義（regionalism）の成長という観点から，地方士紳を中心とする指導者が，地方に基盤をおいた軍隊とかれらに忠実な政治機構からなる軍事力をその出身地にもつようになったことを論じている［Spector 1964］．清朝時代には総督・巡撫から知県・知州にいたるまで，自らの出身地に任官することを禁ずる本貫回避の制が遵守された．これは地方士紳を中心とする指導者が各地方の統治権力を握ることを妨げる機制として働いた．地方官が朝廷から派遣され，皇帝の代理人，ないしは中央政府の代理人として統治することによって，帝国としての体制はあくまでも護持された．

その一方で，財政上の権力を伸長させた総督・巡撫のもとに「局」や「所」という名称を帯びる非法定的な行政機構が形成され，その機能を拡大していった．これは，釐金を柱とする正税外の公課を徴収する，軍需の調達をする，行政の回復を支援するなどの特殊目的のために設置されたものである．伝統的な「幕友」の制度が総督・巡撫の官舎の外に拡張し，機能分化と肥大化を遂げたものと考えることができる．各種の「局」や「所」には官吏ではなく，候補官（捐納によって任官資格を得た富裕層が多く含まれた）から選ばれた「委員」や，その地域内の紳士からなる「委紳」が配置された．人事権はおおむね総督・巡撫の握るところであった．総督・巡撫は，旧来の行政系統の外側で，省内出身の紳士との直接的結合をもたらす「局」や「所」を支配することを通じて，省内における実質的な行政能力，権限の強化を実現した［新村 1983；山田 1995；原 1999；山本進 2002；岩井 2004］．

紳士層（地域エリートという用語が使われることもある．2-2「地域社会の構造と変容」参照）は「局」や「所」に参画することを通じて，地域統治における役割を拡大したが，その権力は皇帝の代理人たる総督・巡撫から分与されたものであった．つまり，紳士層による地域統治のネットワークは結節点としての総督・巡撫を通じて，帝国統治の体系に接続されていた．中国近代の地方主義（regionalism）を，地域の自立化や実質上の地方自治の拡大という文脈内でのみ

論じることは不十分であろう．

袁世凱時代の財政

革命後に成立した袁世凱政権は，1913年の善後大借款によって急場をしのぐとともに，国家財政の集権的再建にとりかかった（2-1「政治制度の変遷と中央・地方関係」）．清代以来，借款は海関税収を担保とすることが多く，そのさいには外国人管理下の海関が税収から借款の返済分を天引きし，その残余を中国側の海関監督に引き渡していた．ところが海関監督は外省の総督・巡撫の属僚であり，いったん海関監督に渡した税収は，中央政府の指示通り送金される保証はなかった．したがって，中央政府にとって借款は地方における税収を，先取りのかたちで，確実に自らのものとする手段だったのである．善後大借款にさいしては，海関税収はすでに過去の借款と義和団賠償金の分割支払いに回っており，担保能力はなかった．そこで銀行団を結成した列強は，塩税を担保とすることに加えて，塩専売管理機構を外国人管理とすることを要求した．こうして海関に範をとった塩務稽核処が成立した［岡本 1999］．これは，袁世凱による主権の売り渡しとして論じられる［劉 2002］．しかし，地方における税収を中央政府が確保するもっとも確実な方法がこれであった．借款は地方に握られた財政権を部分的に奪回する手段の一つでもあった．

袁世凱政権は第二革命によって反対派を屈服させると，外省の軍隊削減を進めた．最大の目的は外省の経費削減をつうじて，中央への送金を確保することである．1915年よりそれまで地方の雑税収入であった土地取引税，タバコ酒税，取引税と新設の印紙税を「五項専款」として国税化し，従来の解款（省から財政部への送金）にくわえて各省が中央へ納付すべき税項とした．次年度にはさらに屠殺税，田賦附加税，釐金割増などもこれにくわえた．その年には，解款，「五項専款」とも良好な成績を収めた．それぞれ予算額の82%と99%が実際に国庫に送付され，合計3670万元（国庫実収の28%）の収入をもたらした［狭間ほか 1996］．

中央と地方

こうした集権回復の兆しは，袁世凱の帝政復活の挫折と急死（1916年）によ

って急反転した．「中央専款」として上納を義務づけていた税目についても，1922 年以降は，すべて地方の軍費に充当されてしまい，北京に届かなくなった．

　清朝時代には「各省がその余瀝(あまり)を分けて中央の涸轍(かわき)を潤し」たのであったが，余瀝すら中央に届かず，外国人管理の海関税・塩税のほか，鉄道収入および首都周辺の税収しか自由にできなくなったわけである．ポスト袁世凱期の中華民国政府は「地方なき中央」として存在していた．

　ところが，財政の形式上の編成に眼を注ぐと，そこには清朝時代以来の集権的構成がそのまま温存されているのに気づく．この時期の中央・地方の財政関係について金子肇は大略次のような問題に注意を促している〔金子 2008：6-7，32，33〕(2-1「政治制度の変遷と中央・地方関係」)．

　a. 各省政府の「省財政」は「省国家財政」と「省地方財政」とに大別されたが，省内の税収は財政庁が一括管理して国庫と省庫とに配分する仕組みになっていた．すなわち「省国家財政」と「省地方財政」の区分は，租税体系・出納機関が区分された近代的な「国地財政画分」とは異なる．「省国家財政」の予算案は省政府が編成し，中央の財政部あるいは国会が審査する．省議会は，省政府が執行する収支のうち「省国家財政」について議決権がなかった．

　b. 省内の税収のうち，田賦，貨物税（釐金），雑税（契税，牙税，鉱税，屠殺税）などの正税はすべて「省国家財政」に属し，田賦附加税，行政収入，省有基金のみが「省地方財政」に属した．1922 年の江蘇省を例にとれば「省国家財政」総額が約 1686 万元，「省地方財政」総額が約 254 万元，比率は 87% と 13% であった．

　上記 b. については次のことと深く関係している．海関税は海関，塩税は塩務稽覈処という全国規模の特設官庁が徴収し，借款返済と賠償金分割払いを差し引いた残りが，直接に中央政府財政部の収入となる仕組みであったことはすでに述べた．したがって，省の財政とは関わりが切れており，「省国家財政」と「省地方財政」のいずれにも現れないことが一つである．田賦は国税に区分され，経済的先進地域である江蘇省においても「省国家財政」の約 50% を占める最大の収入項目であった（1922 年の数値）．貨物税と名前を変えた釐金も国

税であり，「省国家財政」の約 38% を占めた［金子 2008：33］．これらは「国家財政」の構成要素であり，その予算は財政部や国会の審議対象であるが，中央政府は「国家財政」の構成要素たる田賦や貨物税から，収入を確保することはできなかった．つまりこれらを原資とする外省から中央政府への送金を実現できなかった．江蘇省は最後まで中央への送金を要求されていた省の一つである．それは 1920 年には 190 万元，翌年にはわずか 17 万元であったが，それすら中央政府は受け取れなかった．送金の減少や杜絶の名目は多くの場合省内の軍費に充当することであった［賈 1932：58-623］．

一方，1922 年の江蘇省の財政を例にとると，財政規模の 13% を占める「省地方財政」は，租税収入としては田賦附加税があるのみで，他は少額の基金収入と行政収入を計上するにすぎなかった［金子 2008］．つまり，省は名目上「国家財政」＝中央政府財政を執行することによって「割拠」していたことになる．逆からいうと，中央政府は国税である田賦正税や貨物税，「中央専款」ですら確保できないのが現実であるのに，形式的な予算編成は圧倒的に集権的な構成になっていた．「地方なき中央」という現実のもと，北京の国会で審議される予算だけは，清朝時代よりもさらに強く，集権的な支配の理念を主張していたわけである．

北伐の成功によって全国の統一を成し遂げた国民政府は，1928 年に全国財政会議を開催し，田賦を省および市の税収に区分した．地方税化によって既成事実を追認したわけである．しかし，日中戦争中の 1941 年下半年からの「田賦徴実」（現物による徴収）にともない再び国税となった．省の地方財政が，田賦という有力な税源を割りあてられていたのは，20 世紀の百年を通じて，この 13 年間にすぎない．共産党政権は中央に帰属する「農業税」という名称に改めたが，現物徴収の方法による戦時下の田賦の制度をそのまま引き継ぐことになる．中央・地方の関係からするならば，紅軍の武力が「財政権の分散」を打破し，全国規模で統合された集権的財政を実現させたことになる．

3. 請け負い態制

包徴包解の原理

「私案」が強調する改革の要諦の第二は請け負いの問題であった．梁啓超の議論は明快である．「現今の税課徴収法は一言で表現すれば包徴包解だ」．江蘇・浙江の漕銀漕米，湖南・湖北・四川の地丁銭糧は，地方の紳士と土豪が請け負って州県に納入し，各省の釐金も卡局の委員が定額で請け負い，塩税は各省の塩運使・塩法道・督售局などが定額を戸部に送り，広東の賭博税も塩税と同様であり，各省で新税を創設すると，すべて包徴包解の方法によっている．

梁は，請け負い制を徴税の機構のなかにだけ見たのではない．「各州県の官は，その州県の銭糧を包徴し，一定額に仕立て上げて布政使司に送る．各布政使司は，省の銭糧を包徴して，一定額に仕立て上げて戸部に送る．これは土豪の包徴包解する者と何の異なるところがあろうか」．「ゆえに，包徴包解の一語は，現在の財政制度における一貫した原則である」〔梁 1936：III-50〕．

前節で述べたように，京餉が定額制に移行したのは太平天国期であり，清朝国家はこの時期の動乱を「督撫擅権」〔羅爾綱 1938〕と称される外省の財権・兵権の拡大によって乗り切った．「包徴包解」が中央—地方の財政関係にまで及ぶようになったというのが梁啓超の説である．すなわち，財政権の分散は，請け負い制の拡大と並行し，両者は表裏一体の関係にあったと見ていたことになる．そして「包徴包解」の原則は，中央と外省とのあいだ，省の布政使司と州県の官府のあいだ，州県の官府と紳士や土豪の請け負い機構とのあいだ，という具合に重層していた．

清朝治下において，田賦その他の税の大部分について，州県ごとに徴収すべき額が設定されていたことは確かである．本来，変動幅の大きいはずの常関税（国内関税）についても達成目標額が設定されていた．官府が直接に徴税業務をおこなっていれば，額が定められていたことだけをもって，定額の請け負い徴収制だと認定することはできないであろう．ところが，紳士や土豪らが徴収を請け負うだけでなく，官府の胥吏衙役が台帳の作成から徴収まで税務を丸ごと請け負って外部化することも広く見られた〔岩井 2000a, b, c：2001〕．徴税請け負

いの制度は清朝治下において法定の原則ではなく,その一部分は脱法行為として実現していた.

集権と分散

つまり,「包徴包解」という「一貫した原則」はけっして法定的な原則ではなく,集権的に階層構成された財政の各層のなかに侵入し,法的な集権構造の外貌を温存しつつ,その内実を請け負いによって詰め替えてしまうという性質のものだったといえよう.梁のいう財政権の分散という「要端」は,その内部にもう一つの「要端」である請け負い制を包みこんでおり,前者は後者によって支えられていたのである.そして,請け負い制を内実とする分散的な財政は,帝国規模の階層的集権を原則として温存しながら機能していた.財政権の分散が集権体制を完全に脱却したのであれば,中国は「十八国を成す」分裂の局面,あるいは連省自治がめざした連邦制の局面を迎えていたであろう.しかし,割拠はあっても分裂はなく,金子肇が強調したように割拠した各省の財政のなかから「省国家財政」の名目が消えることもなかった.

太平天国期の財政非常事態や,日清戦争と義和団事件の苛酷な賠償金負担の圧力によって,「包徴包解」の拡大と普遍化が促されたのであって,それは不合理な,解消さるべき現象にすぎないと見る向きもあろう.梁の「私案」や「清理財政」を遂行しようとした清朝当局者にとって,「包徴包解」はそのような問題として意識されていた.中央政府(国家)の財政権の確立と集権的な統制という観点からすれば,これは自然なことである.

「包徴包解」はおおむね官吏による「中飽」という現象をともない,納税者も官府もその分だけ高い徴税費用を負担することになる.悪だと決めつけるのは簡単である.しかし,視点を変えて,徴税を実現しているのは「包徴包解」の枠組みであって,他の実現方法を探すことは難しいし,「中飽」も無秩序な横領ではなく,一定の慣行のもとに所得を配分する仕組みとして機能していたと見るならば,話は違ってこよう.「一貫した原則」と断言されるほど普遍的に採用されていた仕組みのなかには,それなりの合理性を見いだすことができる筈である.「包徴包解」解消論は,そこに観察さるべき国家と社会との関係の特質を見失わせるのではないか.筆者が財政近代化論に拠って立つ議論に与

しないのは，これを恐れるからである．

請け負いの合理性

　田賦徴収について，梁啓超が土地調査の実施を提案していたことを想起されたい．土地調査がなぜ必要とされたか．それは州県の官府に，まっとうな課税台帳も土地台帳も，そして戸籍も備わっていないからである．課税対象となる田土と納税義務者＝所有者とを結びつける情報は，包徴をおこなう者たちの手中にあった．かれらはそれぞれ担当区域について「秘冊」を作り，それに依拠して田賦・漕糧を種々の附加税こみで徴収し，定額を官府に納入する．財源措置のない経費や官僚の額外収入も提供する．包徴の権利は物権化し，「秘冊」の売買や継承がおこなわれた［天野 1942: 66］．こうした態制は近代になって出現したのではなく，江南では 17 世紀の明清交替期にまでさかのぼる．

　明朝は集権的な人民支配の手段として『賦役黄冊』という戸籍・課税台帳を作成していたが，16 世紀後半には虚偽の簿冊作成が風となった．1592 年，南京で『賦役黄冊』を管理していた給事中らは「黄冊の改訂（大造）を奇貨として，私腹を肥やすものがあり，……地方の官が下で租税を意のままに支配し，朝廷は上で出鱈目の数字を攧まされている」（『後湖志』巻 10 事例 9, 131a）と指摘した．この数十年後には「長らくそれ〔造冊〕を飯の種にしている連中が親から子へ受けつぎ，県全体の田土を一家の稼業にする」（『嘉善県纂修禎条款』巻 2 賦役, 5b-6a）という状況が報告されている．蘇州府の呉江県ではもともと「歇家」と呼ばれていた徴税業務の請け負い業者が，明清交替が起こった 1644 年ころに「保戸」と名前を変えた．「保戸」は複数あってそれぞれ担当区画が決まっており，ある区画を担当する権利は，実入りの多寡に応じて売買されたという（陸文衡『嗇菴随筆』巻 4 風俗, 5a）．税・役の負担者の匿名化と，課税台帳作成の請け負いから，徴税業務そのものが民間による営利事業となる方向へ事態は進んだ．

　1930 年代の実態調査は，官府の外で成長した民間の徴税機構が官による直接徴税の実現を阻んでいるという状況を伝える［岩井 2000c］．1932 年 8 月，江蘇省の財政庁は各県に「推収所」を設置し，土地売買にともなう納税義務者の名義替えの業務を官営の推収所に移行することを命令した．しかし，この試み

はおおむね失敗したようである［岩井 2001］．革命を成功させ，多方面にわたる財政・経済改革を推進した国民政府の力をもってしても，包徴の担い手である民間の徴税機構から「世伝の秘笈，衣食の資源」を奪回できなかった．

　重層的な「包徴包解」の基底にあるのは，こうした租税徴収業務の請け負いであった．梁啓超は田賦だけでなくあらゆる税課の徴収に，程度の差こそあれ，また具体的な実現方法は異なっているにせよ，一般的な原則として請け負い制という型を見いだした．そして，それは官による直接徴税によって置き換えられるべきであった．「包徴」が「中飽」をともない，増加できるはずの税収を実質的に毀損して国家に損害を与え，負担者である人民にも被害を与えているという非難は，たしかに当たっているところもあろう．しかし，国家と負担者の双方に損失だけをもたらすような徴収方法が 400 年にもわたって持続したとすれば，中国の人々はよほど無抵抗かつ無力な社会と国家を営んできたとせねばならない．土豪劣紳と貪官汚吏の結合が請け負い制の持続を許していたという説明に説得力があるだろうか．

官と民の利害

　梁の「私案」は土地調査と田賦改正を実施することを提案していた．これは，江南で発達していた民間の徴税機構をはじめとする「包徴」の担い手が課税情報を独占している状態を打破し，官が直接に徴税することを実現するための手段である．これによって，約 3500 万両の田賦収入を一挙に 3 億両に増やせる——都市部の宅地の課税強化を含めて——との試算はいかにも過大である．課税を免れている田土を暴き出し，請け負い業者の中飽を排除するだけで田賦税収が一挙に数倍なることは考えられない．課税対象を正しく把握することで，現状より高い税率をかけて増税することが容易になる，ということを織り込んでいるわけである．

　すると，請け負い機構を介在させ，官を真実の課税情報から疎外しておくことは，官の側の都合による増税を困難にしてきた，という評価も許されるであろう．多くの場合「包徴包解」は固定額の上納制と結びついていた．国権伸張の立場からする請け負い制打破論は，定額制の打破をも含意しているわけである．社会全体の租税負担率という観点を導入するならば，定額の請け負い制は

負担率上昇を阻む機制をもっていたことになろう．王業鍵は清代の土地税負担の数量的研究の結果，18世紀中葉と20世紀初頭の総体的な土地税負担を比較して，むしろ後者の負担率が低かったという結論を導いている［Wang 1973: 110-128］．

負担者の側からすれば，請け負い機構の介在には一つの利点があった．それは，投資目的で田土を買い入れる紳士・富戸であれ，生存の基盤として耕地を保有する農民であれ，実質的な匿名による所有と匿名による納税とを可能にした，換言すれば官府から自らを隠すことができるという点である．官の側に真実の所有者と納税義務者をきちんと把握させて何の心配もないのは，官はつねに公正であるという非現実的な前提に立つ場合のみである．請け負い人の方が官吏よりも人格高潔で公正だと主張しているのではない．しかし，請け負いは営利事業である．徴収にさいして甚だしい中飽をおこなったり，著しい不公平があったりすれば，納税者の反抗を招くのは必至である．取り立てが実現しなければ，請け負い人が官府の「比較」（達成率の点検）に呼びだされて懲罰を食らう危険すらあった．請け負いの利益を最大にするためには，欲望や不公正の閾値を超えてはならない．自制がなければ，営利事業としては成り立たなかった筈である．

官府の立場からすると業務の請け負いの利点は大きかった．まず，課税対象たる田土と，税の請求の対象である人戸について精確な台帳を作成することなしに，税収が得られる．明代の『賦役黄冊』のように煩雑かつ膨大な台帳の制度は，順治年間に放棄された．それに代替する課税台帳として『編審冊』が作成されることとなったが，この制度もながくは維持されなかった．

徴税コスト

世宗雍正帝は，現実主義的な改革遂行者として知られる．1731年，江南における徴税と財政の問題を処理すべく，特命を与えた大官を現地に派遣した．派遣された彭維新という官僚が，「各州県には，長年，銭糧（つまり税銀税米）の管理を引き受ける人がいる．その名は「図書」「区書」「里排」など地域によって異なっており」さまざまな弊害を生みだしているという実情を明らかにした（彭維新・安修徳「為奏明事」『宮中檔雍正朝奏摺』第18輯，461頁）．また，彭維

新は「官の側の糧冊（租税台帳の類）には，本当の名前が記載されておらず，簿籍が（知県の管理する）内署にない」ことが問題であり，この現状を改めるべきだという提案をおこなった．雍正帝はその奏摺のなかに次のような指示を書きこんだ．「実の姓と的な名を〔台帳に〕塡注することは，繁擾を滋くし，益がない」．つまり余計なことだから止めておけということである（彭維新「為敬陳江蘇銭糧善後条件仰祈聖鑑事」同前書，464-465頁）．誰からどれだけの税銀税米をとるか，官府が本当のところを調べると，かえって騒ぎを引き起こす．これが雍正帝の判断であった．

　仮名による田土所有を認めることになれば，官府は真正の負担者に請求することが不可能になる．それでも徴税が可能であったのは「図書」「区書」「里排」「経造」「糧房」「保戸」などとさまざまな名称の請け負い業者がいたからである．これは官府の業務を大幅に軽減した．

　土地台帳や課税台帳を整備し，定期的に更新する費用は，納税者に転嫁されることになる．請け負い業者の「秘冊」は，官府が作る正式の台帳と比べると，ずっと簡便なものだったに違いない．民間の営利事業であれば，コストを切りつめようとする動機が働くからである．一方，官の側が支配の理念を貫徹すべく，きちんとした台帳を作成するとなれば，コストは顧みられない可能性もある．官府にはそれを人民の負担によってやらせる強制力を持つからである．作成業務にかこつけて，私腹を肥やす胥吏や衙役が現れ，負担がさらに膨らむことすら懸念された．雍正帝が「繁擾を滋くし，益がない」としたのは，こうした事情を見越したからであろう．

負担団体の不在

　中国社会には，徴税請け負いを発達させるもう一つの要因があった．中国の郷村や都市では，負担者からなる共同体を編成して維持することが困難だった．町や村が負担団体として機能すれば，負担者自らに税務を請け負わせることができる．名主や庄屋という村役人が百姓を束ねて共同責任を負うわけである．中国では，家職を代々継いで家を安定させるような制度はなく，こうした家々を安定的な成員とする共同体を編成し，維持することは困難だった．明代の里甲組織は負担団体として構成されたが，江南など社会流動性の高い地域でその

組織と機能を維持することは困難だった［岩井 1997］．均分相続による戸の分割が繰り返され，田土が商品化され，人々の職業選択や移動を制限する制度もないからである．

地縁的な共同体を編成し公課負担団体として機能させることは，徴税コストを切り下げる有力な方法であったが，清朝はこうした方式を法制化することを放棄し，「自封投櫃」，すなわち納税者が個別かつ直接に官府に納税する方法を法的な原則とした［山本英史 2007：第2章］．しかし，これを額面どおりに実現しようとすれば，官府と納税者の両方のコストを増大させ，田土所有の匿名性と納税の匿名性を放棄させねばならない．これも非現実的であった．

徴収する側，納税する側それぞれの利害の均衡点に，徴税の業務そのものを営利事業として官府から外部化し，専門家による請け負いに委ねる態制が拡大したわけである．自己組織的に形成された請け負い機構は，それを好ましいと見るか，排除されるべき弊害とみるか価値判断の如何にかかわらず，社会的，経済的，政治的に合理性を帯びていたことは否定できない．田賦徴収を実現する方法として，幾度もの動乱や革命をへて生き延びてきたことが，合理性の証しであろう．

梁啓超は各地の田賦，釐金，塩税，賭博税だけでなく，「各省で新税を創設すると，すべて包徴包解の方法によっている」ことを指摘した．梁啓超の観察は，一つの問題を示唆している．それは，徴税業務における請け負い制が，20世紀になって加速し拡大する趨勢を示したということである．このことを実証的に論じた研究はないかと思うが，研究する価値のある問題であろう．

商人による請け負い

ここでは，釐金の請け負いの形態に即してその方向性を示唆しておこう．梁は，「各省の釐金も卡局の委員が定額で請け負う」ことを指摘した．1850年代の釐金制度創設以来，各省に釐金局，分局，釐卡（徴収ステーション）などからなる徴収機構が形成され，その委員の人事を総督・巡撫が握ることが一般化した．そして，任命された委員が定額で請け負うことも一般的であっただろう．ところが，19世紀末あたりから，委員による請け負いではなく，商品の類別ごとに，それを取り扱う商人あるいは商人団体に一定の金額を請け負わせると

いう形態があらわれた．省全体でそのような釐金請け負いの形態を採用する動きは，湖北省から始まったようである．張之洞は1889年に湖広総督に着任した．この時期の張之洞の事跡をみずから綴った「抱氷堂弟子記」に，次のような記載がある．

　釐金はさきには巡撫が主管し，〔総督を含む〕他の官は容喙（くちだし）できなかった．湖北巡撫のポストが撤廃されてから，湖北の釐金は局や卡が多すぎて，商人たちは負担に苦しんでいるというので，〔総督張之洞は〕「百貨統捐」の徴収に改めることを提議し，各州県の釐卡31箇所を廃止した．官吏らは手だてを尽くして妨害し，そんなことをすれば収入に大穴が空くと脅してきたが，それに動揺することなく「たとえ銭50万貫の減収になったとしても，これを実行する」と〔張之洞は〕主張した．試行開始の直後は粗雑な仕組みであったが，試行から一年の満期となり，収入数を調べると，前年より銭10万貫も増え，商人らの多くは悦んだ（『張文襄公全集』巻228，21b-22a）．

　この叙述は「統捐」の徴収方法がどのようなものであったか明確に示していない．しかし，徴収ステーションの相当数を廃止する替わりに導入されたことからすると，徴収機構を必要としない商人による請け負いであった可能性が高い．この方式では委員や吏員の失業を伴うので，かれらは脅しをかけてきたのである．

　1904年，浙江巡撫聶緝槼（じょうしゅうき）の上奏は，「統捐」とほぼ同内容の「認捐」への移行を進めつつあったという．その方法はほぼ以下のようである．各種商品ごとに実力のある商人を「招き」（入札で決めることであろう），毎月均等額ずつ（税捐を）納入することを契約させる．契約すると，その商品には印紙を貼付し，流通経路では課税しない．錫箔（すずはく），紙，扇，輸入品，棉布，茶葉，藍玉（あいだま），ブタ毛，柴炭，竹木，磁器，薬品，棉花，煙（タバコ），酒などの類は，一律に商人とその商品全体の税捐を契約し，その商品にたいする釐金徴収を止めた．すべての商品が「認捐」に移行すれば，釐金局と釐卡はすべて撤廃できる〔羅玉東1936: 259〕（『東華続録（光緒朝）』光緒30年5月辛卯の条）．釐金局の委員（官員身分保有者）などが，徴収ステーションごとに定額の釐金徴収を請け負うのではなく，商品ごとにある商人がその商品を対象とする釐金の全額を請け負い，月ごとに均等

納入させる．こうすれば，旧来からの徴収額を減らすことなく，徴収ステーションを廃止することによって徴税経費を削減できることになる．徴税という公権力の業務が，営利事業として請け負われる．もともと営利の追求に長け，税捐の負担者である商人自身が税務請け負いの主体となる．中国近代社会は商業化の深まりとともに，官吏，紳士，土豪による請け負いから，商人自身による請け負いという形態を拡大させていった．

おわりに

　梁啓超や清朝当局者は，19世紀の国民国家の統合が産み出した近代的な「集権のもとにおける地方自治」の財政モデルの導入をはかり，危難に瀕していた旧来の財政の体系を換骨奪胎しようとした．その目的は，中華帝国の維持である．しかし，中国の現実は別の着陸点をめざしていたように思われる．分散を包みこむ柔軟さを統治体制のなかで拡大することによって，換言すれば中央と外省の財政上の利害均衡の機制を，固い法的な枠組を通じて働かせるのではなく，生々しい力の優劣や，利益の交換による取り引き，そして交渉可能性をつねに留保しておくことによって働かせるという態制である．この態制は，徴税や税務そのものの請け負い（包徴包解）にも適合的であった．請け負いは実力による独占という形態をとることもあっただろうが，しばしば入札制が選好されたことや，権利の売買がおこなわれたことからすれば，市場における競争や取り引きの原理を，公権力の業務遂行の外部化に持ちこんだと見ることもできよう．中国の近代は，その社会のありかたに適合的な財政の態制を産み出した．近代国民国家の標準的モデルからすると特異であったかもしれないが，こうした特質を顕在化することが中国における近代化であり，それは標準モデルとは異なった途をすすむ帝国モデルともいうべきオルタナティブであったとすることも許されよう．

　辛亥革命による清朝皇帝の「遜位」は，中華帝国の解体を意味したのではなく，帝国の再生にむかう長い道程の開始だったのかもしれない．1920年代，湖南省をはじめとするいくつかの省では，連邦制をモデルとする「連省自治」の運動が盛り上がった．弱体化した中央政府のもと，省を単位とする「割拠」

がひろがるという軍事・政治情勢は，省自治にもとづく連邦制実現に有利な条件ともなり得たであろう．また，胡適，章炳麟のような有力な言論界の支持者もあった．それにもかかわらず「連省自治」は夭逝を余儀なくされる．ジェローム・チェンが指摘するように，中央政府が果たしているイデオロギー上の役割を省は果たしえず，正統性と合法性を決定する最高裁判所とはなりえなかった［チェン 1984：27］．逆から言えば，かつては皇帝＝天子のみが，革命後はそれに代替する大総統，委員長，「偉大なる領袖」，神格を保有する党のみが正統性と合法性の頂点に位置し，それがなければ統治の安定が実現しない．地域的な支配権力も，社会の自立や自治も，こうした正統性と合法性の源泉に直接，間接に繋がっていることを求めた．紳権や民権の保障とその伸張を求める革命的政治団体も，例外なく「大一統（一統をたっとぶ）」の信奉者であり，最後には武力をもってそれを守ろうとした．その帝国は集権的ではなく分散的であり，請け負い態制を包む柔軟なものであった．財政における帝国モデルの持続性はこうした中国の政治文化によって支えられていたともいえよう．

［参考文献］
天野元之助　1942『支那農業経済論　中』改造社
岩井茂樹　1997「公課負担団体としての里甲と村」森正夫編『明清時代史の基本問題』汲古書院
──　2000a「清代の版図順荘法とその周辺」『東方学報』京都第72冊
──　2000b「嘉靖四十一年浙江厳州府遂安県十八都下一図賦役黄冊残本考」夫馬進編『中国明清地方檔案の研究』京都大学文学部
──　2000c「武進県『実徴堂簿』と田賦徴収機構」夫馬進編『中国明清地方檔案の研究』京都大学文学部
──　2001「武進県の田土推収と城郷関係」森時彦編『中国近代の都市と農村』京都大学人文科学研究所
──　2004『中国近世財政史の研究』京都大学学術出版会
岡本隆司　1999「清末民国と塩税」『東洋史研究』58巻1号
金子肇　2008『近代中国の中央と地方』汲古書院
久保亨　1999『戦間期中国〈自立への模索〉──関税通貨政策と経済発展』東京大学出版会
黒田明伸　1994『中華帝国の構造と世界経済』名古屋大学出版会
チェン，ジェローム　1984『軍紳政権──軍閥支配下の中国』（北村稔ほか訳），岩波

書店
中国現代史研究会編　1986『中国国民政府史の研究』汲古書院
東亜同文会編　1907『支那経済全書』第一輯，東亜同文会
新村容子　1983「清末四川省における局士の歴史的性格」『東洋学報』64巻3・4号
狭間直樹ほか　1996『データで見る中国近代史』有斐閣
原朝子　1999「清末四川の経徴局について」『近代中国研究彙報』21号
森時彦　1999「梁啓超の経済思想」狭間直樹編『共同研究　梁啓超――西洋近代思想受容と明治日本』京都大学学術出版会
山田賢　1995『移住民の秩序――清代四川地域社会史研究』名古屋大学出版会
山本英史　2007『清代中国の地域支配』慶應義塾大学出版会
山本進　2002『清代財政史研究』汲古書院
渡邊惇　1987「袁世凱政権の財政経済政策――周学熙を中心として」『近きに在りて』11号

賈士毅　1932『民国続財政史』上海：商務印書館
頼建誠　2006『梁啓超的経済面向』台北：聯経出版事業股份有限公司
梁啓超　1936『飲冰室文集』上海：中華書局
劉常山　2002「善後大借款対中国塩務的影響（1913-1917）」『逢甲人文社会学報』5期
羅爾綱　1938『湘軍新志』長沙：商務印書館
羅玉東　1936『中国釐金史』上海：商務印書館
史志宏　2008『清代戸部銀庫収支和庫存統計』福州：福建人民出版社

Morse, H. B.　1908. *The Trade and Administration of China*, Shanghai : Kelly & Walsh.
Spector, S.　1964. *Li Hung-chang and the Huai Army: A Study in Nineteenth Century Chinese Regionalism*, Seattle : University of Washington Press.
Wang Yeh-chien　1973. *Land Taxation in Imperial China : 1750-1911*, Cambridge, Mass. : Harvard University Press.

第 III 部

ナショナリズムと文化変容

第7章

辛亥革命の心性
湖南省の民衆文化を中心に

藤 谷 浩 悦

はじめに

　歴史研究では，政治指導者の思想や党派の綱領，宗教結社の理念によって，政治運動の歴史的な意味を跡付けることがある．しかし，政治指導者の思想や党派の綱領，宗教結社の理念と，それを受け止めた地域社会の動向，運動に参加した人々の思惑とは，異なる場合がある．換言するならば，政治指導者や党派，宗教結社は，それらがもった思想，綱領，理念とは異なる，別の観念によって支えられ，動かされた可能性もあった．したがって，ここに，思想や綱領，理念などと共に，地域社会の規範や人々の思惑など，いわば下からの動きを問題にする理由がある．地域社会の規範や人々の思惑などの解読は，歴史的な出来事と共に，歴史的な出来事の裏側に張り付いているさまざまな意味を吟味することによって可能となる．それらの意味を吟味するためには，視覚でとらえうる事柄だけではなく，眼に見えない問題にまで踏み込む必要がある．と同時に，我々が慣れ親しんでいる知的枠組みや感性を相対化しつつ，当時の人々の知的枠組みや感性にまで切り込むことが求められる．歴史研究の醍醐味は，現在と過去の対話にある．歴史的な出来事は，後に意味が与えられ語られてきた事柄と，後に意味が与えられず語られてこなかった事柄との間に，自ずと差が生ずる．ただし，ある事柄がなぜ意味を与えられ語られてきたのか，またある事柄がなぜ意味を与えられず語られてこなかったのかについては，改めて考え

てみる必要がある．ここで問われているのは，ある事柄が意味を与えられたり与えられなかったりする場合の，研究者の認識のあり様である．そして，研究者の認識のあり様が問われるなかで浮上したのが，民衆文化と心性の問題である．

本章の目的は，清末の湖南省の政治を心性に着目して考察することにより，湖南省の辛亥革命の特徴を明らかにし，併せて中国近代史研究に新しい知見を示すことにある．周知のように，人が単なる経済的な理由から，直接的に蜂起などの行動を引き起こすことは，少ない．換言するならば，人が何らかの具体的な行動を引き起こすためには，ある種の文化的な基盤が必要となる．これまで，多くの研究者は，この文化的な基盤を，心性や時代精神，文化意識などと名付けてきた[1]．また，文化は多様性と重層性を備えており，知識人文化と民衆文化を画然と分けることはできない．にもかかわらず，ここで民衆文化の語をあえて用いる所以は，民衆文化の語を用いることによって，歴史の隠れた側面を明らかにすることができる点にある．この立場は，出来事を歴史の表象として考え，歴史の深層の変化を問い質す観点に支えられている[2]．ただし，民衆文化とは，ある種抽象化されない，いわば身体感覚に根差した文化である．そして，歴史の深層の変化を問い質し，民衆文化に着目するにしても，引証することのできる史料は，多くが知識人の手になる．このため，我々は，史料の言説における知識人の認識のあり様，イメージ，叙述の仕方を解きほぐしつつ，出来事の裏側に張り付いているさまざまな意味を読み解き，かつ歴史の深層に切り込む必要が生ずる．そして，そのことによって同じ出来事に対する多様な受け止められ方が明らかになるように思われるのである．

ここでの考察の対象地域は，中国の南部中央，長江流域に属し，洞庭湖の南方に位置する湖南省の，特に湘江中流域周辺の長沙，瀏陽（りゅうよう），醴陵（れいりょう）の一帯である．湖南省は，明代には「湖広熟すれば天下足る」といわれるほどの米の有数の生産地であり，鉱山資源の豊富な埋蔵地であった．湖南省の面積は，日本の本州にほぼ等しい．また，東に江西省，西に四川省・貴州省，南に広東省・広西省，北に湖北省と界を交え，地形は南西が高く北東が低い．そして，三方が山に囲まれ，一方が洞庭湖に面したため，古来より要害の地とされた．河川の大きなものに，湘江，資水，沅江（げんこう），澧水（れいすい）がある．なかでも，貴州省に淵源を持

つ沅江流域は，武陵源の山地が広がり，湘西と呼ばれて独特の気風を保った．湖南省は，周囲と隔絶した地形にもかかわらず，中国を南北に縦断し，広東省と湖北省を結ぶ交通の要衝に位置したために，しばしば北方と南方の軍隊の抗争の場となった．さらに，度重ねて中央政府からの自立を図り，変化の急進性，対立の激烈さにおいて，他省を凌ぐ特徴を示した．湖南省には，明末以降に隣省より多くの移住民が湖南省に入り込み，このことが湖南省の郷紳や民衆の，強靭で忍耐力に富む，独特の性格を形成した．そして，魏源，曽国藩，左宗棠，斉白石，譚嗣同，黄興，宋教仁，欧陽予倩，毛沢東，劉少奇，胡耀邦など，中国近代史上において多くの政治家，思想家，芸術家を輩出した．この結果，これまで，内外の多くの研究者が中国近代史上類まれなる特徴を示した省として湖南省に注目し，考察をおこなってきたのである(3).

1. 革命前夜の湖南省

官憲・郷紳・民衆

清末，清朝政府と各省の地域社会との関係は，郷紳の動向に着目した場合，清朝政府の権威の弱体と郷紳の権勢の拡大，さらに郷紳の清朝政府からの離反と南方各省の独立，1911年の辛亥革命の惹起として位置づけることができる［市古 1977: 355-360］．たしかに，湖南省において，郷紳は太平天国期以降，湖南巡撫の任免をも左右するような，莫大な権勢を誇示した．ただし，湖南省の郷紳が莫大な権勢を保持した背景には，郷紳の権勢を許容し，必要とした地域社会，さらには郷紳の「公議」の存在した点は，見逃すことができない．何となれば，1904年の湖南省の長沙開港に付随して発生した「華洋雑居」問題（外国人と中国人の雑居や釐金の徴収を巡る問題）では，清朝政府や湖南巡撫は，郷紳の「公議」を無視して条約の履行を強行できなかっただけでなく，湖南省の郷紳も「公議」の内容に制約されて自由な言動をおこなうことができなかったからである．このことは，郷紳の「公議」の備えた「公」が，清朝政府の正統性の根拠であり，郷紳の権威の源泉であった点と深く関わる(4)．ただし，湖南省の郷紳が殊更に「公議」を主張した背景には，郷紳が「公議」を主張しなければ守ることのできないような，地域社会の規範や秩序の動揺が存在していた

［藤谷 1998］．したがって，郷紳の「公議」が地域社会にもった意味を問おうとするならば，郷紳の「公議」が背後に地域社会のどのような亀裂を伏在させ，かつそれは地域社会の規範や秩序といかなる関係に立ち，さらに具体的にどのような内容を備えていたのかが，個々の歴史的事件に即して問われなければなるまい．

　湖南省の郷紳の「公議」と地域社会の規範や秩序の関係は，1910 年の長沙米騒動のなかに集約的に現されている．1910 年の長沙米騒動は，地域社会の規範や秩序との関係から考えた場合，次の三点の特徴を持った．第一点は，1910 年の長沙米騒動が，崩れつつあった地域社会の規範や秩序を守るために起きた点である．しかし，湖南巡撫岑春蓂（しんしゅんめい）は，民衆が地域社会の規範や秩序を守るために自ら「正義」と任じた行動を，集会・結社の禁止という成文法によって否定し，かつ「格殺勿論（殺しても罪は問わない）」と述べた．このことが，1910 年の長沙米騒動が小さな区域から，湖南省城全体にまで拡大する要因となった．第二点は，1910 年の長沙米騒動が，崩れつつあった地域社会の規範や秩序を回復するために，湖南巡撫岑春蓂を湖南省から放逐する形を取ったことである．それは，人々が病人に取り付いた瘟神（おんしん）（流行り病の神）を駆逐することにより，健康体に復すると考えられたように，地域社会が「瘟官」（諸悪の源泉となる官憲）を放逐することにより，平和で安静な姿に戻るという発想に基づいた．ここで，民衆が渇望したのは，身体の各部位が気脈で繋がり互いに感応しているような身体感覚に支えられた，一体感の感得であった．第三点は，湖南省の郷紳が，民衆の行動を「公議」の名の下に正当化することにより，地域社会の一体感を保ったことである．すなわち，「公議」をおこなった郷紳と，「公議」の内容を示された民衆の間に，郷紳の「公議」をめぐり共通の認識が存在した．そして，この共通の認識によって，地域社会の規範や秩序が保たれていたのである［藤谷 2006］．

　1910 年 5 月 27 日，清朝政府は，1910 年の長沙米騒動の事後処理において，王先謙，孔憲教，葉徳輝，楊鞏（ようきょう）の四人の郷紳に対して処罰を下した．換言するならば，清朝政府は，湖南省の郷紳の「公議」を，郷紳が私情を挟み，湖南巡撫岑春蓂の湖南省からの駆逐を図ったものとして否定したのである．これに対して，湖南省の郷紳は，清朝政府こそ列国の要求に屈し，郷紳の「公議」を

否定して「私」に堕したと考え，清朝政府を激しく批判した．この結果，清朝政府の王先謙ら四郷紳に対する処罰問題は，清朝政府と湖南省の郷紳の間の「公」の争奪，正と不正の対立にまで発展した．ただし，湖南省の地域社会の中では，郷紳の間で，郷紳の「公議」の内容に対して，懐疑的な見解も示す者もあった．何となれば，郷紳の「公議」が，必ずしも湖南省の郷紳全体の意見を反映したものではなかったからである．すなわち，清朝全体でも，湖南省の地域社会でも，「公」と「私」の判断基準をめぐっては，亀裂が生じていた［藤谷 1993］．湖南省の地域社会の亀裂は，次の三点の原因によってもたらされていたように思われる．第一点は列国の存在，殊に列国との間で結ばれた条約の制約であり，第二点は光緒新政の遂行で生じた官僚，郷紳，民衆の間に生じた「文明」と「野蛮」の対立であり，第三点は明清時代を通じた地域社会の長期の変化，物価の高騰である．地域社会の長期の変化，物価の高騰は，構造的なものである．ために，地域社会の規範や秩序は，「瘟官」，すなわち湖南巡撫岑春蓂を湖南省から駆逐するだけでは回復されず，湖南省の一体感も達成されなかった．このなかで，湖南省で流布していたのは，末劫論と救世主待望信仰であった．

善書と『五公経』

　清末，中国では，多くの善書が刊行された．善書とは，『太上感応篇図説』『文昌帝君救劫宝誥註釈』『得一録』などの，人々に善行を勧めるための勧善の書のことをいう．善書の背景には，明代より続く，地域社会の成熟が存在した．すなわち，善書の刊行は，地域社会の成熟を基盤になされた［酒井 2000］．清末の善書に示された世界観の特徴は，次の二点にある．第一点は，世界が破滅に向って進んでいるという，最終的な破局の発想，すなわち末劫論である．第二点は，破局の到来の回避が，個々人の善行の積み重ねによって可能になるという，善行に対する確信である［山田 1998］．湖南省では，宝善堂という文人の慈善結社が，キリスト教の排斥で名を馳せた周漢を中心に，善書を刊行していた．宝善堂版『得一録』は，冒頭に湖南省城の善化県 城隍神，すなわち定湘王の画像を掲げていた．城隍神とは，もともと地域社会で信仰されていた神を，各々の王朝が城隍神という共通の名の下に奉じたにすぎないものである．

このため，城隍神には，王朝の統治の論理と，民衆の日常生活の信仰の，相異なる二つの側面が備わった［小島 1990］．定湘王の名は，後者の側面を示している．善化県城隍神，すなわち定湘王は，太平天国軍との80日間の攻防から，湖南省城を守護することによって，名声を高めた．また，湖南省の人々には，災害や疫病にも大きな効力を発すると信じられていた［藤谷 2003］．宝善堂版の善書は，湖南省の定湘王信仰と結び付き，末劫の到来を預言しつつ，「正」と「邪」の二項対立において世界をとらえ，「邪」であるキリスト教を駆逐し，「正」を守護し世界を正すことによって，末劫の到来の回避を説いたのである［山田 2006］．

善書に示された世界の最終的な破局の発想は，白蓮教系民間宗教結社である青蓮教，紅燈教の経典，『五公経』においても見られた．『五公経』は，唐末五代以来の宝誌信仰や浙江省の聖人信仰を淵源に持ち，元末明初期に原型がほぼ形成された．同経典は，次の二点の特徴を持った．第一点は，善書の場合と同様，世界が破局に向かっているという，末劫論である．第二点は，「聖主」「聖人」「明王」などの理想の帝王が「寅卯（いんぼう）」年に出現するという，「明王出世」の考えである．『五公経』の末劫論は，劫難（大災害）が「下元甲子」の年（術数家では六十甲子を九宮に配して三分し，第一甲子を上元の60年，第二甲子を中元の60年，第三甲子を下元の60年とする）に到来すると，黒い風が吹き荒れ，悪人を除去し，家畜が絶滅し大地も荒廃するが，護符を携帯し，肉や魚の摂取を忌み，経典の念誦に務めた者のみが劫難から救われるなどの内容を備えた．また，「明王出世」の考えは，民衆の救世主待望信仰に支えられた．救世主待望信仰は，現世を悪人の横行する乱世ととらえ，救世主の降臨によって，理想の帝王が統治する世界，すなわち「太平世」が実現されるというものであり，白を象徴とした．『五公経』の理想の世界，すなわち「太平世」の核心的な部分は，貧富の物理的な均等よりも，悪人の除去による世界の浄化，親和性に満ちた世界の回復にあった［武内 1991］．換言するならば，それは，世界の浄化による親和性に満ちた世界の回復という民衆の願望や世界観を，経典の中に体現させたものであったといえよう．

清末，善書や『五公経』が流布した背景には，世界は破局に向かっているのではないかという人々の不安が存在した．すなわち，清代の嘉慶・道光年間以

降，人々は深まりゆく地域社会の矛盾，崩れつつある規範や秩序を目の当たりにして，世界が最終的な破局に向かいつつあるという不安を抱え，この不安が善書や『五公経』の流行を支え，かつ人々の行動を内面から突き動かすと共に，人々の新たな結合を生み出していた．ただし，善書が肉や魚の摂取の自粛，忠や孝など儒教倫理の実践による破局の到来の回避を説いたのに対して，『五公経』は肉や魚の摂取の自粛と共に，護符を携帯し経典の念誦に務めることによって，救世主の降臨による破局からの救済と「太平世」における再生を説いた．このことは，『五公経』の対象とした下層の民衆が，地域社会から疎外されたことと深く関わる．下層の民衆は，忠や孝の実践によるだけでは救われず，ために救世主の降臨による救済こそを強く渇望したといえよう．しかし，善書や『五公経』の何れも，悪人や「邪」の除去による，現世の浄化や親和性に満ちた世界の実現を理想とした点では，同じである．悪人や「邪」の除去による，現世の浄化や親和性に満ちた世界の実現は，1910年の長沙米騒動における民衆の行動原理，すなわち「瘟官」の駆逐による至福の世界の実現と，同じ構造を取った．善書や『五公経』に体現された親和性に満ちた理想世界は，1910年の長沙米騒動の場合と同様，悪人や「邪」の除去によって浄化され，身体の各部位が気脈によって繋がり，互いに感応するような身体感覚，すなわち一体感に支えられていたのである．

2. 中秋節の謡言と蜂起

中秋節の蜂起伝説

　清代，中国の民衆は，太陽の運行を直接に反映する1年と24節気，月の運行を直接に反映する12月とを基本的枠組みとして，年中習俗の日取りをおこなった．月や節気は1年の1，2，3，4，6という自然数による分割で意味づけられ，1年の周期のなかに構造化された．1年を1で分割したのが1年であり，元旦・除夜がその変わり目にあたる．また，1年を2で分割したのが6か月であり，農暦5月の夏至と農暦11月の冬至がそれに該当する．さらに，4か月に対しては，一定の禁忌をおこなった農暦の1月，5月，9月が，3か月すなわち四季に対しては，立春，立夏，立秋，立冬があたった．年中習俗は，分割

された時間の始まりと終わり，または適当な一時点の日におこなわれた．なかでも，農暦8月15日は，農暦1月15日の上元節と同様，信仰の対象である月の，満月を祝う祭りとして発展した．満月は，月ごとにある．にもかかわらず，農暦8月15日が特別視された理由は，同時期が収穫の時期であった点にある．いわば，農暦8月15日は，満月を愛でると共に，収穫を祝う日でもあった．民衆は，収穫後が農閑期に入るため，祭りのほか，男女の交合，婚姻や跡継ぎ誕生の祈願をおこなった．なお，中秋節の風習，すなわち月餅の贈答，提燈の祭りなどは，元来が宋・元期に江南の杭州など限られた地域社会でおこなわれたものが，明・清期に各地域社会に普及する過程において，農暦1月15日の上元節などの影響を受けて形成されたものである．そして，中国の各地域社会では，中秋節の風習が多様かつ重層的に形成された［中村 1990：183-206；北田 1993］．

1926年，傅熊湘（ふゆうしょう）は『醴陵郷土志』第四章「風俗」のなかで，元末の漢人の蒙古人に対する中秋節の蜂起伝説，すなわち「殺家韃子（シャージヤアダーズ）」伝説に言及した．湖南省の醴陵には，多くの客家が居住している．言い伝えでは，元代，醴陵に蒙古兵が駐屯して殺戮をおこない，原住民は災禍を恐れて避難した．そして，元末明初に起きた大乱の鎮定と共に，他省，特に後の江西省の地から多くの人が醴陵に移り住んだ．この元末明初の大規模な人口移動と抗争，各地域で発生した大規模な蜂起が，「殺家韃子」伝説の形成に結び付いたといえよう［朱 1989：3004-3025］．ただし，「殺家韃子」伝説は，醴陵以外の，数多くの地域社会に存在し，また伝説の内容も多様性を帯びた．類似する伝説のなかで，「殺家韃子」伝説が中秋節と結合した理由は，中秋節の備えた特徴にある．中国南部から東南アジア一帯にかけて，農暦8月15日には，「竹中生誕神話」，「羽衣伝説」，「（農暦）8月15日夜祭」などの，三種の民間伝承と民俗儀礼が分布した［沖浦 1991：166-176］．なかでも，「羽衣伝説」は，天上の世界と地上の世界の交流を示していた．そして，天上の世界と地上の世界の交流が，「殺家韃子」伝説と中秋節の結合した理由であったのではなかろうか．ただし，同伝説を記載した地方志は，中華民国の成立以降，特に1920年代に編纂されており，かつ同伝説の「蒙古人」が満洲族に仮託したととらえた場合，「殺家韃子」伝説とは清末に革命運動が興隆するなかで，「排満」の要素を加えて蘇ったと考え

ることもできる．

　清代，広東省や広西省，湖南省一帯では，漢族の中秋節の風習，すなわち月を愛で，月餅を贈り，提燈祭りをおこなうなどの風習と，原住民の農暦8月15日の神霊を人の身体に憑依させる風習が，混在した．やがて，白蓮教系民間宗教結社は，中秋節を末劫論と結び付けた．太平天国期の1854年（咸豊4年），楊隆喜が貴州省銅梓県に挙兵した．同蜂起は，後に貴州省の紅号軍，斉教軍など，白蓮教系結社の蜂起の先駆けとなったが，布告の年月日には，「新主江漢元年八月十五日」と記していた［藤谷 2004］．また，1900年，義和団では，次のようにいわれていた．「いま，（義和）拳は下令して，軍民に得知せしむ．〔農暦〕5月8日（西暦6月4日）に（義和）拳は京師にやって来た．もし，ある処が練拳する者一人を出すなら，その処は災難なく保てるだろう．（農暦）8月18日になると，北京に入って満百日になる．（八月十五殺韃子といわれる）〔農暦〕8月15日になると，天下は紅燈照にあふれ，大火が起きて苦しむことになる．この時，東南に真神が居られて，八百万の兵を降下させて，洋人達をすっかり追い出し，教民たちを死なせるのだ．かくして，上は国を保ち，下は能く民を安んずる」，と［佐藤 2006］．この主張は，中秋節の末劫論，すなわち中秋節に末劫が到来し，多くの人々が死に絶えるものの，天界より救世主が降臨し，人々を救うという主張と，重複するものであろう．1901年，山東省や河南省，直隷省（現在の河北省を中心とする地域）の義和団員は，列国や清朝政府の弾圧を逃れて各省に流入し，神打，陰操，紅燈教を名乗り，中秋節に蜂起を企てた．そして，義和団員は，鉄道工夫などとして湖南省にも至っていた［藤谷 2001］．

救世主の待望信仰

　清末の革命派は，地域社会の娯楽を「排満」宣伝に用い，「排満」革命を鼓舞した［小野 1978］．また，革命派は，「排満」論を鼓舞するために，民衆に馴染み深い言葉や戯劇，小説を用いただけではなく，『孔子閉房記』『乾坤万年歌』『推背図』『焼餅歌』『鉄冠図』などの預言書を，日本の東京で印刷し，中国国内で流行させた［石山 1935：81］．これら預言書は，中国では「童謡」「謡」「讖」のほか，「詩妖」「訛言」などといわれ，隠語で国家の大事や人物，地方

の安寧に関する預言をおこなった．なかでも，劉伯温の撰とされる『焼餅歌』は歌謡体をなし，明の太祖・朱元璋が餅を焼きつつ劉伯温に後世の治乱を問い，劉伯温が隠語で答える形体を取った．ために，『焼餅歌』は『帝師問答歌』ともいわれ，劇の中などに仕込まれて広く流布した．劉伯温，諱は基である．元末，23歳で進士に合格し，元に仕官して後，朱元璋の召に応じ軍機に参画した．在官中は廉直をうたわれ，学問・詩文にすぐれたが，術数に通じたことから，多くの預言書の作者になぞらえられた．『焼餅歌』には，「手に大刀九十九を執り，韃子(ダーズ)を殺し尽くして方(はじ)めて手を罷めん」の文句がある．この文句は，鄒容(すうよう)『革命軍』(1903年)や陳天華『警世鐘』(1904年)，屈魂（寧調元）「仇満横議」(『洞庭波』第1期，1906年）などでも引用されている．とくに，鄒容は四川省の出身，陳天華と寧調元は湖南省の出身である．また，『洞庭波』は，湖南省出身の留日学生の手に係る雑誌であった．すなわち，『焼餅歌』の文句は，四川省や湖南省の出身者の間で，「排満」を象徴する言葉として盛んに用いられていた［藤谷 2004］．

　清末，革命派は，『焼餅歌』の「手に大刀九十九を執り，韃子を殺し尽くして方めて手を罷めん」の文句を，「排満」論を鼓舞するために多用した．1924年，李幹忱(りかんちん)は，キリスト教メソジスト教会が民衆の啓蒙のためにつくった『破除迷信全書』において，蜂起の日時を農暦5月5日の端午節としながらも，「明朝の軍師・劉伯温にもまた韃子を殺すという焼餅歌があり，『手に鋼刀九十九を執り，胡児を殺し尽して方めて手を罷めん』と言ったが，これは5月5日の韃子を殺害するという説を指したものであろう」と述べて，『焼餅歌』の文句と「殺家韃子」伝説の結び付きを示唆した．「殺家韃子」伝説は，元末明初の漢人の蒙古人に対する中秋節の蜂起伝説を記したものである．また，『五公経』の「明王出世」の考えも，元末明初の救世主待望信仰に源流の一つを持った．元末明初は，「明」の国号に見られるように，救世主待望信仰の隆盛時期にあたる．「殺家韃子」伝説は，次の三点の要素が折り重なって形成された．第一点は，中秋節における神々が人間の身体に憑依するという風習である．第二点は，大規模な人口移動に伴う，移住民と原住民の間の抗争である．第三点は，清末の革命派が伝説に付与した「排満」論である．革命派は，『焼餅歌』のなかの文句，「手に大刀九十九を執り，韃子を殺し尽くして方めて手を罷め

ん」を,「排満」論を鼓舞するために用いた. しかし, 同文句が「殺家韃子」伝説を意味するとした場合, 民衆は同文句を末劫論として受け止めた可能性もあった. そして,「殺家韃子」伝説は, 深層に末劫の到来と救世主の降臨, 至福の世界の顕現の観念を潜ませ, 1906 年の萍瀏醴蜂起だけでなく, 1910 年の長沙米騒動を牽引した.

　1906 年に湖南省で起きた萍瀏醴蜂起は, 中秋説を前に蜂起の謡言が湧き上がり, 蜂起の暴発する一因となった. 時に, 蜂起軍は, 白い頭巾や白い衣服を身に着けていた. また, 1910 年の長沙米騒動でも, 学堂や教会の焼き討ちをおこなった者は, 白い腕章を付けた. 長沙米騒動後, 湖南省の各地では, 多くの掲帖が張り出された. 掲帖とは, ビラや檄文の類をいう. 掲帖の一つは, 次のように記していた.「白犬と金鶏が現れる時, 仲間がやって来る. 首但〔守旦〕と春台は, 千金でも変わらないと信じている. ある日青馬が到り,〔仲間は〕頭を均しく白巾で巻き, 敵を殺すため一振りの刀を持つであろう. 戦いは通常とは異なり, 宣統も長くはない. 中華十八省は, 均しく姜〔守旦〕に帰す. 水曜月正明, 前路に主人はいない. 有る人は参透し, 我が漢は此に興る. 丕漢元年酉日諭」, と. この掲帖を収集した日本の長沙駐在副領事村山正隆は, 文中の「白犬金鶏」に「犬ハ戌, 金ハ秋ノ気. 鶏ハ酉, 即チ今年秋季冬初ノ意?」と,「首但〔守旦〕春台」に「瀏陽の匪首龔春台, 姜首但〔守旦〕ノ意?」と,「有日青馬」に「隠語?」と,「水曜月正明」に「八月十五日」と注記した. ここには, 三点の特徴が顕在している. 第一点は, 救世主として, 1906 年の萍瀏醴蜂起の首謀者である龔春台と姜守旦の名が記されていたことである. とくに, 姜守旦は,「中華十八省」の主人に目されていた. 第二点は, 蜂起軍が白い頭巾を巻いているとしたことである. 白い頭巾は, 1906 年の萍瀏醴蜂起でも見られた. 第三点は, 日本の村山正隆が, 新しい王朝が成立する「水曜月正明」に,「八月十五日」と注記したことである.「八月十五日」が「殺家韃子」伝説を示していたことは, もとよりである〔藤谷 2001〕. すなわち, 掲帖では, 中秋節の蜂起と白い布, 姜守旦の名が示されていた.

3. 湖南省の辛亥革命

辛亥革命と末劫論

1911年10月10日，湖北省の武昌で革命軍の蜂起が起きた．ただちに，湖南省でも，湖北省に呼応して，新軍の兵士や会党の成員を中心に革命軍の蜂起計画がなされた．10月18日，焦達峯（しょうたつほう）が瀏陽より長沙に戻り，湖南省城の体育学堂で拡大会議を開き，蜂起の決行日を10月21日に定めた．しかし，同日は準備が整わず，蜂起は翌22日に延期された．10月22日，湖南省の革命軍が蜂起し，湖南省城内に入城した．革命軍は，白い腕章を付けていた．湖南省城の警護の任にある巡防営の兵士は，警護の任務を放棄した．また，湖南巡撫余誠格以下の清朝政府の官憲も逃亡したため，蜂起は殆んど戦闘を交えることなく終わった．ただし，蜂起の過程で，巡防営統領の黄忠浩が殺害された．蜂起の成功後，新軍の兵士は湖南諮議局（しぎきょく）に赴き，湖南諮議局議長譚延闓（たんえんがい）を湖南都督に迎えようとした．ただし，譚延闓はこれを拒絶したため，焦達峯が正都督に，陳作新が副都督に就任した．焦達峯は，正都督に就任すると，軍隊の大規模な募集をおこなった．このため，財政支出が増大し，指揮系統も混乱した．湖南省の郷紳や新軍の将校は，この状況に危機感を深め，参議院を設立し，湖南都督の命令の施行も参議院の議決をへる必要があるとして，正都督の焦達峯の権限に制約を加えた．この結果，湖南省の郷紳や新軍の将校と正都督の焦達峯，副都督の陳作新の間の対立は，深まった．10月31日，湖南省の郷紳や新軍の将校は，焦達峯と陳作新の暗殺を図った．そして，新しい湖南都督には譚延闓が就任した［曽田 1976］．

湖南省の革命軍の蜂起に先立ち，1911年10月10日，農暦では8月19日に湖北省の武昌で革命軍が蜂起したが，湖北省の革命軍の蜂起はもともと10月6日，すなわち農暦8月15日の中秋節に予定されていた．ところが，武昌では，10月6日の中秋節に蜂起の謡言が起き，清朝の軍隊が警戒を強めたことから，蜂起の日にちが延期された．時に，陝西省では，農暦の8月初旬に匿名の掲帖が省城の各門に張られ，中秋節には「殺〔家〕韃子」の説が街巷に溢れて，不穏な情勢となった．10月22日，湖南省で革命軍が蜂起し，巡防営統領黄忠浩が殺害されると，天空には皆既日食が現れていた．また，同日の明け方

には金星，すなわち暁の明星が最高光度に達した．金星の最高光度到達は，天下動乱の予兆と見られた．さらに，彗星も出現した．前年の1910年4月には，ハレー彗星が地球に接近している．ハレー彗星の接近は，一部の民衆には清朝の滅亡，大漢の興起の予兆と考えられた〔藤谷 2001〕．したがって，1911年10月の彗星も，一部の民衆には同様に受け止められた可能性がある．この頃，上海では黒い雨が降ったという者もいた．黒い雨とは，『五公経』に説くところの，「黒い風」になぞらえることのできるものではなかろうか．10月22日に湖南省の革命軍の蜂起が成功すると，湖南省城内の家々では門前に高く白い旗を掲げ，ある場合には旗の上に「漢」の一字を書き込むことによって，慶賀の気持ちを表わしていた．また，長江各地の多数の兵船には白い旗が掲げられ，湖南省より湖北省の武昌に向かう米穀輸送用の民船には，「滅満興漢」と記した旗も翻った〔藤谷 2008〕．

　1911年10月22日，湖南省の革命軍の蜂起では，新軍の兵士や会党の成員は，白い腕章を付けて湖南省城に入城し，巡撫衙門に漢と記した白い旗を掲げた．白い腕章は，仲間だけではなく，周囲の眼差しを意識したものであったのではなかろうか．すなわち，彼らは，白い腕章を付けることで，自らが救世主の使者であることを，周囲に示したといえよう．そして，湖南省城の各街巷では，戯劇の武生（武将役）の装いをした若者が現れた．戯劇の武生の装いをした若者は，1900年の山東省などの義和団においても出現した．義和団の若者は，武生の装いをすることで，自らを天上の神々や戯劇の世界の英雄と一体化させ，かつ神々や英雄から無限の力をえて，悪の平定と至福の世界の実現を図った〔佐藤 1999：422〕．10月22日，湖南省城に出現した武生の装いをした若者も，義和団の場合と同様に，自らを天上の神々や戯劇の世界の英雄と一体化させることで，悪の平定と至福の世界の実現を目指したのである．焦達峯が湖南省の正都督に就任すると，焦達峯とは1906年の萍瀏醴蜂起の指導者の一人，姜守旦の化身であるという謠言が起きた．謠言の由来は，焦達峯が姜守旦を末劫の到来に伴う救世主になぞらえると共に，自らを姜守旦の化身に位置づけ，湖南省内における革命気運の醸成と自らの権威の確立を図った点にある．ために，焦達峯は，湖南省の正都督就任後，末劫の到来に伴う救世主としての役割を演じざるをえなかった．そして，湖南省の郷紳や新軍の将校は，焦達峯の行

為に危機感を抱き，焦達峯を暗殺した．換言するならば，彼らは，焦達峯に張り付いている姜守旦の影，すなわち救世主の姿に脅え，抹殺を図ったように思われるのである［藤谷 2008］．

繰り返される蜂起

中華民国政府は，新暦の採用，記念日や国旗の制定，記念式典の挙行により，農暦に伴うさまざまな習慣や観念を払拭するとともに，民衆を新しい理念の下に統合しようとした．1912 年 1 月 1 日，孫文が臨時大総統に就任し，中華民国の建国を宣言した．翌 1 月 2 日，孫文は中華民国紀元と新暦（太陽暦，すなわちグレゴリウス暦，以下西暦と呼ぶ）の採用を宣言した．臨時参議院は，中華民国の建国に関する記念日の制定を議論した．9 月 23 日，臨時参議院に「三大紀念日之建設案」が提出された．三大記念日とは，武昌蜂起日の農暦 8 月 19 日，南京政府成立日の 1 月 1 日，南北統一日の 3 月 10 日を指す．ただし，武昌蜂起日の農暦 8 月 19 日は，西暦では 10 月 10 日にあたっていたため，武昌蜂起の記念日を 10 月 10 日に固定した．同日，臨時大総統袁世凱も，臨時参議院に同様の諮詢案を提出し，翌 9 月 24 日に臨時参議院は同諮詢案を審議した．この結果，武昌蜂起日の 10 月 10 日を国慶日に，南京政府成立日の 1 月 1 日と南北統一日の 2 月 12 日の 2 日を記念日にすることが決まった．すなわち，南北統一日を 3 月 10 日から 2 月 12 日に改めると共に，国慶日と記念日の 2 種に分け，前者を 10 月 10 日に，後者を 1 月 1 日と 2 月 12 日に定めた．臨時大総統令は 9 月 28 日に発せられたが，湖南省ではすでに記念式典の準備に入っていた．1912 年の農暦 8 月 19 日は，西暦では 9 月 29 日である．そして，1912 年の湖南省では，9 月 29 日，30 日，10 月 1 日の第 1 回目と，10 月 10 日，11 日，12 日の第 2 回目の，2 度の革命記念式典をおこなうことになったのである［小野寺 2005］．

1911 年 10 月 10 日の武昌蜂起後，清軍と革命軍の攻防は，湖北省の中南部，漢口の西に位置する荊州（けいしゅう）の地で，一大決戦を迎えた．荊州は革命軍と満洲八旗の激しい戦闘をへて，革命軍の手に落ちた．1912 年 1 月 1 日，湖南省城では，荊州における革命軍の戦勝を祝う祝賀会が開かれた．湖南都督譚延闓は布告において，湖南都督府や各衙門，各公共団体に国旗の掲揚と共に，漢の字を

記した白旗の新調を命じ，五色旗と白旗を併用した．しかし，南北統一の記念式典では，湖南全省で紅・黄・藍・白・黒の五色旗の掲揚と，白旗や二紅一黄旗の撤去を命じた．白は，浄化と新しい世界の到来を意味した．ここに，白を象徴とする革命が，紅・黄・藍・白・黒の五色旗に入れ代わることになった［藤谷 2008］．この間，湖南都督譚延闓は，民衆の辮髪を強制的に剪り取る方策に出た．古くから，中国では，霊魂を盗む者は，男なら辮髪の先，女なら襟に呪文をかけた他，枕の上か下に人名の記された物を置き，その名を呼びつつ杭を打ち込んだ．霊魂を盗まれた者の前には，病か死が待っていた［キューン 1996：94-118］．このため，民衆は，湖南都督府の官憲に対して辮髪を留めることができるよう哀願したが，許されなかった．湖南都督府の政策は，民衆の願望や世界観と乖離した．換言するならば，湖南都督府は，辛亥革命が末劫論に支えられて成立したものでありながら，民衆の願望や世界観を抑圧した．この結果，民衆は，郷紳の「公議」を媒介として，自らの願望や世界観を政治に反映させ，回路を喪失し，よりいっそう末劫論に傾斜したといえよう．

中華民国でも，毎年のように，湖南省だけでなく中国の各地で，中秋節には蜂起の謡言が起きた．1912年9月，北京では中秋節の蜂起の謡言が起きた．同月，江西省では，会党の洪江会が中秋節の夜に蜂起するという謡言が起きた．また，湖南省でも，中秋節を前に蜂起の謡言が起き，湖南都督府は戒厳令を布いた．湖北省でも，紅燈会が中秋節の翌日，9月16日（農暦8月16日）に蜂起した．1913年，黒龍江省では，中秋節に黄天教の蜂起が噂された．1913年は，第二革命が挫折した年である．湖南省では，第二革命の挫折後の9月7日晩，農暦では8月7日晩より，軍隊の蜂起の謡言が起こり，「（農暦）8月15日，中秋節に大事件が起こるであろう」と唱えられ，白い腕章や，「討袁軍（袁世凱の討伐軍）」の白い旗が摘発された．1914年9月から10月にかけては，上海や湖北省の武漢で，中秋節の蜂起の謡言が起きた．また，1915年9月にも，湖南省で中秋節の蜂起の謡言が起きた．さらに，1917年9月には，上海と湖南省で蜂起の謡言が起きた．同じ頃，1917年9月には，北京や天津で，清朝最後の皇帝である宣統帝溥儀の復辟（退位した皇帝が再び帝位に着くこと）を唱える謡言が現れ，「小宣統別着急，八月十五掛龍旗（宣統さん焦りなさんな，農暦8月15日には龍旗が掛かろう）」と称えられた．中華民国期の中秋節の謡言は，次の二

点の特徴を持った．第一点は蜂起の対象が清朝政府や満洲族ではなく，中華民国や湖南都督府に向けられたことである．第二点は蜂起の主体が，宗社党のほかに，洪江会など会党と深い繋がりを持ったことである［藤谷 2004］．

おわりに

　本章では，清末の湖南省の政治を，心性に着目して考察することにより，湖南省の辛亥革命の特徴を明らかにした．表1は，湖南省の辛亥革命の特徴を，知識人の世界と民衆の世界の二つに分けて二項対立的に整理したものである．もとより，一つの出来事は多様性と重層性を備えており，二項対立的に画然と分けることはできない．何となれば，各々の間で相互交渉がなされているだけでなく，さまざまな中間項が存在するからである．そして，歴史研究で重要視される事柄は，このような複数の世界が相互に交渉し浸透しあう場面である．ただし，ある出来事が一つの階層や複数の階層でどのように多様な受け止められ方をしたのかという点に着目した場合，便宜的なものとはいえ，表1のように各々を二項対立的に示すことは，無意味なことではあるまい．表1の左側，すなわち知識人の世界は，これまで多くの研究において語られ意味を与えられてきた部分である．これに対して，表1の右側，すなわち民衆の世界は，これまで余り語られず意味も与えられてこなかった部分である．しかし，湖南省の辛亥革命では，これまでの考察で明らかなように，民衆の願望や世界観が大きな意味を持った．そして，この点に着目することにより，湖南省の辛亥革命の特徴が明らかになり，かつこれまで何が多く語られ何が余り語られてこなかったのかについても鮮明になるのではなかろうか．

　辛亥革命の前夜，複数の彗星が地球に接近した．彗星の地球接近は，知識人にはあらかじめ知られていた．そして，各新聞や雑誌は，彗星の地球接近が周期的なものであり，かつ彗星の地球接近が科学的に証明されており，何ら特別の意味を含まないと説いた．しかし，民衆は，彗星の出現を王朝の交替や戦乱の予兆と考えた．1911年10月6日（農暦8月15日），湖北省の武昌では，革命軍が蜂起を計画した．時に，民衆は同日を中秋節の蜂起伝説，すなわち「殺家韃子」伝説と結び付けて考え，中秋節の蜂起の謡言が起きた．10月22日，湖

表1 交錯する二つの世界

	知識人の世界	民衆の世界
彗星	周期的軌道による地球への接近	王朝の交替や戦乱の予兆
時期	西暦1911年10月6日 （湖北省の蜂起計画日）	農暦8月15日：中秋節 （「殺家韃子」伝説の日）
革命軍	新軍の兵士や会党の成員	救世主の使者（白い腕章）
都督	譚延闓（進士，湖南諮議局議長）	焦達峯（会党の首領，姜守旦の化身）
時間	直進する時間	循環する時間
色	五色旗：紅・黄・藍・白・黒	白旗
衣装	軍服と学生服 （「国民」統合の規範）	戯劇の武生の衣装 （神々や英雄の憑依と秩序の回復）
伝説	「殺家韃子」伝説（「排満」論）	中秋節の蜂起伝説（末劫論）
剪髪	「文明」の指向，「尚武」の精神	霊魂の喪失，病気，死

南省城で革命軍が蜂起すると，革命軍は腕に白い腕章を付けて行進した．民衆は，白い腕章の革命軍を，末劫の到来にともなう救世主の出現ととらえた可能性もあった．革命軍は，地域社会の伝承や民衆の観念を蜂起に利用するため，あえて彗星の地球接近日や中秋節を蜂起日に設定し，白い腕章を付けたのではなかろうか．なお，湖南省城の各街巷では，戯劇の武生の装いをした若者が出現した．若者は，自らを神々や英雄と一体化させることで，悪の平定と至福の世界の実現を図った．ただし，中華民国の成立後，湖南都督府は，地域社会の伝承や民衆の観念の抑圧に転じ，民衆に対して剪髪，すなわち辮髪を剪るよう布令を出した．辮髪を剪ることは，知識人や学生にとっては「文明」の指向，「尚武」の精神を意味した．しかし，一部の民衆は，剪髪を霊魂の喪失，病気や死ととらえ，剪髪に激しく抵抗した．

1911年10月22日の湖南省の革命軍の蜂起は，新軍の兵士や会党の成員が，地域社会の伝承や民衆の観念，とくに末劫論を巧みに利用することで，成功裡に終わった．末劫論は，預言書などを通じて，地域社会で脈々と言い伝えられた．代表的な預言書に，『焼餅歌』がある．『焼餅歌』の文句の「手に大刀九十九を執り，韃子を殺し尽くして方めて手を罷めん」は，「殺家韃子」伝説，すなわち元末の漢人の蒙古人に対する蜂起伝説を意味するといわれた．「殺家韃子」伝説は，中秋節の風習と結び付き，やがて末劫論を内包した．革命派は，『焼餅歌』の文句を，「排満」論の鼓舞のために用いた．しかし，一部の民衆は，『焼餅歌』の文句を，末劫の到来と救世主の降臨，至福の世界の顕現を示すも

のとして受け止めた可能性がある．湖南省では，中秋節には蜂起の謡言が周期的に起きた．もとより，中秋節の蜂起の謡言は「殺家韃子」伝説に由来し，「殺家韃子」伝説は民衆の中秋節に託した願望や世界観によって支えられていた．このように，湖南省の地域社会には，異なる時間意識と世界観を内包する複数の観念や目的が混在し，異なる時間意識と世界観は，不可逆に直進する時間のなかで未来に理想を設定する形と，循環する時間のなかで歴史の始原に理想を設定する形の，異なる考え方が存在した．そして，異なる考え方の一方には末劫論が存在し，民国初期においても一部の民衆を蜂起へと誘っていたのである[5]．

注
(1) アーノルドは，このような文化的な基盤に着目する研究の特徴について，研究者が「過去には今と違った「考え方」が存在していた」という見解に立ちながら，「人間の相互作用がもつパターンや人びとがなす行為の裏にある語られることのない理由（認識されていないことすらある）について考える方法が必要だ」と認識するようになった点に求めている．そして，その上に立って，「〔心性とは〕ある時代の文化とそれがどのように人びとの思考や行動に影響を与えるかを示す略称である」と述べたのである［アーノルド 2003：140-142, 153］．
(2) バークは，民衆文化の語について，民衆文化があたかも均質であるかのような誤解を与え，かつ他の階層の文化との差異を過度に強調しがちであるという問題点を指摘し，民衆文化をある階層や社会集団の属性に還元して定義するのではなく，「「民衆的なもの」とは，たとえばフロイトのいう我らすべての内面にある「反逆的なもの」である，と定義しなおすことができるかもしれない」と述べている［バーク 1989］．民衆文化は，重層する文化の，より深層に位置するものとして柔軟にとらえる必要がある．
(3) 日本の中国近代史研究で，湖南省に着目した代表的なものに，［中村義 1979；清水 1992；塚本 1994］がある．
(4) 小島毅は，中国の「公議」の特徴を次のように指摘している．中国では，「私」同士が角突きあわせる空間は，常に外側の円の「公」に包摂されるという，同心円的構造を取った．換言するならば，内側に自私自利に努める身があり，外側に究極の「公」としての天下が存在し，双方は二項対立的な関係を示してはいなかった．すなわち，家内部の身同士の衝突は，「公」としての家長・族長が解決し，家同士の衝突はその外側の「公」が抑えるというように，「私」は始めから「公」によって解消される仕組みになっていた．家や国は，代表者が全人格的に「公」を体現することで，内部の秩序を保っていたのである．ために，君主は，天下を代表しているがゆえに，「私」に走ることが厳しく批判された［小島 1998］．
(5) 孫江は，中華民国期の政治と末劫論との関係について，次の二つの事例を紹介

している．第一点は，1949 年に一貫道の流布させた一連の謡言であり，なかには「民国 38 年〔1949 年〕は最後の災難がやってくる年だ．民国 39 年に黒い風が 49 日間吹く．天も地も暗くなり，砂が舞い上がり石が転がり，天地がひっくり返る」のように，末劫の到来に仮託した中国共産党批判があった．第二点は，1930 年代初期，中国共産党の賀龍の活躍した湘鄂川黔ソビエト根拠地で，「太陽が現れて満天が赤い．槍を拾いで賀龍に従え」などの賀龍を称える歌が流行したことである．同文句は，民間宗教結社の白陽経の経典『太陽経』の中で末劫の到来を預言した「太陽が現れて満天が赤い．家々の門前を通る」に由来した〔孫 2007：501-503, 537〕．すなわち，一方は末劫論を利用して中国共産党の権威を否定し，他方は末劫論を利用して中国共産党の賀龍を称えていた．このことは，依然として末劫論が民衆にアピールするものであったことを示す．

〔参考文献〕
アーノルド，ジョン・H.　2003『歴史』（新広記訳），岩波書店
石山福治　1935『歴代厳禁秘密絵本　予言集解説』第一書房
市古宙三　1977『近代中国の政治と社会〔増補版〕』東京大学出版会
沖浦和光　1991『竹の民俗誌――日本文化の深層を探る』岩波書店
小野信爾　1978「辛亥革命と革命宣伝」小野川秀美・島田虔次編『辛亥革命の研究』筑摩書房
小野寺史郎　2005「民国初年の革命記念日――国慶日の成立をめぐって」『中国――社会と文化』20 号
北田英人　1993「14-19 世紀江南の年中習俗――物の誕生日・中秋節と時間原理」『和田博徳教授古稀記念　明清時代の法と社会』汲古書院
キューン，フィリップ・A.　1996『中国近世の霊魂泥棒』（谷井俊仁・谷井陽子訳），平凡社
小島毅　1990「城隍廟制度の確立」『思想』792 号
――　1998「中国近世の公議」『思想』889 号
酒井忠夫　2000『増補　善書の研究』上・下（酒井忠夫著作集 1・2），国書刊行会
佐藤公彦　1999『義和団の起源とその運動――中国民衆ナショナリズムの誕生』研文出版
――　2006「ドイツ連邦公文書館所蔵の義和団関係資料について」『東京外国語大学論集』72 号
清水稔　1992『湖南五四運動小史』同朋舎
曽田三郎　1976「辛亥革命における湖南独立」『史学研究』〔広島〕133 号
孫江　2007『近代中国の革命と秘密結社』汲古書院
武内房司　1991「『明王出世』考――中国的メシアニズムの伝統」『老百姓の世界――中国民衆史ノート』7 号
塚本元　1994『中国における国家建設の試み――湖南 1919-1921 年』東京大学出版会
中村喬　1990『続中国の年中行事』平凡社
中村義　1979『辛亥革命史研究』未来社

バーク，ピーター　1989「新しい歴史学と民衆文化」（近藤和彦訳），『思想』784号
藤谷浩悦　1993「1910年の長沙米騒動と郷紳——中央と地方の対抗をめぐって」『社会文化史学』31号
——　1998「清末，湖南省の政局と「公議」——長沙における「華洋雑居」問題を中心に」『社会文化史学』39号
——　2001「清末，湖南省長沙の民衆文化と革命——1910年の長沙米騒動における掲帖を中心に」『近きに在りて』39号
——　2003「清末民初，湖南省長沙の祭祀と民衆——城隍賽会の中止をめぐって」『アジア民衆史研究』8号
——　2004「1906年の萍瀏醴蜂起と民衆文化——中秋節における謡言を中心に」『史学雑誌』113巻10号
——　2006「清末，湖南省における暴力と秩序——1910年の長沙米騒動を中心に」『歴史評論』681号
——　2008「湖南省の辛亥革命と民衆文化——姜守旦再来の謡言を中心に」馬場毅ほか編『改革・変革と中国文化，社会，民族』日本評論社
山田賢　1998「世界の破滅とその救済——清末の〈救劫の善書〉について」『史朋』30号
——　2006「清末湖南の反キリスト教運動と「正しさ」の系譜」『アジア民衆史研究』11号

朱介凡　1989『中華諺語志（六）社会—軍事・礼俗』台北：台湾商務印書館

第8章

「藩部」と「内地」
20世紀前半の内モンゴル

広川佐保

はじめに

　清代，内・外モンゴルの盟旗（旗とはモンゴル地域の行政単位であり，複数の旗をたばねたものが盟である）地域は新疆，青海，チベットとともに「藩部」として位置づけられ，「内地」と異なる秩序のもとに置かれていた[1]．清朝は歴代中国王朝ないし明朝の支配秩序体系を継承したが，あらたに「藩部」をその支配下に組み込んだ．「藩部」とは清初期，「外藩」とされ，清朝の藩屏（かこい，すなわち王室を守るものの意）として封じられたモンゴル王公，およびその集団を指すものであったが，さらに王公の支配地域も意味するなど，地域概念としても用いられた．「藩部」を統括する理藩院は蒙古衙門を前身とし，モンゴル関係の事務処理機関であったが，清朝が支配領域を拡大すると組織を拡大していった［片岡 1991: 24-29］．清代モンゴルの司法制度を検討するなかで萩原守は，清朝統治下において「藩部」の支配体制は均質ではなく新疆やチベットに比してモンゴルは厳格な支配下に置かれていたことを指摘している［萩原 2006］．また，清初期から内モンゴルの有力王公は清朝帝室と婚姻関係を結ぶなど，清朝と一体化しており，モンゴル地域は他の「藩部」地域とは異なる様相を見せていた．清朝統治下におけるモンゴル人居住地域は，ハルハ・モンゴル（いわゆる外モンゴル）のほか，内モンゴル6盟，フルンボイル，チャハル，および青海，新疆地域などにも広がっていた[2]．モンゴルの各旗には，ジャサ

グ旗（ジャサグ＝旗の長を指す），ジャサグが置かれない内属旗，そして八旗に編入された八旗蒙古などが存在していた．清初期八旗に編入されたモンゴル人は主に清朝の「藩部」統治の実務を担い，チベット統治にも深く関わった［村上 2007］．

岡洋樹は，ハルハを事例として，清が既存のモンゴル社会集団の秩序を制度に取り込んだことを指摘している．清はそれぞれの社会集団を旗（ホショー）に再編し，各集団の支配者をジャサグに任命したが，これ以降，ジャサグは世襲王公と官僚という性格も併せ持つことになる［岡 2007a］．ジャサグは世襲王公として自らの旗では絶大な権力を持ち，そのもとで旗民は遊牧生活を営んでいた．清朝時代，旗の地域（蒙地）は，「封禁政策」に基づき，原則的には漢人農民の入植やそれに伴う開墾，および漢人商人の入境が制限・禁止されていた．

こうした「封禁制度」にもかかわらず，実際にはモンゴルにおいて漢人の進出が進んでゆくことになる．たとえば，清朝時代，ハルハには漢人商人が進出していたが，18 世紀初頭にはハルハの一部地域において漢人が農業を営み，これがしばしば問題を生み出していた［佐藤 2008］．また内モンゴルでは，清朝の許可を受け，ジャサグの主導のもと，蒙地の開墾と漢人移住が進められた．その後，内モンゴルの各旗では漢人人口の増加により，言葉や慣習の異なる漢人を統治するため，旗内に県・設置局を設定していく．ただし，いずれの場合も漢人はモンゴルとは異なる統治体制下に置かれていた．

このように清朝統治下のモンゴル地域では，漢族とモンゴルは同一地域に共存しながらも，それぞれ異なる支配系統に属するなど，二重支配体制が生み出されていたのである［岡 2007b: 71］．これら漢人移住による社会経済の変化には地域的差異があり，20 世紀初頭，ハルハやフルンボイルでは遊牧が主な生業であった．南部に位置するジョーオダ，ジョスト盟では，20 世紀初頭，ほぼ全域に漢人農民の移住が進み，県や庁が設置されていた．さらに 19 世紀末より，ジリム盟のモンゴル各旗では漢人移民の流入により，牧地の減少と人口の密集が進みつつあった．南部のジョスト盟ではモンゴル人と入植漢人との民族対立が先鋭化していたが，漢人移住者は宗教結社として結集し，反モンゴル・反キリスト教の金丹道事件（1891 年）を引き起こした．金丹道事件によっ

て南部各旗は大きな被害を受け,これらの地域のモンゴル人はジリム盟地域へ避難・移住していった.その結果,モンゴル社会内部の農耕化がさらに促進されることとなった[ボルジギン 2003].このように清朝統治下の内モンゴルでは,「藩部」という地域的枠組みや支配体制は保持されたものの,内部では開墾が進み,その実態は変化しつつあったのである.

こうした清朝の「藩部」支配の枠組みは辛亥革命以降,帝国支配の崩壊とともに再構築へ向かう.1910年代以降,モンゴル人居住地域は大きな政治的変動のなかに置かれ,ハルハが「中国」から離脱する一方,内モンゴルは「中国」の領域にとどまり,中央から「周縁」部,ないし統合の対象とみなされていく.こうした清朝の方向転換と地域社会の「内地」化は,「藩部」地域に共通して見られた現象であるともいえる.本章では内モンゴルの東部地域を中心に,民国期の省設置と地域社会の対応について検討したうえで,満洲国期(1931-45年)にいたるまでの内モンゴルの社会変化について考察する.これにより,20世紀前半,いわゆる「藩地」と「内地」のあいだにどのような関係が生み出されつつあったのか明らかにしたい.

1. 清末から民国期における,内モンゴルの「内地」への接合

辛亥革命とモンゴル

19世紀末以降,対外的危機にさらされるなかで,清朝は官制改革にともない「新政」を計画していくこととなる.その際,清朝内部では,行政機構・制度の改革とともに新式軍隊の配備,学校・保健衛生施設の設置などが検討されていた.この際,清朝側は粛親王善耆を内モンゴル有力王公のもとへ派遣し,そこで意見を聴取させたが,ほとんどが賛同の意を示した.一方,ハルハの王公や僧侶はこれら新政策に対し,強く反発した.彼らは新政策が施行されれば,モンゴルが中国本土の「省」と変わらなくなるとし,すでに内モンゴルではそのような兆候があるとみていた.ハルハ側の反発にもかかわらず清朝は新政策を撤回することなく,1908年,庫倫辦事大臣のサンド(三多)をハルハに派遣し,行政機構の改革や進軍配置,漢人農民による開墾計画などを強行していった.これに対し,ハルハ側は1911年夏の法会(チベット仏教の宗教儀式)を機

会として,ロシアへ援助を求めることを協議・決定する.この決定を受けてハルハの密使は高僧ジェブツンダムバ・ホトクト8世とハルハ四部ハン連盟の,ロシア皇帝宛ての密書を携えロシアへ赴いた.これらハルハの動きにロシアは困惑するものの,北京駐在ロシア公使を通じて清朝政府に「新政」停止を要求した.こうして1911年9月,ロシアの外交圧力を受け,清朝政府はハルハにおける「新政」を停止するが,その後すぐに辛亥革命が勃発した.辛亥革命を契機としてハルハの指導者たちは,すぐさまジェブツンダムバ・ホトクト8世を推戴してボグド・ハーン制モンゴル国の独立を宣言したのであった〔中見1994〕.これら変化の波は内モンゴルへも波及し,不安定な政治情勢が生み出されていく.

北京政府の内モンゴル支配

新たに誕生した中華民国は,モンゴル王公の帰順を図るために,1912年8月,「蒙古待遇条例」を発布する.同条例の概要は,モンゴルを「内地」と同様に待遇することや,従来の各モンゴル王公の「管轄治理権」,および内・外モンゴルのハン,王公,タイジ(貴族)の世襲爵位や特権を従来どおり認めること等の方針が示された.さらに1914年,北京政府により,モンゴル地域では,蒙蔵院設置と特別行政区の設置という二つの転機がもたらされた〔貴志1989〕.まず5月,北京政府は,蒙蔵事務局を廃止して大総統直属機関として蒙蔵院を設立した.蒙蔵院の管轄範囲は,内・外モンゴル,チベット,新疆とされ,初代総裁にはハラチン右旗ジャサグのグンサンノロブが就任した.さらに7月,北京政府は,ジョーオダ,ジョソト,イフ・ジョー,オラーンチャブ各盟,チャハルなど従来,都統(軍制の長官)の管轄範囲に省の設置準備機関として,熱河,察哈爾(チャハル),綏遠特別区を設置した.このように清末より国内では盟旗制度を廃止し,省を設置するという「モンゴル省設置問題」が繰り返し提議されていたが,これに内モンゴル王公は激しく抵抗していた〔白拉都格其2002: 263-264〕.

そのさなか,中華民国,ロシア,ボグド・ハーン政権の間でハルハ・モンゴルの独立問題を協議するため,1914年9月よりキャフタ会議が開催された.その結果,1915年7月のキャフタ協定により,ハルハの「自治」が承認され,

同年フルンボイルにも「区域自治」が認められた．しかしながら内モンゴルはこれらの動きから除外され，「中国」の領域内にとどめられた．当時，ボグド・ハーン政権に参加していた内モンゴル出身のバボージャブは軍事行動を起こし一時は日本とも協力するものの，結局張作霖軍に敗北した［中見 2001: 124-125］．その後，ロシア革命によりシベリア地域で混乱が生じると，中華民国はハルハ及びフルンボイルの「自治」を取り消した．

当時北京政府は内モンゴルの直轄支配を進めるとともに開墾政策の統制を試みていた．たとえば北京政府は1915年に「蒙荒奨励条例」を制定し，旗所属のタイジ（貴族）等による蒙地の開墾を奨励する一方，未許可の私的な開墾を禁止し，これに罰則を設けた．さらに1915年11月，政府は蒙蔵院の草案をもとに，「蒙古荒地私放禁止の通則」を公布する．同通則では，旗が「出放」（土地を開墾させること）する荒地は公有・私有を問わず，すべてジャサグを通じて地方行政長官に照会して中央政府に報告し，その認可を受けることが規定された［蒙蔵院総務庁統計科：73-75］．また1915年，北京政府，および蒙蔵院は「辺荒条例」を公布し，モンゴル，チベット，青海等の遊牧地域における開墾事業の方法を規定していた［白拉都格其 2002: 259-262］．

以上のように北京政府は土地に係る法令を発布して，内モンゴルないし旧「藩部」地域の開墾を統制しようとしていたが，地方政府による開墾事業を統制することは容易ではなかった．たとえば，当時東三省各政府（奉天，吉林，

図1 1920年代の内モンゴル東部地域（筆者作成）

黒龍江）は，隣接する内モンゴル地域への経済的干渉を強め，各旗に開墾を要求していた．これに対し，財政的にも軍事的にも劣る内モンゴル各旗は開墾を受け入れるほかなく，旗内部には県の設置が進むことになる．さらに東三省各政府は各種法令を公布して県への支配強化を強め，盟旗制度との切り離しを試みていた．

1920年代後半の内モンゴル各旗では，清代と同じく世襲のモンゴル王公が旗内を統治する体制に変わりはなかった．三特別区設立後，内モンゴルではかろうじて盟旗制度が維持されるものの，モンゴル人居住地域を束ねるような地域的統合は達成されていなかった．清朝崩壊後，モンゴル地域ではさまざまな地域の民族主義者が活動し，1919年にはブリヤート，内モンゴルの民族主義者が全モンゴル地域の統合をめざすなど，大モンゴル国構想の動きも見られた［二木 1997］．その後内モンゴル各地では複数の知識青年グループが活動を開始し，これらが合流して結束を強めた．彼らは1925年10月，張家口において内モンゴル人民革命党第1回大会を開催し，ここでモンゴル人民の解放や完全な自治等を求めること，及び王公による旗支配の排除などを宣言した．同会議には中国国民党代表，共産党代表のほか，モンゴル人民共和国代表も参加していた．しかし同党は，ハラチン代表の白雲梯とフルンボイル代表メルセ（郭道甫）の対立や，中国での国共合作の崩壊などの影響を受けて分裂してしまう［二木 1984］．その後，白雲梯らは内モンゴル国民党と称し，中国国民党との合流を図ることとなる．

国民政府の改省計画とモンゴル代表団の結成

次に，国民政府の全国統一以降の内モンゴルに対する施策について見ていくことにしたい．国民政府は1928年6月，全国統一を達成するが，それに先んじて民族統治機構を整備するとともに，内モンゴルの三特別区政府の改省を進めていく．1928年3月，国民政府はチベットおよびモンゴル地域を国防の要衝ととらえ「蒙蔵委員会組織法」などをもとに，民族統治機関の設立を進めた．蒙蔵委員会は北京政府の蒙蔵院を継承する組織であったが，総裁制を委員会制に改めるなど組織の変革が図られていた．

国民政府の全国統一を目前にして，北平在住のモンゴル人有力者たちは，内

モンゴルの自治と今後について協議を重ねていた．そのさいハラチン右旗ジャサグのグンサンノロブの支持を受け，アヨールグイ（ハラチン右旗出身，1922年参議院議員，1926年ジョスト，ジョーオダ両盟辦事処処長），及びラブサンチェジュール（同旗出身，1913年参議院議員），呉鶴齢（同旗出身，北京政府内務部主事）らは，ジョスト，ジョーオダ両盟辦事処の名義で内モンゴルの各盟長・旗長に連絡を取ることとなる．これによって彼らはシリンゴル盟長ソドノムラプタンやフルンボイルの凌陞（りょうしょう），ジリム盟盟長チメドサムピルやその叔父アムルチンゲルトなどモンゴル人有力者の同意を取り付けた．そのうえで呉鶴齢たちは同6月「モンゴル代表団組織大綱」をもとにモンゴル代表団を組織したが，これには内モンゴル各盟，部，旗より王公，有力者など60名あまりが参加していた．このさいモンゴル代表団は，中央を擁護するとともに三民主義を順守することを誓い，モンゴル自治の要求と省県設置反対を掲げていた［札奇斯欽 2007］．ただし，「藩部」の省設立に対する反応は地域によって異なり，同年8月に康蔵（カム・チベット）代表は8月に三省設置案を提出していた（『盛京時報』1928年8月16日）．7月以降，モンゴル代表団は中央政治委員会や蒙蔵委員会に対して，数度にわたり改省案の保留を求めた．

　モンゴル代表団の請願にもかかわらず，国民政府の改省問題は進んでいき，9月初旬，内政部の立案を経て第153回中央政治会議において「内政部審議各特別区改省案」が提出された．同案では，熱河，チャハル，綏遠，青海，西康を一律に改める方針が示され，同6日の第165回中央常務会議を通過した．その後，9月17日，国民政府は「国民政府改熱河等区為行省通電」により改省を各地に通達する［中国第二歴史檔案館 2000：3；熊 1931：240］．さらに国民政府は省政府設立を具体化させていき，10月12日，第158回中央政治会議においてチャハル省，綏遠省両政府委員を選出した．この際，チャハル省主席に趙戴文（同年11月，楊愛源に交代）が就任し，同政府委員（7名）のモンゴル人委員として，シリンゴル盟盟長のソナムラプタン（西ウジュムチン旗ジャサグ），サムタンドンロブ（チャハル，タイブス旗総管）が任命された．また，綏遠省主席には徐永昌が就き，同省委員（7名）のモンゴル人委員として，イフ・ジョー盟盟長のシャグダルジャブ，ウランチャブ盟盟長のユンタンワンチョグ（ハルハ右翼旗ジャサグ）が任命されることとなった（『中央週報』第19期，1928年10月15

日）．これら新設の2省の委員には，漢人とモンゴル人それぞれにポストが充てられたが，各省の実権は漢人側が握っていた．

こうした政府の改省計画政策に対し，モンゴル代表団は納得せず，請願運動を継続させ，同11月，代表10名が南京へ向かった．12月，モンゴル代表団は蔣介石と面会し，国民政府に対して要望を提出する．ここでのモンゴル代表団の主張は，中央・各関係省に蒙事機構を分設し，蒙蔵委員会を改組すること，および各省に蒙旗自治委員会を設け，モンゴル人を採用することなどであった．12月末，モンゴル代表団は，こうした主張に加え各旗に参事会を設置すること，各旗のジャサグ府（衙門）を旗政府に改称し，ジャサグを委員に変更すること，盟政府を置くことなど，盟旗組織の改革を求めた［呉 1987:109-111；ボルジギン 2007］．しかしこれらモンゴル代表団の主張は，将来的に世襲王公制度の廃止につながるものであり，それゆえシリンゴル盟王公の徳王やジリム盟長チメドサムピルらの反発をまねき，やがてモンゴル代表団の運動は分裂していくこととなる．

国民政府内では蒙蔵委員会の組織化が進められ，1929年1月30日，第173回中央政治会議において「蒙蔵委員会組織法」，「蒙蔵委員会駐平辦事処規則」を通過させた．同2月1日，蒙蔵委員会が正式発足し，初代委員長に閻錫山(えんしゃくざん)（山西省主席）が就任する．さらに3月に開催された第三回全国代表会議では，全国代表大会政治報告決議案「蒙蔵と新疆」により，三民主義をモンゴル，チベット，新疆などの「辺省」に実行することが宣言された［熊 1931:60-61］．4月になると，呉鶴齢は蒙蔵委員会の求めに応じて同委員会参事に就任し，政府内部からモンゴル政策に関わるなど方向転換を図った．当時，蒙蔵委員会は，各盟旗，及び沿辺各省政府に対してモンゴル・チベットの墾牧に関する具体的規則を送付するよう求め，中央各機関へも土地法規等収集を求めていた．さらに蒙蔵委員会はモンゴル，チベットの王公，僧侶の世襲爵位や封号の返上奨励政策を推進していた（『民国日報』1929年4月3日，1929年4月29日）．ちょうどこのころ，ウリヤンハイ左翼のジャサグ位継承問題が生じていたが，5月15日に開催された第181回中央政治会議では，モンゴル・チベットの行政制度は，従来どおりとすることが取り決められた［熊 1931:89］．その後，6月17日開催の第3回第2次全体会議では「モンゴル・チベットに関する決議案」により，

今後「蒙蔵会議」（後に蒙古会議とされる）を開催することが決定された．

　以上のように，国民政府内部では，モンゴルやチベットなど旧「藩部」地域における改省問題や社会制度の改編が焦点となっていた．またこのころ，これら国民政府の制度改革と並行して，内モンゴル各地では，地方政府による大規模な開墾事業が進展しつつあった．このように1920年代末，内モンゴルは，領域の再編と制度的変革に直面したが，これらは「藩部」の解体と「内地」への接合を意味していた．次にこうした中央における変革の波が内モンゴル各地でどのように受け止められたのか，そして各地のモンゴル人はどのような動きを見せたのかが問題となる．次節では奉天省によって開墾政策が実施されたジリム盟の事例を取り上げて検討することとしたい．

2. ジリム盟における盟旗改革

興安屯墾公署の設立と蒙旗処の設立

　まず，はじめにジリム盟の開墾状況と周辺との関係について述べておきたい．清代，ジリム盟のモンゴル各旗は，清朝の許可を受けて蒙地開放を実施したが，その際，モンゴル側（旗やジャサグ）は旗内に地局を設置し，漢人農民から「蒙租」（蒙地の使用料）を徴収した．蒙地開墾後も，その開墾地の「所有権」は，旗・ジャサグにあるとされ，移住者には「使用権」が付与されたにすぎなかった．こうして20世紀初頭までにジリム盟各旗では，開墾が進み，旗内の土地に次々と県が設置されていった．さらに民国成立後，国内におけるモンゴルの立場が相対的に低下すると，黒龍江，吉林，奉天各省政府はこれらの県に対する支配権を強めていき，土地権利関係の整理や漢人農民の権利の強化を図ろうとする．たとえば1910年代後半より，奉天省政府は隣接する県地域（開墾された蒙地）において，土地の測量や地税賦課を実施し，省の支配下に組み込んでいった．このころ東三省の権力を握った張作霖は，数度にわたってジリム盟地域への省設置を中央に請願していたが，これに対しモンゴル側は不満をつのらせていた．たとえば，ボヤンマンダホやマニバタラなどの知識人は，旗の制度改革や王公・貴族に対する要望などを掲げて対抗しようとしていた．その一方で，ジリム盟の王公の多くは，旧来の「藩部」体制の維持を求め，奉天

省と協調することにより自治を獲得しようとしていた.

　かねてより北部のフルンボイルは民族運動が盛んな地域であったが,1928年6月に張作霖爆殺事件が起きると,メルセや福明泰らフルンボイル青年党が軍事暴動を起こし,ハイラルを占拠する事件が起きた(フルンボイル事件).フルンボイル青年党の活動はコミンテルンの援助を受けていたとされ,後にメルセ自身は自著において,フルンボイル青年党が1917年結成のフルンボイル学生会(もしくは青年会)を起点とすることや,当時「武装革命」によりフルンボイルの完全「自治」を回復しようとしたと述べている［郭1931］.同事件により東北地域は不安定な情勢に置かれるものの,その後事件は終息に向かい,メルセは張学良と妥協して9月末に東北長官公署諮議に就任し,後に東北蒙旗師範学校の校長となる［奥登掛1996］.

　その後,東北地域において張学良は張作霖政権を継承し,国民政府へ合流の動きを強めるとともに同政府の方針を受けて,「裁兵」(兵の縮少・削減)に着手していく［康2000］.1928年7月,砲兵隊長の鄒作華(すうさくか)は,索倫(ジリム盟)周辺における開墾計画を練り,張学良の許可を受けて8月より調査を実施した.さらに奉天省政府は,1928年9月,興安屯墾区公署(奉天)を設置し,鄒作華が興安屯墾督辦に就任した.このさい興安屯墾区の範囲は,索倫県,洮南県のほか,ジリム盟のジャライド旗,ホルチン右翼前旗,同右翼後旗などの未開墾地とされた.当時,鄒作華は,これらの地域を内・外モンゴル,および東三省の中心となるとみていた.興安屯墾区公署は10月より調査を開始し,11月洮南にも興安区屯墾公署を成立させた.当時,鄒作華は開墾の方法について,①蒙民自らの開墾の援助,②軍隊による墾務,③民間による墾務がある,と説明していた.その際,鄒作華は,興安区は農業に適しているにもかかわらず,モンゴル人が耕作をしらず,利益を地に捨て,生計が悪化しているとして,開墾の妥当性を主張していた［興安区屯墾公署秘書処1930: 2, 41］.このように奉天省側は,モンゴルの遊牧は農業に劣るとみなしていたが,ここに両者の対立の根源を見いだすことができるだろう.

　これら屯墾事業の推進とともに奉天省政府は,「国防」の一環として,総司令部秘書庁内部に蒙旗処を成立させた.9月,蒙旗処では処長に林鶴皋(りんかくこう)(元吉林省議会議長)が就任した後,11月に正式に事務を開始した.蒙旗処には処長

以下数十人の職員が配置されたが，そのほとんどは東北出身の軍人が占めた（『蒙旗旬刊』1-9, 1929 年，5-7 頁）．蒙旗処は，奉天蒙旗師範学校の設立準備に携わるとともに，モンゴル語と漢語の旬刊雑誌として『蒙旗旬刊』を刊行し，東北各省の官庁に配布していた．同雑誌は奉天側の宣伝的要素を持ち，主に教育，実業などについてモンゴル人を「啓蒙」する内容を含んでいた．このように張学良は，ジリム盟への屯墾事業とモンゴル人への工作を同時に進めていく．さらに張学良は 10 月なかば，ジリム，ジョソト，ジョーオダ各盟のモンゴル王公を奉天に招集し，興安屯墾事業について説明をおこなった．

　12 月 29 日の「易幟(えきし)」（張学良の主導のもと，東北地域が国民政府に合流したこと）以降，東北地域では東北政務委員会が組織され，張学良は東北辺防軍司令長官，兼東北政務委員会主席に就任し，これらの地域の実権を掌握した．1929 年 2 月，蒙旗処は改編されて東北政務委員会の直轄下に置かれ，新たに袁慶恩が処長に就任する．3 月以降，遼寧（奉天）省政府は興安墾区において今後も県設置を進める計画を公表し，4 月に，東北政務委員会は「興安屯墾公署組織大綱」を批准した．さらに遼寧財政庁は蒙地への賦課を決定したほか，東北地域では今後，興安区に 20 県を設置する計画があることが報じられた（『盛京時報』1929 年 4 月 26 日，同 5 月 6 日）．このように 1920 年代後半より，奉天省ではさらに内モンゴルへの開墾政策を積極的に進め，「内地」化の動きを加速させていった．

ジリム盟各旗会議の開催

　国民政府の改省実施や遼寧（奉天）省による興安屯墾事業の進展のなかで，ジリム盟の王公や有力者たちは「内地」化に対する危機感を高めつつあった．また，国内では共和政治を掲げる国民政府のもと，世襲制度に基づく王公制度はそぐわないとの議論が生まれていた．これに対し，ジリム盟の有力王公であるチメドサムピル（ジリム盟盟長兼ゴルロス前旗ジャサグ）や，ナムジルスレン（ホルチン左翼中旗ジャサグ）らは，多くの開墾地から地租収入を得ており，王公制度の維持や「蒙古優待条件」の保持を強く望んでいたとされる．また，かねてよりナムジルスレンは張作霖と，チメドサムピルは張作相と縁戚関係を築くなど，東北の有力者と関係を保つことで自らの立場を守ろうとしていた．ただ

しチメドサムピルは盟長として民国初期より，一貫して中央に対して省設置反対を訴えていた．

1929年3月25日，チメドサムピル盟長は長春のゴルロス前旗徴租処にジリム盟十旗のジャサグ王公を招集し，ジリム盟各旗会議第1回茶話会を開催した．同会議には，ジリム盟十旗代表，イフミャンガン旗代表が参加したほか，遼寧（奉天）省より東北政務委員会蒙旗処の袁慶恩，吉林省代表として楊遇春，黒龍江省代表として葉（名前不明）が招待されていた．まず，第1回茶話会において盟長のチメドサムピルは，三民主義の遵守や，中国が南北統一した現状に触れ，今後大きな政治変動のなかで，蒙旗の旧制改革が必要であると述べた．茶話会では各王公がそれぞれ意見書を準備し，正式な会議に備えることとなった（『蒙旗旬刊』1-3, 1929年，17-19頁）．引き続き，第2次茶話会（4月3日）が開催され，チメドサムピルが各旗の意見をもとに「蒙旗会議建白書」を取りまとめることとなり，第3次茶話会（4月4日）において以下の三つの事項を公決した．その概要は，第一に，政治体制の変化にさいしてモンゴルは五族の一つであり青天白日のもと新政を厳格におこなうべきである．ただしモンゴルの従来の習慣はすぐさま改めることが容易ではない．「東北辺防長官」に当面，（制度を）維持し，徐々に改善するよう要請すべきである．第二に，各旗の荒地（牧地を指す）は開闢以来，いくらもなく蒙民の生計は憂慮すべき状態となっている．そのため残りの荒地はモンゴル人の生計地とするとともに，「蒙民生計会」の設立を求める．第三に，蒙旗教育は現在，遅れているため，文化促進会を設立し，文化的事業を進めること，などであった．このほかにも参加者のあいだでは，「蒙旗民生協進会」の設立や，僧侶改革や戸口制度について意見が交わされ，第4次茶話会（4月8日）でも議論が継続された（『蒙旗旬刊』1-6, 1929年，17-19頁）．日本側も当時，モンゴル人有力者の動向に着目していたが，当時の日本の外務省記録には，王公間でも意見の対立が見られ，王公制度廃止論さえも論じられたと報告されている（外務省記録JACAR〈アジア歴史資料センター〉Ref. B02031779800 満蒙政況関係雑纂内蒙古関係，1929年5月11日）．

ちょうど1929年3月中旬，会議開催地と同じ長春でジリム盟のマニバタラやボヤンマンダホら知識青年二十名余りは「蒙古平民同志会」成立大会を開催していた．平民同志会の章程は，三民主義精神にしたがい，モンゴル地域で奴

隷制度廃止を進め，蒙民の生計を保持することを宗旨とした．さらにボヤンマンダホたちは貴族に対し，領民に対する人身的支配の廃止や，貴族による地租収入独占の廃止などを求めていた．同大会では和逸庵が会長に，ボヤンマンダホが副会長，マニバタラが秘書長にそれぞれ選出された．その後，ボヤンマンダホは，ジリム盟各旗会議の茶話会にも参加し，そこで激烈な王公批判をおこなったとされる．さらに4月中，蒙古平民同志会は会議を開催し，バトマラブタンやシューミンガら王公を招くなど活動を活発化させていた〔鮑 1993: 198-204；二木 2002: 74〕．

　他方，王公の動きにかんして，4月18日，正式にジリム盟各旗会議が開催され，ここでジリム盟の「建議書」が採択された．その主要な内容は，第一に自決自治の原則により，各盟旗の土地，人民を管理する権利は旧来のままとすることであった．第二はモンゴルの土地の保護を求めるものであった．これについて「建議書」は，元来モンゴル族の土地や租息（おそらくここでは蒙地に対する税などを指す）が（モンゴル）人民の公有に属していたと述べた．そのうえで「建議書」は土地開墾後，モンゴル人が遊牧をおこなうことができなくなり，農牧業からの租息に頼っている現状について説明していた．今後さらに，モンゴル側の租息を奪い，牧場を開墾すれば，離散死亡に至るとし，地方自治の観点から盟旗による蒙地の管理・利用を求めていた．このほか「建議書」には，教育の振興（モンゴル人のための学校設立，国内外への官費留学），交通の発展，実業振興，牧畜の改良などの要望も盛り込まれていた．モンゴル側は「建議書」を遼寧（奉天）省政府に示し，翌19日，会議は閉幕した（『蒙旗旬刊』1-6, 1929年, 11-16頁）．こうしたジリム盟の動きに対し，張学良は4月，東北政治委員会委員長の名のもと蒙旗辦公処を設立することを表明し，さらに5月初旬には各モンゴル王公の固有財産を保護し，モンゴル人の宗教・教育を尊重するとの談話を発表した（『盛京時報』1929年5月4日）．しかしその後も興安屯墾事業は継続され，ついには現地のモンゴル兵との衝突事件，および興安屯墾区公署による王公シューミンガの監禁事件にまで発展する．これら屯墾事業の停止は満洲事変（九・一八事変）を待たねばならなかった．

3. 満洲事変と内モンゴル

満洲国と内モンゴル東部

1910年代，日本は混迷するモンゴル地域の政治情勢に注目し，政府各機関，軍人，商人などが内モンゴルにおいて活動を進めていた．1915年，日本が，中華民国に対華21か条要求を突き付けた後，東北地域における日本の活動は一層活発化し，いわゆる「東部内蒙古」へ進出していった．日本は内モンゴルへの進出と並行して，これらの地域から多くの留学生を招くとともに，各旗のモンゴル王公などとも接触を図った．1931年9月に，関東軍によって「満洲事変」が引き起こされると，関東軍や特務機関関係者は，内モンゴル東部地域の各旗のモンゴル王公や知識人たち，東北蒙旗師範学校や日本留学生のモンゴル人青年との接触を開始し，彼らの満洲国参加を取り付けた．この際，張作霖と関係が深かったモンゴル王公は北京へ逃れ，国民政府に参加したモンゴル人は満洲国に参加することはなかった．当時，内モンゴル東部地域のモンゴル人たちが日本に協力した理由は，モンゴルの「自治」や開墾停止を求めたことにあり，こうした問題について日本側も十分把握していた．1932年3月に満洲国が成立すると，内モンゴル東部地域のモンゴル人は「五族協和」（日，満，漢，モンゴル，朝鮮）の一員となったのである．

満洲国設立後，同政府は新京に中央民族統治機関として興安局（後に蒙政部へ改編）を設置する．満洲国では，内モンゴル東部の盟旗地域に，モンゴル人の居住地域として新たに興安省を設置したが，旧来の旗の制度はそのまま温存した．さらに政府は，満洲国建国の際に功績のあったモンゴル王公を政府中央や省（分省）レベルの官僚に任命したほか，各旗の世襲王公をそのまま旗長に就任させるなど，優遇措置をとったのである．

このように内モンゴル東部地域ではおおむね旧来の制度が維持されたが，満洲国内部では土地を巡る問題が浮上していく．当時満洲国政府は，開墾されたモンゴルの土地を「開放蒙地」（県の設置された地域）と呼び，これを興安省の管轄から切り離し，奉天，吉林，龍江省の領域に組み込んだ．しかしこれらの開放蒙地の漢人農民が蒙租をモンゴル側（旗や王公）に納める状況に変わりなく，彼らは同時に県へも税を納めていた．満洲国は県から省へという税体系の

一元化を進め，モンゴル側の徴収してきた蒙租を封建制度の残滓と見なし，これを廃止しようとする．しかしモンゴル側にとって蒙租は，伝統的なモンゴルの土地権利を象徴するものであり，蒙租の放棄・廃止は蒙地の権利を完全に失うことを意味した．蒙租は「藩部」における二重統治体制から生み出されたものであったが，これに対するモンゴルと満洲国政府の理解には大きな隔たりがあったといえよう．

　建国初期，満洲国政府は，全般的な対モンゴル政策として，モンゴルの伝統的な王公制度や土地制度，僧侶の存在を「三つの癌」とみなして，将来的には王公制度を撤廃し，さらに土地制度改革や寺院改革を進めようとしていた．満洲国政府は，これらの基本方針を公にすることはなかったが，まず1932年7月「旗制」の施行により，モンゴル人の旗内部の「自治」を認めるとともに，身分制度の廃止を提示した．さらに同年11月「興安各分省各旗旗地保全ニ関スル件」を公布し，旗地域における開墾を抑制しようとしていた．また，1940年代より，満洲国政府は宗教政策を実施し，宗教活動の統制を試みようとする．

　1933年3月になると，日本は満洲国南部に位置する熱河省を占領し，ここに錦州・熱河省を設置する．これらの地域は，もとはモンゴル人の居住地域のジョーオダ，ジョソト盟地域を含み，1928年に国民政府によって熱河省が設置された地域でもあった．これらの地域では，県と旗が重複し，かつその領域が一致していないため，行政的な支配権を巡り漢人とモンゴル人の対立が深まっていた．

蒙地奉上──王公制度の解体

　満洲国に包含された，中国東北地域や内モンゴル東部地域は，中国本土と異なる秩序に置かれたため，各省・地域ごとの慣習が残存し，諸制度も統一されていなかった．満洲国は中央集権化を進めていく過程で，経済，民政，司法，治安，国防政策と密接に関わる土地政策の確立を急いだ．まず関東軍内部の方針を受けて1932年以降，満鉄経済調査会により，『満洲国土地方策』が立案・計画された．再びこれらを関東軍が継承し，1932年，満洲国民政部内に土地局を設置し，1933年から1934年まで土地調査機関の設立や審議会の組織化を進めた［広川2005］．1935年8月，満洲国政府は臨時土地制度調査会を設置し，

地籍整理事業を本格的に開始する．これ以降，土地政策に関わる制度立案のため，各種会議が開催され，複雑化した土地権利関係の一元化の方針が固められていく［江夏 1996］．

先にも述べたように，満洲国内部では皇産（清朝皇帝の土地）の処理とともに，満洲国の土地の約3分の1を占める蒙地の処理が大きな問題となっていった．当時，土地局は，開放蒙地における旗や旧王公の諸権利（蒙租と地局）を廃止し，土地所有権の一元化を進めようとしていた．しかしながらこれらの方針は，モンゴル側にとって自らの土地権利の喪失や支配地域の縮小を意味していた．それゆえ開放蒙地の処理をめぐって土地局と蒙政部，及びモンゴル人官僚は，対立を深めていく．1936年11月，ついに満洲国政府は蒙政部を廃止し，これまでの方針通り，旗や旧王公の開放蒙地に対する諸権利を否定し，耕作者に土地所有権を与えることを決定する．その結果，1938年10月，「開放蒙地」奉上が実施され，開放蒙地は興安省から切り離されたが，当時定められた省域は現在，内モンゴル自治区と他省との境界線として引き継がれている．

当時のモンゴル人旧王公に対する処理を具体的に見ていくと，蒙地奉上の代償として，満洲国政府は，旧王公・旗への補償金を支払うことを約束した．その際，満洲国政府は「旧蒙古王公待遇条例」をもとに，旧王公の「世襲の爵位」，「民国時代の爵位」などの基準を設け，補償額を設定し，興安局総裁名義の登録公債を発行して，その利子を旧王公の生計費にあてるとしていた．こうして内モンゴル東部では王公制度の廃止が進行していくことになった[3]．

蒙地奉上により旧王公の封建的権利が廃止される一方，相対的に非王公出身のモンゴル人知識人・官僚・民族主義者たちの立場が上昇していくこととなる．その代表がボヤンマンダホやマニバタラ，ハーフンガなどであり，彼らは民国時期より活動を開始し，満洲国の代表的なモンゴル人官僚・知識人となっていた．また，蒙地奉上以降，内モンゴル各旗では，世襲王公に代わってモンゴル人官僚が旗長に就任する例が多くみられた［広川 2005］．このように地籍整理事業は，モンゴル社会内部における王公制度の廃止を促し，支配者層の交代を生み出した．その後，満洲国政府はさらに興安省内における開墾統制を図ろうとするが，そこにも漢人農民の流入が進んでいた．満洲国は蒙地奉上により，開放蒙地（県地域）を「未墾地」から切り離すことで，清代以来の「藩部」の

二重支配体制を取り払ったのであるが，漢人の移住が停止しない限り同様の問題はふたたび起こりえたのである．

その後，1945年8月，満洲国が崩壊すると，内モンゴル東部の民族主義者たちはソヴィエト，モンゴル人民共和国と連絡を取り，ハルハとの合併運動を展開していく．ここで中心となったのは満洲国時代，官僚・軍人であったモンゴル人であった．その後，内モンゴル各地のさまざまな運動が合流し，紆余曲折を経ながら内モンゴル自治政府の設立へと結実していくのである．

おわりに

これまで20世紀前半における中国の政治変動と内モンゴル地域との関係について検討してきた．清代以来の「藩部」という枠組みは，20世紀初頭，漢人農民の移住により内部から変化しつつあった．また，漢人の移住による旗内への県設置や，1914年の三特別区設置や1920年代後半の国民政府による三省設置などは，「藩部」という枠組みの制度的解体を意味していた．しかしながらモンゴル社会の伝統や独自性は旧体制と一体化しており，それゆえモンゴル側は盟旗制度の維持にこだわった．本章で見たように，中央において呉鶴齢は省設置に際してモンゴル代表団を結成し，国民政府に盟旗制度とその改革を訴えていた．またジリム盟の王公たちは，張学良政権による興安屯墾事業に直面し，現状維持やモンゴルの「自治」を求めていた．このように1920年代後半，「藩部」支配体制の解体を目前にした内モンゴルの支配者層や知識人のなかでは，伝統的な盟旗制度を保持しようという動きと，盟旗制度の改革により生き残りを図ろうとする二つの立場が現れていた．モンゴル伝統社会とは，いわば民族の文化・歴史と清代の盟旗制度が渾然一体となりながら形成されたものといえる．また，内モンゴルにとっての「漢化」とは，農地化や漢語の浸透という意味だけでなく，「近代化」という側面も併せ持ち，これに対抗することは難しい問題でもあった．しかしながら1930年代以降，こうしたモンゴル人たちの試みは，植民地支配という大きな潮流に巻き込まれてしまう．民国時期以来，「藩部」の二重支配体制の維持をめぐって，モンゴル・漢の関係はいわば膠着状態にあったといえる．これに対し満洲国政府は蒙地奉上により，内モン

ゴル東部地域における王公制度の廃止と旗からの開放蒙地の切り離しを実施した．つまり満洲国は第三者として，清代以来の「藩部」体制を取り払うことに成功したのであった．このように満洲国の土地政策はモンゴルの次世代に大きな影響を及ぼすものであり，モンゴル史にとって大きな意味を持っていたのである．

本章で見てきた問題は，遊牧社会ないしモンゴル人（もしくはある集団のなかの少数者）の居住空間において，漢人移住や農業化が進んだとき，常に起こりうる問題といえる．モンゴル社会の伝統を保持しながら，いかにこれを変革し周囲に対抗するかという問題は，「藩部」と「内地」の関係が大きく変貌しつつあった近代モンゴル史を通して，繰り返し議論されてきた．そして，これらの問題は，現在のモンゴル社会にとっても，重要な課題であり続けているのである．

注
(1) 本章ではさしあたり省が設置され，主として漢人が居住する地域を「内地」としておく．
(2) 20世紀初頭の内モンゴルは主に6盟（ジリム，ジョソト，ジョーオダ，シリンゴル，イフ・ジョー，オラーンチャブ），フルンボイル，チャハル，アラシャン等に分かれていた．
(3) なお内モンゴル西部の蒙疆政権における対モンゴル政策は満洲国のモンゴル政策を部分的に踏襲したが，王公制度廃止や土地改革は実施されなかった［広川2007］．

［参考文献］
江夏由樹　1996「満洲国の地籍整理事業について――「蒙地」と「皇産」の問題からみる」『一橋大学研究年報　経済学研究』37号
岡洋樹　2007a『清代モンゴル盟旗制度の研究』東方書店
―――　2007b「内なる他者＝周辺民族の自己認識のなかの「中国」――モンゴルと華南からの視座から」『アジア経済』48巻11号
片岡一忠　1991『清朝新疆統治研究』雄山閣出版
貴志俊彦　1989「袁世凱政権の内モンゴル地域支配体制の形成――「蒙蔵院」の成立と内モンゴル三特別行政区の設置」『史学研究』185号
康越　2000「張学良政権下の「興安屯墾区」開発事業」『EX ORIENTE』Vol. 3
呉鶴齢　1987「蒙古代表団」（呉美恵訳），『日本とモンゴル』22巻1号
佐藤憲行　2008「フレーにおける蒙漢混住問題とダムノールチン地区の形成」『内陸

アジア史研究』23号
中見立夫　1994「モンゴルの独立と国際関係」溝口雄三ほか編『周縁からの歴史』（アジアから考える3），東京大学出版会
―――　2001「ナショナリズムからエスノ・ナショナリズムへ」毛里和子編『中華世界――アイデンティティの再編』（現代中国の構造変動7），東京大学出版会
萩原守　2006『清代モンゴルの裁判と裁判文書』創文社
広川佐保　2005『蒙地奉上――「満州国」の土地政策』汲古書院
―――　2007「蒙疆政権における対モンゴル政策の展開について――満州国との比較を通じて」内田知行・柴田善雄編『日本の蒙疆占領　1937-1945』研文出版
二木博史　1984「ダンバドルジ政権の内モンゴル革命援助」『一橋論叢』92巻3号
―――　1997「大モンゴル国臨時政府の成立」『東京外国語大学論集』54号
―――　2002「ボヤンマンダフと内モンゴル自治運動」『東京外国語大学論集』64号
ボルジギン・フスレ　2007「1930年のモンゴル会議とその意義」『学苑』799号
ボルジギン・ブレンサイン　2003『近現代におけるモンゴル人農耕村落社会の形成』風間書房
村上信明　2007『清朝の蒙古旗人――その実像と帝国統治における役割』風響社

奥登掛　1996「短暫而光輝的一生――郭道甫生平簡略介紹」内蒙古自治区達斡爾族学会『達斡爾族研究第5輯　郭道甫誕辰一百周年学術討論会専輯』フホホト：内蒙古大学出版社
白拉都格其　2002『蒙古民族通史』5巻（上），フホホト：内蒙古大学出版社
鮑靖方　1993「哲盟王公会議与"蒙古平民同志会議"」内蒙古人民政治協商会議・内蒙古自治区委員会文史資料委員会『内蒙古文史資料』フホホト：44輯
郭道甫　1931『呼倫貝爾問題』上海：大東書局
蒙蔵院総務庁統計科　出版年不明『蒙蔵院行政概要（民国元，二，三，四年）』
興安区屯墾公署秘書処　1930『興安区屯墾第一年工作概況』出版地不明
熊耀文　1931『総理対於蒙蔵之遺訓及中央対於蒙蔵之法令』（呉鶴齢，張黙濤審校）蒙蔵委員会，出版地不明
札奇斯欽　1985『我所知道的徳王和当時的内蒙古（1）』東京外国語大学アジア・アフリカ言語文化研究所
―――　2007『赤峰市文史資料第八輯　羅布桑車殊爾伝略』赤峰：内蒙古人民出版社
中国第二歴史檔案館　2000『中国国民党中央執行委員会常務委員会会議録』6巻，桂林：広西師範大学出版社

第9章

近代中国ナショナリズムの感情・思想・運動

黄　興　濤（小野寺史郎訳）

はじめに

　近代中国のナショナリズムに関しては非常に多くの研究がなされており，この隆盛は今後も続く見込みである．近年の学界では，1990年代以降のこのテーマに関する研究の概要紹介もしばしば見られる（主な概説としては［王春霞・王頴 2002；蕭 2003；暨 2006；崔・曹 2006］がある．近代中国ナショナリズムに関する研究書も少なくないが，以下で言及・引用するものもあるので，ここでは列挙しない．2000年以降出版されたこのテーマに関する専門的な論文集として代表的なものには［李世濤編 2000；鄭・鄒編 2007］がある）．ただ筆者から見ると，現在の研究やその概説がいまだに軽視あるいは無視している，注意すべき問題点がいくつか存在する．本章は近年の近代中国ナショナリズムに関する研究動向を把握したうえで，かいつまんでいくつかの重要な学術的論点を指摘し，分析を試みる．それによって諸氏の思考を啓発し，研究の深まりを期待するものである．

1. 伝統的「民族」意識から近代的「ナショナリズム」へ

ナショナリズムとは？

　ナショナリズムは近代的な概念である．ナショナリズムは「主権」観念を前提として確立された民族の自己意識であり，民族の利益を追求し，保護し，自

らを発展・成長させるという主体的自覚である．それは対外的には圧力に抵抗し国家の権益を守るという主権的要求として，対内的には国民の平等や団結・統一に向かう精神的感化力，結集して近代国民国家を作り上げ発展させるという持続的衝動として現れる．ナショナリズムは普遍的に存在する感情的傾向・思想的原則であるばかりでなく，さまざまなイデオロギーの形を取るが，とくに往々にして弱小な民族や国家が掲げる政治的な旗印として，正当性を持つ強力なイデオロギーとなる．同時にナショナリズムは一般に，その民族や国家の現実の政治・経済・文化的運動や社会的実践を作り上げ，誘導する直接的な作用を持つ．そのため，歴史的現象としてのナショナリズムは必ず複合的・多層的・立体的・動態的なものとなる．しかし，それぞれの民族主体自身の歴史，その時点における国際的地位，そのほかの状況の違いによって，近代の異なる時期，異なる国家において，ナショナリズムの出現と展開の特徴には，必然的にさまざまな差異が存在することとなった．

　近代中国において，ナショナリズムの勃興はさまざまな要素の総合的な産物であった．思想的源流について見れば，伝統的な「族類」意識・華夷観念・「大一統」「正統」「道統」といった観念が引き続き影響をおよぼしていたうえに，近代西洋から輸入された，種族や主権といった観念，歴史・地理・政治・法律の各分野における新知識，さらにナショナリズムの専門的な「学理」に触発されたものであった．現実的な刺激として，「他者」としての欧米や日本といった近代化した強大な民族と，インド・ベトナム・ポーランドといった弱小な民族の運命が教訓となったことは容易に理解できる．さらに列強が中国に対して繰り返しおこなった軍事的侵略・政治的策謀・経済的掠奪・文化的種族的蔑視によってもたらされた民族の現実的危機は，中国における近代的ナショナリズムの勃興と発展の直接の原動力となった．

伝統的民族意識

　民主主義思想が主として西洋に由来するものであったのとは異なり，近代中国ナショナリズムは主として伝統的な「族類」観念，とくに「華夷の別」という伝統的な民族観に由来するものだったと考える研究者もある［馮 1994］．このような見解は検討の価値がある．この点を明らかにするには，まず中国の伝

統的民族意識と近代的ナショナリズムの内容的な差異と歴史的な関連という問題を理解しなければならない．

王爾敏はすでに1970年代初頭の時点で，中国の近代的ナショナリズムは実際には，「族類」の自覚，文化の自覚，近代国家「主権」の自覚という三つの自覚から成り立っていたと鋭く指摘していた．前二者は前近代中国においても存在しており，「主権」観念だけが近代になって外部から新たにもたらされたもので，同時に中国の前近代民族意識（王爾敏は前近代ナショナリズムと呼ぶ）と近代中国ナショナリズムを区別する特徴でもあった．王爾敏は王韜・曽紀沢ら数人の「思想的先駆者」を例として取り上げ，1860年代以降に近代的「主権」意識が中国において次第に覚醒していく過程を描き出した．同時にまた戊戌変法期の学会活動について論じたなかで，この時期に「保国・保種・保教」の三つを併記し，さらにそのなかで「保国」という主権意識が最も優先されるという近代的ナショナリズムの勃興の状況を，明快に示した［王爾敏 2003］．

王爾敏の簡潔にして素朴だが優れた知性に基づく見解は，伝統的中国民族意識と近代的ナショナリズムの関係を理解するうえで啓発的な意義を持つというべきであろう．しかし，筆者はその見解に多くの点で賛同するものの，なお完全とはいえない箇所もあるように感じる．第一に，「主権」観念を外交レベルにのみ限定し，国民国家の「主権」者は平等で自主的な「国民」であって，専制君主ではないという基本的な含意を無視している．第二に，清代，とりわけ清末以降西洋から導入された種族に関する新知識や政治・文化に関わる観念（近代的な意味での「民族」「国民」「ナショナリズム」等の概念を含む）と，それがもたらした変化や影響についてもあまり重視していない．これらの不足は，どうしてもこの問題を全面的に正確に認識する妨げとなる．

二つの歴史的過程

筆者の考えでは，近代中国ナショナリズムの勃興という問題を論じる際には，二つの歴史的過程を無視してはならない．一つは清代とりわけ清末以降の中国と，先行して近代国民国家となっていた欧米各国およびそれらの国々の人々との交流という歴史的過程であり，一つは西洋の「種族」，歴史と地理，政治と法律（たとえば国際法や議会制民主主義）といった新知識・新思想・価値観の中

国への伝来，そしてそれらが伝統的民族意識との間で相互作用を生じ，変化をもたらした歴史的過程である．この二つの過程は不可分のものである．

たとえば，中国人が，明らかに近代的な要素である，国家の領土や国境に関する意識を持ったのは，戊戌変法期からでもないし，1860年代初頭に『万国公法』が中国語に翻訳・出版され，近代的「権利」，とくに「主権」概念と国際法の知識が正式に広まってからでもない．実際にはそれは少なくとも康熙帝がヨーロッパ国家と交流を持った時代にはすでに始まっていた．康熙帝・雍正帝が，ロシアとの間で何度も近代的な交渉をおこなうことで，一連の条約の形式で長さ数千キロメートルの国境線を画定したことは周知の通りである．

乾隆帝はイギリス国王に与えた勅諭のなかでさらに明確に宣言している．「天朝の境界は厳格公明であり，外藩人がわずかでも越境して雑居することは決して許さない．……天朝の尺土といえどもすべて版図に帰すべきものであり，境界は厳然たるものであり，島嶼(とうしょ)も砂洲も，必ず境界を画定し，どちらかにのみ属するようにしなければならない」（『清高宗実録』巻1435，乾隆58年己卯）．1820年に完成した『嘉慶重修大清一統志』は，前王朝の『一統志』のうえに境界と領域の統括について書き加えただけでなく，全国の地図を明確に描き，隣国との境界を明示した．これらはいずれも疑いなく，アヘン戦争以前に近代国家（領土）的な主権意識という要素が中国で積み重なりつつあった重要な証拠である[1]．

またたとえば，中国人がアヘン戦争前後に受容して広まり始め，清末民初に大いに流行した「人種」という新知識，それが近代中国の民族意識の形成におよぼした影響も無視できない．すでに宣教師ミューヘッド（William Muirhead）の1853-1854年の編著『地理全志』には，世界の人種は白人・黄人・紅人・黒人・銅色人（または「棕色人(そうしょく)」）の五種に分けられると書かれており，同書には人種の挿図が付されていた（「人類形貌図」慕維廉『地理全志』巻8，上海墨海書館鉛印本．[Dikötter 1992] は，種族に関する西洋知識の清末における広まりについては不十分な点が多い．林紓と魏易が1903年に共同で翻訳出版した重要な著作『民種学』にさえ触れていない）．

これ以後，このような人種の外見的特徴，歴史，風俗，文化，そしてその世界各地における異なる運命についても次第に知られるようになり，まさにそれ

によって，自らを中国人という「黄種人」と位置づけ，自らそうありたいと願うという民族意識が次第に形成され，それが清末民初における中国人の「亡国滅種」という危機意識の重要な構成要素となった．戊戌変法期に，生物進化論があのような巨大な影響力を持ったのも，「種族」という新知識のうえに作り上げられたこの「民族」という自己意識と無関係ではない．進化論はまた中国の伝統的な「文明」や「文化」の観念を変容させ，同時にそれによって中国人は未曽有の文化的危機意識を持つこととなった．これらはすべて，最終的に日清戦争後に出現することとなる近代中国ナショナリズムの完成形態に影響をおよぼした，重要な要素であった．

　もちろん，清末民初に近代的ナショナリズムという成熟したイデオロギーが出現したのは，梁啓超・康有為・蔣智由・汪精衛・孫文・陶成章といった先駆的知識人が日本で近代的な「民族」「ナショナリズム」等の思想・概念に接し，「西洋の学理を吸収し」（章炳麟の言葉），それを伝統的な民族意識という資源と結合し，伝統的な民族のシンボルを借用して，創造性を発揮し動員した成果である．彼らの思想テキストはそのまま，近代中国ナショナリズムの理論的自覚のシンボルとなった（［沈 1997；2000］がこの問題についての専門的な研究である．20世紀初頭の中国における「黄帝」イメージに関する［石川 2002；孫 2008］も参照）．

2．近代中国ナショナリズムの特徴

日本の影響

　近代中国ナショナリズムを総合的に把握するには，やはりその特徴について考察を加えるほかない．しかしいったんこの問題について本当に検討し始めると，既存の議論は少なくないものの，学界が認めるような観点に本当に到達しているものは実際には決して多くないことがわかる．ここからこの問題の難しさがうかがえる．筆者の考えでは，以下のいくつかの現象は，我々がこの問題にさらなる考察を加える際にヒントを与えてくれる．

　まず，近代中国において，ナショナリズムは列強の圧力と侵略に自覚的に対応しようという近代的な思潮・運動であった．その勃興・発展・高揚は常に「日本ファクター」，とくに絶えずおこなわれたその中国侵略活動と密接な関係

があった．長い間，この非常に明白な事実と特徴について，近代中国ナショナリズム思潮全般という角度からとらえようとした研究者は決して多くなく，「ナショナリズム」の心理・思想・運動という「三位一体」の角度から自覚的に総合的な分析をおこなった研究者はさらに少なかった．

同じく「黄種」であって，過去に中国文化の深い影響を受けたものの，中国には重視されていなかった日本が，西洋に学ぶことを通じて，列強に侮りを受けてきた自民族の運命を変えることに成功し，最後には日清戦争を起こして中国を打ち破った．このことは，近代的な意味における中国ナショナリズムの勃興を刺激する象徴的な契機となった．それだけでなく，これ以後大勢の中国人が日本に留学し，日本から西洋の新しい文化的資源を大量に輸入し，さらにそこから完全に自覚した最初のナショナリスト達が産み出されることになった．

日本が軍国主義の支配のもとで列強に加わり，「同文同種」の中華民族に絶えず侵略・略奪・蔑視といった残酷な仕打ちをおこなったことは，近代中国ナショナリズムの最も重要で持続的な動力源となった．同時にそれによって，恥辱と憤り，空前の発奮によって，窮地のなかから蘇り新たな生命と自信を得たという，近代中国ナショナリズムの感情的スタイルと精神的性質が形作られた．「中華民族の復興」という近代中国ナショナリズムの最も象徴的なテーマの提起とその思想的建設，共産党の文化的「民族性」意識の覚醒と，「民族性」を新民主主義文化の最大の特徴と位置づけるに至った重要な路線変更［黄・劉 2002；黄・王峰 2006］，近代的「中華民族」観念の普及とアイデンティティの基本的形成，これらはいずれも満洲事変によって日本が東北を占領し，1935 年に日本が華北に侵入し，1937 年に日中戦争が全面化したことによって出現したのである．

日本と近代中国ナショナリズムの発展との関係についての研究として，アメリカの［Coble 1991］は価値ある著作である．同書が国民党政権の努力，そしてそのナショナリズム・イデオロギーとの衝突・一致について詳細に観察している点は，とくに得難い成果だが，ただその検討の時期は主として日本が大規模に中国を侵略した時期に限られている（日本の［池田編 1987］もこれ以前に同時期について同じ問題を論じている）．

最近，中国の研究者の論著にも，日清戦争以降の日中関係全般という角度か

ら近代中国ナショナリズムを全体的にとらえ,日中関係上の事件史とナショナリズムの思想史を結合させるという評価すべき自覚を持ったものが現れている［臧 2007］.この論文は 1895・1905・1915・1925・1935・1945 というターニング・ポイントとなった 6 つの年代を基点として,日中関係の変化にともなう近代中国ナショナリズムの変遷過程を考察し,各時期のナショナリズムの特徴とその日本ファクターとの関係について分析したものである.もちろん,この問題のおよぶ範囲は極めて広範なため,難易度は高く,その分析にはまだ検討の余地のある部分がある.たとえば近代中国ナショナリズムが 1905 年に形成されたとしているが,この理解は必ずしも妥当ではない.また,1945 年の抗戦勝利後,ナショナリズムは「基本的に終結」に向かったという結論を下しているが,これにも承服し難い.筆者の考えでは,この後「沈崇(しんすう)事件」(1946 年 12 月,北京大学の女子学生が米兵にレイプされた事件)が契機となって,アメリカ帝国主義の侵略への反対を掲げたナショナリズムの波が起き,典型的なリベラリストたちも少なからずその渦中に巻き込まれるに至ったが,これはこの思潮の時代的特色と,その歴史的な役割の終りを鮮明に示したものに違いない(日清戦争以後,日本以外に中国ナショナリズムに比較的大きな影響を与えた国家に,アメリカとロシアがある.アメリカと近代中国ナショナリズムの関係については［王立新 2000］が参考になる).

ナショナリズムとリベラリズム

次に,近代中国ナショナリズムは「抵抗と建設の両面」を含むもので,総じて両者は「互いに補い合う不可分」の関係にあった(ここでは［羅 2001: 104］の表現を借りた.以下の文章で羅志田の見解に触れるが,いずれもこの論文からの引用のため,とくに注記しない).しかし前述の現象と関連して,それはまた「反抗」あるいは「抵抗」的側面がとくに注目されて突出し,「建設」的側面は相対的に未発達であったという特徴をもつ.「反抗」や「抵抗」それ自体は,中国近代ナショナリズムの「防御的」性質・政治的正当性・激烈で悲壮な道義的色彩を示すものであると同時に,重大な生存の危機は「民族の自信」という本能を呼び起こし,また「文化的ナショナリズム」の生長に条件を提供した.別の面では,ナショナリズムの「建設」的側面の展開は,民主主義・リベラリズムと

いった思潮との複雑な絡み合いという歴史的多面性と内在的緊張を含むものであった．そのなかでも「リベラル・ナショナリズム」という思想的選択肢は，現在でもなお早急に注目し研究する必要のある課題である（3-5「リベラリズムとナショナリズム」も参照）．

常に滅亡の危機に瀕していたことで，中国は対内的に「国民国家」を建設するための多くの作業に着手することができず，その完成などは望むべくもなかった．そのため近代中国ナショナリズムと，民主主義やリベラリズムの間に現実的矛盾あるいは思想的衝突が生じたのは当然のことであった．しかしそのことだけから両者の間の歴史的な関係を理解するならば，それは不公平である．理論的には，ナショナリズムの価値の最終的な根拠は，まさに独立と平等という民主的原則にある．歴史的に見れば，近代中国ナショナリズムは一貫して「新国民」を呼び起こそうとしてきたのであり，「三民」思想（鼓民力，開民智，新民徳）を提起した厳復も，「新民説」を鼓吹した梁啓超も，いずれも自由・民主の価値を自覚したナショナリズム思想の先駆者であった．

しかし，「リベラル・ナショナリズム」という表現は西洋の学界では早くから存在し，中国の研究者もナショナリズムの分類のなかで早くから論及していたものの，近代中国の「リベラル・ナショナリズム」の系譜について深く踏み込んだ専門的研究は一貫して欠けていた．これは近代中国の文化的ナショナリズムに対する研究が盛んなのとは全く対照的である．この面では，［許 2005a；2005b］が非常に注目に値する．この論文は，梁啓超から張君勱（ちょうくんばい）に至るリベラル・ナショナリズム思想の発展過程を真剣に検討しただけでなく，そのなかにおける政治的ナショナリズムから文化的ナショナリズムへの進化の思想的文脈や，この思潮の一連の重要な特徴についても詳細に分析を加えている．従来の学界においてそうであったように，文化的ナショナリズムを文化保守主義の枠組みのなかで認識するのではなく，それをリベラリズムの枠組みに置いたのは，たしかに近代中国ナショナリズムの特徴とその複雑性を認識するうえで有益である．しかし，近代中国の「リベラル・ナショナリズム」に関する研究も感情的であってはならない．時代を区別せず，具体的な問題を具体的に分析することもなく，ある種の願望を持って，あのどっちつかずでいつもフラフラしたいわゆる「リベラル・ナショナリスト」たちに「理性的ナショナリズム」と

いう称号を与える研究者もあるが，このような単純化された方法はそれ自体が必ずしも「理性」的ではなく，歴史的事実にも合わない．

ナショナリズムと「反伝統」

「反抗」と「建設」の関係に戻ろう．実際に，一部のリベラル・ナショナリストたちにとっては，自覚的・持続的・組織的で準備の整った「反抗」過程は，「建設」つまり国民国家建設の前提であるだけでなく，それ自体を「建設」の一部と見なす場合すらあった．傅斯年や張君勱らは「反抗」によって「建設」を目指すという自覚的意識を持っていた．たとえば日本が東北を占領した後，傅斯年は興奮を込めて述べている．「大規模な抵抗こそ中国の国民としての厳格な訓練の開始となる．中国の徹底した腐敗は，この機を借りて鍛錬しなければいけない．たとえば鉄を打つことで，鋼が出来上がるようなものである．時局を論じれば，これは中国人が立ち上がり人となる機会であり，その効果を論じれば，我々老国民が再生する機会である．徹底的に打つことでこそ，中国人が生まれ変わる日が来るのだ」（孟真〔傅斯年〕「中国做人的機会到了！」『独立評論』35号，1933年1月15日．関連する分析として〔張 2007: 259〕を参照）．傅斯年らにとって，「反抗」は「建設」の一手段にすぎなかったのである．

ナショナリズムの「建設」的側面において，とりわけ政治・文化の現状に強い不満を抱く「未来志向」の思考のなかには，程度こそ異なれ，いわゆる「反伝統」の傾向が当然現れる．「反伝統」は近代中国ナショナリズムにおいては「特殊形態」であったと明確に主張し，両者の「歴史的」関係について考察したのはやはり〔羅 2001〕である．しかしこの断定について，筆者はおおむねにおいて受け入れるものの，さらに多少の区別が必要であると考える．

近代において外来の列強の圧力を受け，さらに強固な専制体制のもとで近代的な民族的伝統を欠いた弱小民族においては，ナショナリストは一般に，絶対的に「伝統」に反対するということはなく，「伝統によって伝統に反対する」あるいはより正確にいえば「ある伝統によって別の伝統に反対する」という方法をとる．つまり歴史によって現実に反対するため，「復興」を叫ぶことになる．一般に，真に思想的に自覚したナショナリスト，とりわけ「文化的ナショナリスト」はむしろ，曖昧に，全方位的に，全面的に「激烈に伝統に反対」す

ることはない．ある伝統を批判すると同時に，自覚的・選択的に主流の伝統あるいは少なくとも一部の伝統文化の意義と価値については積極的に強調し解明し発揚しようとする．近代国民国家という価値に強く傾倒した少数の「政治的ナショナリスト」だけが，民族の危機が相対的に弱まった特定の時期にのみ，全般的に激烈に伝統に反対するという異常な挙動に出るのである．したがって羅志田がこれを近代中国ナショナリズムの「特殊形態」と呼ぶことに筆者も賛同したい．

しかしこのことと，「激烈な反伝統」を直接「文化的ナショナリスト」に等値するという一部の研究者の認識は，実際には別のものである．〔曹・徐 1996〕は，「いわゆる文化的ナショナリズムは以下の二つの内容を含んでいる．(1) 伝統文化を国民国家の象徴であり根本的な命脈であると見る．(2) 伝統文化を称揚するにせよ攻撃するにせよ，思想・観念から着手することでのみ民族問題が解決できると考える」とするが，この定義には矛盾する箇所があるように思われる．目下近代中国の文化的ナショナリズムを論じた論著のなかには，似たような矛盾が多い．

「愛国主義」と「民族主義」

この問題に関しては，「愛国主義」と「民族主義」の異同という角度からさらに若干の検討を加えたい．

筆者の考えでは，「愛国主義」と「民族主義」は，西洋由来であることをひとまずおいて，漢字の字面と近代中国人の習慣的用法についてのみいえば，密接な関連と重なり合う内容を持ちながらも，ある程度区別される概念である．「愛国主義」はおおむね「政治的ナショナリズム」的な要求に対応するものだが，それは文化的ナショナリズム的な要求を排除するものではない．「民族」（あるいは「国族」）は主として政治性を帯びた社会・文化的カテゴリーであり，したがって「民族主義」は必然的にまた本来的に，その主体の歴史的連続性に固執しそれを強調することになる．しかし「愛国主義」はそうではない．「愛国」は主として文化性を帯びた政治的カテゴリーであり，政治的カテゴリーとしての「愛国主義」は必ずしも「伝統」に対する忠誠を要求しない．換言すれば，伝統を愛することと伝統に反対することはともに「愛国主義」の表現とな

りうるが，激烈で全面的な反伝統は，当時においても「民族主義者」には容認されなかった．激烈な伝統反対者が自らを「民族主義者」と呼ぶことを拒む場合すらあった．これが，民族主義を批判する，あるいは少なくとも民族主義の価値を認めたがらない者が，むしろ自分は「愛国者」である，あるいは自分は「非愛国者」ではない，といいたがったとしても矛盾しない理由である（近代中国の「愛国主義」に関する歴史研究としては，［李文海編 1991］を参照）．

この面では，五・四運動期の激烈な反伝統によって名高い陳独秀・魯迅や，1920年代後半から1930年代初頭に「全面的西洋化」を鼓吹した陳序経・胡適などがとくに目立った代表といえる．彼らが激烈で全方位的な反伝統を主張した際には，決して「民族主義」を標榜せず（それは「愛国」の名によって自己弁護することと矛盾しない），民主主義や国民国家建設という目標と必ずしも矛盾しない「世界主義」に，明白に，自覚的に自己同一化していたことに注意しなければならない．

近代中国において，改革的な方向性を持つ「国語」運動がどちらかといえば政治的ナショナリズムの文化的関心を体現するものであったとするならば，保守的な志向の「国学」運動は文化的ナショナリズムの学術的探求と時代的特色をより反映したものだったといえるだろう．このことは我々が両者の違いとつながりについて理解する助けとなる．

二重のアイデンティティ

第三に，近代中国ナショナリズムの思潮と運動のなかでは，いわゆる「大民族」と「小民族」の間に，「中華民族」という言葉に象徴される，矛盾する二重のアイデンティティの並存という状況が存在した（1-10「中華民族論の系譜」参照）．これも近代中国ナショナリズムの大きな特徴といえる．このような二重アイデンティティは一定の政治的混乱を招かざるをえなかったが，日中戦争の血と炎の洗礼のなかで，最終的には全体的アイデンティティが形成され，それを絶えず強化することができた．

指摘しておくべきは，国共両党の間でも「中華民族」の理解に異なる部分があったことである．日中戦争期，国民党政権は民族の凝集力を増強するため，西洋の近代国民国家観念を機械的にあてはめて，中華民国の国民全体を「中華

民族」と呼んだ．そして漢族を含め，清末以来，とくに民国の初めにはすでに一般に近代的「民族」の呼称と資格を手にしていた，国内の満・蒙・回・蔵族などを「宗族」と改称し，結果として大きな抵抗に遭った（国民党は当初「五族共和」を主張し，五族を「民族」と認めていたが，後に「五族共和」を示す国旗であった五色旗を放棄した．この認識と政策の変化に関しては，［村田 2001］を参照）．

これと比較して，共産党が長期の歴史的・文化的・血縁的交流関係に基づく政治的運命共同体という意味で「中華民族」概念を使用したのは，政治的に賢明だったといえる（国共両党の民族観の変遷と差異に関しては［松本 1999］を参照）．社会学者の潘光旦たちは「種族」と「国家」の相互作用としての「民族」という意味で「中華民族」概念を使用したが，これは中国の特色ある学問研究の創造性を示すものである．もちろん，別の理解も存在した．しかし，当時アイデンティティの主体としての中国人が持っていた「民族」概念にどのような差異があったか，また研究者たちがこの自己同一化過程をどのように認識し評価していたかはさておくとしても，「中華民族」という共通シンボルは最終的には間違いなく近代中国の各民族が普遍的に自己同一化する所属シンボルとなり，完全に独立した近代国民国家もついに誕生した．これは疑いなく近代中国ナショナリズムの最も重要な政治的成果である．

「中華民族」という近代的アイデンティティの形成について，主観的人為的な「構築」の努力を過大に評価し，歴史や文化の影響や制約という重要な要素を比較的軽視する研究傾向にはあまり賛成しない．実際に中国の歴史上，伝統的な意味での少数「民族」の多くは二重の「民族」アイデンティティの歴史を持ってきた．一方で彼らは自らの独立政権を作り，自民族の利益と文化を守りながら，同時に内地や中原に侵入して支配したいとも考え，実際にそうすることで，漢族の制度や文化を受け入れ，あるいは少なくとも部分的に受け入れた．これは膨大な漢族を含む「大中国」というアイデンティティを示すものである．この点は，満族が作り上げた大清朝の歴史に最もよく体現されている．雍正帝が自ら著して発布した『大義覚迷録』は，このような二重アイデンティティの最高のテキストといえる．清末に西洋の近代的「民族」観念が中国に伝えられた当初，梁啓超や楊度といった漢族知識人たちの間に，各民族の基礎のうえに「大民族」共同体を作り上げるという構想が生まれただけでなく，満・蒙・回

族の日本留学生のなかにも類似した観念が現れていた．このような現象は決して偶然ではなく，近代中国ナショナリズムの歴史的基礎の意義を理解するうえできわめて重要なものである（「中華民族」観念とその広まり，アイデンティティに関する研究としては〔黄 2002〕を参照）．

3.「新文化史」の導入と思想分析能力の向上

「新文化史」の導入

　長い間，近代中国ナショナリズムは中国内外の研究者がともに関心をもつ学問領域であった．とくに西洋の中国研究の世界で，「ナショナリズム」は一貫して，中国近代史を専門とする歴史家たちにとって最も使い慣れた認識のツールであり，またその研究に常に新しい知見をもたらす視角であった．しかし1990年代以降，ポストモダン思潮の深い影響を受けた「新文化史」の方法の導入によって，近代中国ナショナリズム研究に重大な変化が生じ始めた．総体的にいえば，「ナショナリズム」は従来の政治史・思想史・文学史・芸術史といった伝統的な歴史学の各領域に分割された研究テーマから，真に領域を超越して総合的に把握すべき歴史的対象へと次第に変化したのである（4-2「アメリカの中国近現代史研究」参照）．

　いわゆる「新文化史」あるいは社会文化史の重要な特徴の一つは，「文化」という大きな視角から出発しながら，常に文化と政治・社会が一体化し相互に作用する主体の「実践」（practice）の歴史に注目し，思想・観念の社会化過程とその機能を明らかにすることを重視することである．それは，伝統的な思想史・文化史・社会史の関心を結合させた歴史学の方法をめざすものである．

　このような新しい方法の導入が，「近代中国ナショナリズム」研究におよぼした影響は非常に明白である．過去の研究は一般にナショナリズムを一種の社会心理やイデオロギーとしてとらえてきたため，それがどのように形成されたのか，それがどのように浸透し，政治・経済・文化といった具体的な各領域の歴史的発展過程にどのように具体的な影響を与えたのか，に「問題意識」が置かれてきた．しかし「新文化史」の研究は，ナショナリズムを単なる社会心理やイデオロギーと見なすだけでなく，同時にそれを一種の複合的なメンタリテ

ィ・思想，そして政治・経済・文化といった諸領域を貫通する主体の社会化「実践」と見なす．研究者たちは従来の問題意識に修正を加え，さらに，政治・文化等の諸領域でどのように「ナショナリズム」による相互作用があったかという歴史的状況に一定の関心を持つようになった．

「新文化史」とはおおむね以上のようなものだが，自覚的あるいは無自覚にこの方法を利用して近代中国ナショナリズムというテーマを研究した成果も実際には多種多様で，それぞれ違いがある[2]．とはいえ，総じてこの方法の導入は従来の思想史研究の欠点を克服する助けとなるものであり，研究をさらに豊富で多彩な，活力に満ちたものとし，関心の幅を広げるだけでなく，それを総合的に深めることで，研究全体の進展を推進することにもつながる．それは，社会心理・価値志向・イデオロギー・社会的実践運動が一つになったものであり，政治・経済・文化的現象が一体になったものであるという近代中国ナショナリズムの総合的な特徴と，「新文化史」の方法の総合性がちょうど一致するからである．

「新文化史」の成果

「新文化史」の方法によって近代中国ナショナリズムを研究した論著のなかで，オーストラリアの［Fitzgerald 1996］は非常に優れた著作である．同書は深い寓意を持つ「眠れる獅子」を呼び覚ますという言葉を，二重の意味を持つナショナリズムの隠喩として，国民革命の指導者たちがどのように中国の民衆を「呼び覚ました」のかをテーマとし，立体的な角度から全方位的に分析と論述を展開したものである．同書は，指導者たちの思想・政治・文化的活動に注目すると同時に，政府の宣伝機構・部門の構造・活動・機能にも注意を払っている．さらにナショナリズムという重要な思想的課題に関連する，「階級」と「民族」の関係，民族の利益の「代表」とその資格，「封建主義」のような政治的概念がどのようにナショナリズムの展開に影響をおよぼしたか，といった問題を，動態的な実践過程のなかに置いてとらえている．同時に「臨城列車強盗事件」（1923年5月，河北省臨城付近で列車が盗賊団に襲われ，外国人を含む乗客200名以上が誘拐された事件）や，アメリカの新聞記者ギルバート（Rodney Gilbert）の有名な民族蔑視的著作 *What's Wrong with China?* (1926) の引き起こした騒動

など，対外関係にかかわる特殊な事件の意味の分析を通じて，この間の「民族の覚醒」の立体的イメージを総合的に示している．筆者は同書を読んで，「新文化史」という融通無碍で総合的・立体的な研究スタイルに極めて深い印象を受けた．大きな思想的課題であるナショナリズムの内実は，たしかにこのような多元的な歴史的関係の実際の分析によってのみ，よりよく理解し把握することができるということを認めなければならない．

近代中国ナショナリズムの勃興に関する研究として，新文化史の研究スタイルをとった近年の2冊の著作はここで取り上げるに値する．1冊はアメリカの［Karl 2002］であり，1冊は日本の［吉澤 2003］である．前者は，グローバリゼーションと世界空間の形成によって展開された，地球という観念，世界という意識と，中国ナショナリズムの関係という角度から，20世紀初頭の中国ナショナリズムの勃興に対して深い分析をおこなっている．同書が検討したテーマは次のようなものである．「太平洋」や「ハワイ」はどのように「中国ナショナリズムの空間」となったのか．中国人が「植民地主義」の目的を知るのにフィリピンの反米革命がどのように役立ったのか．ボーア戦争とその国民の語りがどのように中国民族を向上させる知識や手段となったのか．「種族」「植民」「亡国」「膨脹主義」といった概念が，これらの世界的な事件について書く際にどのように用いられ，中国のナショナリズム意識と運動を引き起こしたのか．一言でいえば，世界的な視野と総合的な視点によって，中国ナショナリズムの知識と語りが生み出された同時代的状況を生き生きと描き出すのである．後者は，海外移民と人種主義，都市秩序と国家意識，地理概念と歴史認識，身体と文明化の関係，愛国者の追悼といった多重的な視角から，同胞の団結という意識の形成，中国の一体性の追究といった問題をめぐって，近代中国ナショナリズムの形成過程とその特徴について検討したもので，やはり独自の優れた点がある．

実際には，［陶 1995：75-113］も数年前に同様の内容を検討してはいたのだが，同書は上述の方法と視角を欠くため，その問題意識と認識にはかなりの違いがある．

思想分析能力の向上

　もちろん現在，新文化史の方法を利用して近代中国ナショナリズムを研究している多くの著作には，完全には満足できない部分もある．ポストモダン意識が強すぎることによる偏向に加え，「主題」となる思想に関する検討が相対的に分散的で，帰納的な検討が少なく，散発的な思考が多く，往々にして移り気に論題が変わり，膨大な論点に触れるために議論が深まりにくい，というような論著もある．筆者は，その救済方法は，伝統的な思想史研究の固有の長所を自覚的に取り入れることではないかと考える．あるいは伝統的な思想史を主体として，目下の新文化史の一部の長所を適切に取り入れてもよい．総じて，思想分析能力を向上させることが，目下の近代中国ナショナリズム研究の差し迫った急務の一つである．

　研究の思想的能力を向上させるという面では，実際に現在多くの基礎的な作業が急務となっている．たとえば，近代西洋の民族思想が中国で広まったことについて，学界では現在までばらばらに研究がなされてきただけで，系統的な整理がなされていない．「民族」概念の認識に関してさえそうであるのだから[3]，一連の系統的な思想的著作や，当時のナショナリズム思想に関する研究成果についてはいうまでもない（たとえば西洋のナショナリズム研究の二大創始者の一人とされるヘイズ (Carlton J. H. Hayes) の著作の内容が中国で広まった状況は注目されていない．すでに 1930 年代初頭には，ヘイズの名著 *The Historical Evolution of Modern Nationalism* (1931) が『族国主義』と題して中国で翻訳出版されている．訳者は著名な蔣廷黻で，彼と近代リベラル・ナショナリズムとの関係は極めて特殊なものである．[蔡・金 2005] が蔣廷黻が同書を翻訳した状況について紹介している）．このことが近代中国ナショナリズム思想研究の深化に対して持つ意味は明白である．これと関連して，ナショナリズムと密接に関連する一連の重要な概念・観念・思想的カテゴリー，たとえば「帝国主義」「植民地主義」「国際主義」「世界主義」「愛国主義」等が近代中国でどのように広まり，異なる階層の人々にどのように理解され使用されたのかについても，専門的な考察と系統的な研究が必要である．それらは現在の人々の近代中国「ナショナリズム」概念に対する認識に影響をおよぼしているだけでなく，実際に当時の中国人がナショナリズムを動員し，ナショナリズム感情を喚起するうえで有力な思想的手段でもあったのである．

今後の研究の課題

　同時に，一般的な思想史の角度から見れば，近代中国の時代的特色や，深刻なナショナリズム思想を内包する同時代に流行した観念・理念・信念・命題等について，さらなる注視と深い分析を加えることも，現在のナショナリズム研究の思想的水準を向上させるうえで無視することのできない課題である．「中華民族復興」の理念や，すでに注目されている「国学」観念等に加え，当時さらに一般的であった「民族の自信」というテーマやそれをめぐる議論も，深く掘り下げる思想的価値を持つ．

　近代中国のような，後進的で圧力を受け続けた弱小民族においては，とくに外来民族の軍事的侵略・政治的圧力・経済的掠奪・種族的文化的蔑視に幾度も遭ってきたという時代背景のもとで，「民族の自信」という課題が重要であったことは理解しやすい．この課題が近代中国において畢竟どのように意識され，提起され，論じられたのか，異なる政党・思想グループはそれをどのように認識し，どのような対応策を提起していたのか，これらは現在に至るまで近代中国ナショナリズム思想史の領域において欠けている研究テーマである．

　たとえ広く注目されていたとしても，たとえば現在の研究者たちがすでに飽き飽きしている「国民性」（または「民族性」あるいは「国性」）の問題も，メンタリティ・思想・実践の結合したナショナリズムという角度から整理・研究する必要がある．これまで我々は「国民性の改造」の思潮とその文学への浸透といった問題にのみ注意を払ってきた．そして現在は専らそれに対してひたすら脱構築をおこなう傾向にある．しかし実際には多くの問題について，いまだに詳細な研究がなされていない．ほかのことはさておき，この問題に関する中国・西洋・日本三者の相互作用とその中国ナショナリズムに対する影響についてだけ見ても，多くの重要なテキストが現在に至るまで誰にも論じられていない．

　中国人の西洋言語による著述も，直接西洋に向けてナショナリズム感情を吐露し，ナショナリズムを弁護し，ナショナリズム思想を説明した，ナショナリズムの重要な媒体であった．これらは総じて現在でも基本的に見落とされているが，近代中国ナショナリズムの特徴を認識する際に本来大いに有益なものに違いない．

おわりに

　中国近代ナショナリズム研究の総合的な強化は，もちろん単なる思想分析能力の向上の問題ではない．前述のように，ナショナリズムに関する昨今の活発な議論はたしかに，従来の単調な「思想」研究に，生き生きとした社会心理や政治・文化的実践という内容を付け加えた．しかし，このことはそのような領域・レベル，それだけで意識・思想・行動というナショナリズムの性質を明らかにすることができるということを意味するわけではない．たとえば我々が，ある思想がナショナリズムの範疇に含まれるか否かを判断する際には，その主体の心理レベルを見るだけでなく，少なくともそれが思想レベルにおいてナショナリズムの基本的な価値観・目標に一致しているか，近代ナショナリズムの基本的な概念や用語を使用しているか，さらにはその思想主体の行動がいかなるものであるかをも検討しなければならない．この意味で筆者は，いわゆる「超人超国」（民族や国家を超越する）のような近代思想現象をもナショナリズムの範疇に含める羅志田の主張は認めない．たとえその独特な視角が，近代中国における「超人超国」思想の流行という現象を理解するうえで，また心理レベルから近代中国ナショナリズムを理解するうえで啓発的な意義を持つとしても，である．同様に，心理と行動を見ずに，「曲線救国」（たとえ一時的に迂回しても最終的には救国をめざす，という意味だが，日中戦争期には日本軍への降伏を正当化する論理として使われた，とされる）を標榜した思想や思想家に無邪気に「ナショナリズム」の資格を与えることもできない．

　実際には，近代中国ナショナリズムを研究する際には，民族的な心理や感情レベルにのみ止まって，ナショナリズムを過度に一般化する理解や処理の仕方を避ける必要があるのと同時に，思想の内容や歴史上における実際の存在状態を深く追究することなしに，論理的に分類をおこなうだけで満足するという「理論」癖も避けなければならない．適度に感情・イデオロギー・社会的実践を結合させて認識するということ，これこそ近代中国ナショナリズムという歴史的現象の内在的要求であり，我々の研究が今後さらに努力しなければならない方向でもある．

注
(1) 当時の中国は実際にすでに近代国民国家であったとする研究者すらある［于 2006］．またすでに宋代には，北方の遼・西夏，後の金・元といった異族の政権が前後して成立したため，唐以前の漢族中国人の天下・中国・四夷に関する観念が打破され，明確な国境意識が現れ出したと指摘する研究者もある．このような意識はヨーロッパの近代国民国家意識とは異なるが，しかし「中国の近代ナショナリズム思想の一つの遠源となった」［葛 2004］．
(2) ポストモダン的な問題意識がより明確で，「言語実践」理論によってナショナリズムとそこから派生するテーマ（たとえば「国民性」）について分析することを好み，主体間の「権力」ゲームの文化的「構築」機能を強調する研究者もある．また「言説」分析の偏向を緩和し，その分析方法の長所を吸収しようと努力している者もある．またある者は民族を「想像の共同体」と見なすアンダーソン（Benedict Anderson）の理論に基づいて近代中国ナショナリズムの「語り」を「脱構築」すると同時に，自己の理論を構築しようとしている．たとえば［Duara 1995］は歴史学研究における「複線化された歴史（bifurcated history）」観を提起し，［Liu 1995］は「超言語的実践（translingual practice）」理論を構築している．
(3) たとえば，李大釗・呉文藻らがいずれも歴史的文化的なエスニック・グループの意味で「民族」(nation) を理解していたことはよく知られる．また光昇「論中国之国民性」（『中華雑誌』1巻1号，1914年4月16日）もバージェス（Burgess）の同様の観点を紹介している．最近筆者は五・四運動期の関連史料を読んでいた際に，アメリカの思想家デューイ（Dewey）も1920年初頭に中国で同様の思想を広めていたことを知った．デューイは中国でのある講演の中で，「国家」(state) と「国」(country) と「民族」(nation) の違いについて以下のように述べている．「「国」はただ土地と人民があれば充分だが，「国家」の重要な要素は土地と人民だけではなく，職権と能力を行使する機関にある．この権力は対外的には抵抗し防御することができ，対内的には法律を執行することができる．これが国家の特性である．「国家」は「民族」(nation) とも異なる．同じ言語・文字・文学，ほぼ同様の風俗・習慣・思想を持つものは一つの民族と考えることができる．しかし民族は国家ではない．たとえばヨーロッパのポーランドなどの民族は，長い間一つの国家となりたいと考えている．ここから，民族は国家となることができるが，必ずしも国家ではないことがわかる．対内的対外的な権威こそが，国家の特性である」（杜威講演，伏盧筆記「社会哲学与政治哲学」『晨報』1920年1月21日）．

［参考文献］
池田誠編　1987『抗日戦争と中国民衆——中国ナショナリズムと民主主義』法律文化社
石川禎浩　2002「20世紀初頭の中国における"黄帝"熱——排満・肖像・西方起源説」『20世紀研究』3号

孫江　2008「連続と断絶——二十世紀初期中国の歴史教科書における黄帝叙述」『中国研究月報』728号
松本ますみ　1999『中国民族政策の研究——清末から1945年までの「民族論」を中心に』多賀出版
村田雄二郎　2001「辛亥革命期の国家想像——五族共和をめぐって」『現代中国研究』9号
吉澤誠一郎　2003『愛国主義の創成——ナショナリズムから近代中国をみる』岩波書店

蔡楽蘇・金富軍　2005「蔣廷黻外交思想探析」『清華大学学報（哲学社会科学版）』20巻1期
曹躍明・徐錦中　1996「中国近現代民族主義之路」『天津社会科学』90期
崔明徳・曹魯超　2006「近十年来中国民族主義研究述評」『煙台大学学報（哲学社会科学版）』19巻1期
馮天瑜　1994「中国近世民族主義的歴史淵源」『湖北大学学報（哲学社会科学版）』21巻4期
葛兆光　2004「宋代"中国"意識的凸顕——関於近世民族主義思想的一個遠源」『文史哲』280期
黄興濤　2002「民族自覚与符号認同——"中華民族"観念萌生与確立的歴史考察」『中国社会科学評論』1巻1期
黄興濤・劉輝　2002「抗戦前後中国共産党文化"民族性"意識的覚醒及其意義」北京市檔案館編『北京檔案史料（2002.1）』北京：新華出版社
黄興濤・王峰　2006「民国時期"中華民族復興"観念之歴史考察」『中国人民大学学報』117期
曁愛民　2006「20世紀90年代以来中国近代民族主義問題研究述評」『教学与研究』327期
李世濤編　2000『知識分子立場——民族主義与転型期中国的命運』長春：時代文芸出版社
李文海編　1991『中国近代愛国主義論綱』北京：中国人民大学出版社
羅志田　2001「近代中国民族主義的史学反思」『二十世紀的中国思想与学術掠影』広州：広東教育出版社
沈松僑　1997「我以我血薦軒轅——黄帝神話与晩清的国族建構」『台湾社会研究季刊』28号
────　2000「振大漢之天声——民族英雄系譜与晩清的国族想像」『近代史研究所集刊』33期
陶緒　1995『晩清民族主義思潮』北京：人民出版社
王春霞・王穎　2002「近十年来関於"中国近代民族主義"的研究綜述」『中州学刊』130期
王爾敏　2003「清季学会与近代民族主義的形成」『中国近代思想史論』北京：社会科学文献出版社
王立新　2000『美国対華政策与中国民族主義運動（1904-1928）』北京：中国社会科学

出版社
蕭守賀　2003「近年来中国近代民族主義研究概述」『歴史教学』472 期
許紀霖　2005a「現代中国的自由民族主義思想」『社会科学』293 期
―――　2005b「在現代性与民族性之間――張君勱的自由民族主義思想」『学海』91 期
于逢春　2006「論中国疆域最終奠定的時空座標」『中国辺疆史地研究』16 巻 1 期
臧運祜　2007「近代中日関係与中国民族主義」鄭大華・鄒小站編『中国近代史上的民族主義』北京：社会科学文献出版社
張太原　2007「建立一個民族的国家――自由主義者眼中的民族主義」鄭大華・鄒小站編『中国近代史上的民族主義』北京：社会科学文献出版社
鄭大華・鄒小站編　2007『中国近代史上的民族主義』北京：社会科学文献出版社

Coble, P. M.　1991. *Facing Japan : Chinese Politics and Japanese Imperialism, 1931-1937*, Cambridge : Council on East Asian Studies, Harvard University.
Dikötter, F.　1992. *The Discourse of Race in Modern China*, London : Hurst.
Duara, P.　1995. *Rescuing History from the Nation : Questioning Narratives of Modern China*, Chicago : University of Chicago Press.
Fitzgerald, J.　1996. *Awakening China : Politics, Culture, and Class in the Nationalist Revolution*, Stanford : Stanford University Press.
Karl, R. E.　2002. *Staging the World : Chinese Nationalism at the Turn of the Twentieth Century*, Durham ; London : Duke University Press.
Liu, L. H.　1995. *Translingual Practice : Literature, National Culture, and Translated Modernity-China, 1900-1937*, Stanford : Stanford University Press.

第10章

中華民族論の系譜

村田雄二郎

はじめに

　荒ぶる中国ナショナリズムの帰趨が内外で注視されている．
　発端には1980年代の日中友好期に間欠的にあらわれた歴史認識の問題がある．いまや日中間の国民感情の対立は，政府も制御不可能な厄介な外交問題になりつつあるようだ．そもそも1990年前後から，天安門事件後の国際的孤立とソ連・東欧社会主義の崩壊というダブルパンチを受けて，中国政府は「偉大な中華民族の復興」というスローガンを前面に押し出すに至った．革命や解放といった，空洞化する社会主義のイデオロギーに代えて，ナショナリズムのレトリックを社会統合と自己正当化の具とする道を選んだのである．
　顧みれば，1988年の「球籍論争」（貧富の国別ランクで下位にある中国が，いずれ「地球の戸籍」を剝奪されるのではないかという危機意識から起こった論争）の頃，中国の前途を悲観する知識人は「世界民族の林」に中国が生き残れるかという問いを提起していた．それから20年が経過し，中国の経済社会のありようも，思想文化の風景も一変した．経済成長を通じた「強くて豊かな中国」の目標は，順調に達成されつつあるかに見える．また「責任ある大国」として，中国の朝野の自信と自尊は確たる地歩を占めたかに映る．その実感をひしと確かめるうえでも，2008年夏の五輪開催は重要な一里塚であった．
　だが，「大国意識」の発揚がもたらした負の効果も大きい．最大のものは，

言うまでもなく，反日・反米ナショナリズムの噴出による国際関係の緊張である．とくに，1990年代半ばから，歴史認識・教科書・南京大虐殺・慰安婦・靖国……などをめぐって，合わせ鏡のごとき排外ナショナリズムが日中両国内にそれぞれ生起し，ときに大きな政治外交問題にまで発展した．たとえば2005年4月，日本の国連安保常任理事国入り反対に端を発する反日行動が，沿海主要都市における学生デモに拡大したことは，記憶に新しいところである．またアメリカに対しても，中国ではその「覇権」行使への懸念が絶えることなく，1996年の台湾海峡危機や1999年の五・七事件（NATO米軍機がベオグラードの中国大使館を「誤爆」し3人が死亡）で反米ナショナリズムが噴出した．さらに，2008年春にはチベット騒乱弾圧をめぐる「国際」メディア報道への反発が，中国国内のエスノ・ナショナリズムの問題を改めて浮上させることになった．日本を含めた西側諸国の一部では，既存の安全保障体制や国際秩序への懸念から，「中国脅威論」も声高に語られている．

　ここでの問題は，反日・反米デモが官製であるとか，統制された情報しか得られぬ市民が排外主義に誘導されているとかいった，中国の一党支配体制に関わる領域には，実はない．それ以上に，荒ぶる中国のナショナリズムを鼓舞しているのは，学生や若年層市民を柱とする下からの不満や抗議の声であり，それは一方で政府の「公定ナショナリズム」に協調するそぶりを見せながら，他方で政府への異議申し立ての動機を伏在させている．デモの「暴走」を懸念して，党政府がしばしばその火消しに躍起になるのも，国内政治への波及を畏れてのことであろう．

　とすれば，中国ナショナリズムの分析も，上から政治的意図をもって「構築」されたものというより，社会的レベルで歴史的に「創造／想像」されたものと見るべきではないか．問題は，党政府による愛国主義の「利用」ではなく，「愛国無罪」を正当化する社会的想像力の歴史的形成過程にある（「愛国主義」とナショナリズムの関係については，1-9「近代中国ナショナリズムの感情・思想・運動」を参照）．少なくとも，中国の政治民主化が進めば，ナショナリズムの合理化（健全化？）も進み，愛国・排外的言動も減ずるであろうとの，中国の政治発展論をめぐる希望的観測はすでに破産したというべきである．

　中国の社会（民間）レベルのナショナリズムが，しばしば公的ナショナリズ

ムの統制を越えて過激化するのはなぜか？「愛国無罪」の言動が，政府の承認を得るのみならず，むしろ社会から広く支持されるのはなぜか？　その理由や背景はやはり，歴史にさかのぼり，具体的な政治過程との関わりで「中華民族」概念や「大国意識」の形成・変容のプロセスを考察するよりないだろう．本章のタイトルを「中華民族論の系譜」とした所以である．

1. 大きな中国・小さな中国

新史学＝国民史の誕生

　中国という政治体は他の近代主権国家と同じく，政治権力の及ぶ具体的な領域を示すと同時に，「あるべき中国」を語るイメージやシンボルの総体を意味する．あるべき中国の主体とされるのが，民族や人民と称される抽象的な（B.アンダーソンの言葉を借りれば「空虚な」）集合体である．中国の表象といえば，まず思い浮かぶのは，龍・長城・黄河・漢字・料理などであろうか．これらは，オリンピックの開幕式に使われた伝統文化の諸表象とも重なる．しかし，言うまでもなく，これらの象徴符号を「偉大な中華民族」や「悠久の中国文明」といった語りの具象とするようになるのは，そう遠い過去のことではない．たかだか百年前のことである．

　たとえば，人口に膾炙する「炎黄の子孫」という言説を取り上げてみよう．中華民族の伝説上の始祖とされる「黄帝」は，清末に排満革命を推進する政治勢力によって「発見」され，図像や紀年が革命のシンボルに動員された．その表象や言説の歴史的分析は，すでに多くの論者によってなされている〔沈 1997；石川 2002〕．このとき黄帝を起源とする中華民族（または漢民族）の連綿たる血の系譜が想像されたのであって，それは排満興漢，すなわち非漢（満蒙）政権を中国史の外に排除し，漢人主体の政権を再建（光復）するという特定の政治目的と表裏一体であった．

　その背景に，義和団事件の敗北で決定的になった中国「瓜分」の危機という，外圧があったことはいうまでもない．義和団コンプレックスともいうべき，現代中国のナショナリズムに活力を補給し続ける，屈辱と排外の記憶の原点はここにある．また同時に，黄帝のシンボル操作（紀年や肖像）が，日本の明治期

の国体思想を範型としていたことも忘れるべきでないだろう．黄帝神話の創作をおこなったのは，清末の日本留学生であり，宋教仁の例が示すように，中華民族の始祖・軒轅氏(けんえん)（黄帝）のイメージには万世一系の天皇家の系譜がそこかしこに投影されていた．

さて，そうした中華民族を主体として書かれるべき中国史といえば，これもすでに多くの人が論じているように，辛丑(しんちゅう)条約締結の翌年，すなわち1902年に鮮やかに登場する．中国の近代歴史学の誕生を告げる梁啓超（1873-1929年）「新史学」である．「新民体」と称される簡明で扇動的な文体で書かれたこの記念碑的論考においてはじめて，中国史の叙述という国民・民族にかかわる課題が提起されたのだが，それは王朝史でもなければ，断代史でもない，「国民」を主人公にした「中国」の歴史でなければならなかった．「史学とは学問の中で最も博大で最も切実なもの，国民の明鏡，愛国心の源泉である」と冒頭に断じる梁は，朝廷や個人の歴史ではない国家や群体（社会）の歴史が，また過去の古い事実を連ねた歴史ではなく，いまに役立つ理想をもった歴史が書かれなければならないと主張する．

> 今日，民族主義を提唱して，我が四億の同胞をしてこの優勝劣敗の世界に立たしめようとするなら，本国史学の一科は，実に老若男女・聡明愚鈍の別なく，飢えや渇きを癒すかの如くこれに当たらせるべきで，一刻の猶予もならないのである．

これが彼の提唱した「史学革命」である．「新史学」の主張は，歴史学の概念や体裁，資料や時期区分など，従来の正統王朝の集積からなる「正史」を根本から見直すことを迫るが，そもそも新史学の出発に際しては，中国という時空間の設定から始める必要があった．「新史学」と同時期に書かれた「中国史叙論」（1901年）で，梁が「中国史の命名」との節をわざわざ掲げて，「吾人にとって一番慚愧に堪えぬことは，わが国に国名がないとの一事である」と述べたのもそのためである．「諸夏」「漢人」「唐人」はみな王朝名であり，外国人が使う「震旦」「支那」は他称である．「国民尊重の宗旨」にもとづき，尊大さを感じさせるとはいえ，やむなく「中国」「中華」を使うというのが，梁の弁明であった．

こうした見方は，以前に日本やアメリカで外交官を務めた黄遵憲(こうじゅんけん)が，国際

社会の中で中国が正規の国名をもたないことの問題性を指摘していた(『日本国志』巻四「隣交志一」)のに通じる．黄遵憲の良き友人で革新思想を共有していた梁啓超は，黄の表明した外交上の懸念を承けて，中国が近代国家として出発する際の国名や年号(彼は師の康有為の提唱する「孔子紀年」には懐疑的だった[村田 1992])の問題にいち早く注意した知識人である．「中国史叙論」に示された「国民史」の執筆構想も，そうした啓蒙の近代化プロジェクトの一環としてあったわけだ．個々の王朝や民族を超えた歴史，また天下という普遍的広がりでもなく，かといって個人(一己)の歴史の総和とも違った「国民」主体の歴史，それこそ梁啓超が提唱し，同時代のたとえば夏曽佑(1863-1924年,『最新中学中国歴史教科書』全3冊を1904-06年に刊行)らによって実際に書かれることになった「新史学」にほかならない．

大中国と小中国

ここで改めてナショナリズム(民族主義,国民主義)とは何か，論じておくべきだろう．定義として最も簡明で，しかもここでの議論に役に立つのは，A.ゲルナーの次の説明である．

> ナショナリズムとは，第一義的には，政治的単位と民族的な単位とが一致しなければならないと主張する一つの政治的原理である．[ゲルナー 2000: 1]

この説明に関しては，二つのことが重要である．一つは，政治的単位と文化的単位を何にもとづいて決定するかということ．もう一つは二つの単位が一致しない(のが当然だが，その)場合に，誰がどのようにして「一致しなければならないと主張する」のか，である．

まず前者についてみると，政治的単位を決定する要因となったのは，万国公法(国際法)という中国にとって未知の国際秩序原理を，戦争による条約締結という結果を通じて，他律的にせよ受容し，その世界の一員としてふるまうようになったことがある．この過程で，中国は多少の曲折を経ながら，主権の及ぶ範囲や国境の画定，使節交換，自国民保護といったルールを学び，順応していったのである(1-1「清末の対外体制と対外関係」参照).

しかるに，問題は，政治的単位としての「中国」が主動・自発的にではなく，

「不平等条約」を締結するなかで，受動・他律的に決められていったという点にある．「不平等」や「受動・他律」の実態については，また別の議論も必要であろうが，すくなくとも，近代国際世界への参入を，後からふりかえって人々がそのように認識したということは間違いない．それこそ近代中国の民族・国家意識の発現である．しかも，その際，中国はこの新たな世界秩序のなかで対等・公正に扱われなかった．それどころか列強の中国「瓜分」競争のなかで，二等以下のメンバーシップ（孫文が，複数の列強に従属している中国は植民地にも劣るという意味で使った「次植民地」）しか与えられなかったという「屈辱」を味わったのである．現代中国のナショナリズムの語りにおいても，こうした屈辱や被害感情に由来するコンプレックスは失地回復運動（レコンキスタ）の主張となって，主権・領土・国境・資源問題における現代の，一見「拡張主義」的な官民の行動を導く素地を提供している．弱者が不当に主権を侵害された，また領土や利権を奪われたという被害者意識を，それがピークに達した1900年の大事件にちなんで「義和団コンプレックス」と命名してもいいだろう．

だが，このコンプレックスは対外的な自己主張として表出されるため，多くの場合，ゲルナーのいう「文化的単位」について，内部の複雑な構成要素と形成過程を単純化（神話化）して理解しがちである．曰く，「中国は古来統一した多民族国家であった」「外国帝国主義の圧迫と搾取に対する中華民族の反抗と闘争が，輝かしい中国の統一と独立をもたらした」云々．ここでは，内部の文化的多様性と諸「民族」間の抗争の歴史は後景に退き，もっぱら中華民族の内的凝集力や求心力が強調されることになる．これに反する動きは，対敵協力（漢奸）や国家分裂の行為として，政治的かつ道徳的に厳しく糾弾されることになるのである．これこそ，「愛国無罪」を正当化するナショナリズムのレトリックにほかならない．ここでは文化的単位としての中華民族（the Chinese Nation）がいかなる歴史的文脈と経緯で成立したのか，それが政治的単位としての国家（state）といかなる根拠で一致し重なり合うのか，が問われることはない．むしろそうした問い自体を禁じ，視界の外に押しやることで，民族国家，すなわち政治的単位（state）と文化的単位（nation）が過不足なく等号で結ばれる想像中の「中国」が成立するのである．

このことを，中国近代史上最強のナショナリスト――「国父」孫文（1866-

1925年)の評価をめぐる論争をとって例証してみよう.いうまでもなく,孫文の最初の政治活動は興中会(のちの中国同盟会,中国国民党)の旗揚げに始まる.これもよく知られているように,興中会のスローガンの柱は「駆除韃虜,恢復中華」であった.「韃虜」とは清朝の支配民族である満洲人を指し,恢復(光復)すべき「中華」とは満人によって占領された明代の故地——十八行省の内地中国を指していた.これに東北地方や藩部(モンゴル,チベット,新疆)が含まれていなかったことは明らかである.とすれば,孫文ら清末革命派が再建しようとした中国は清朝が獲得した藩部を含む「大中国」ではなく,内地の「小中国」に限定されていたのだろうか(1).鄒容による排満革命の宣伝パンフレット『革命軍』(1902年)を見る限り,革命家が夢見た「中華共和国」の領土範囲は後者であったかに読める.

> 私はいまこそわが同胞に訴える,昔の禹貢の九州,今日の十八省は,わが皇漢民族の直系の同胞がここに生れ,ここに育ち,ここに国族を聚めた土地ではないのか.黄帝の子孫,神明の冑裔であることは,わが皇漢民族直系の同胞の名誉ではないのか.中国華夏と蛮夷戎狄とは,わが皇漢民族直系の同胞が民族を区分する大原則ではないのか.満洲人はわれらと婚姻を通じなかったから,われらはなお純潔無垢の黄帝の子孫である.〔島田・小野編 1968:51〕

他方,孫文はといえば,意外なことかもしれないが,清末を通じて,革命成就のあかつきに樹立される新国家の領土空間や民族構成(文化的単位)について積極的なことは何も述べていない.もちろん,その宗旨たる「民族主義」が,満人の滅絶ではなく,政権を漢人の手に奪取することだとは繰り返し述べているが,ではさて,駆逐された満人はどうなるのか,革命成就の際に,「関外」(長城以北)の領土空間やその土地に住む漢人や満人ほかの諸「民族」はいかに処遇されるのか.

こうした問いに対する革命派の答えは空白であった.新国家の主権や領土に関わる根本問題が前景化するのは,次節で述べるように,1907年頃のことであり,それも革命に反対する立憲派との論争の過程で自覚されるようになるのである.

2. 清末立憲運動と民族主義

孫文の「愛国」と「売国」

孫文を中心とする革命派の初期民族主義については，後世，その漢族中心的なショービニズムや帝国主義（とくに日本）認識の甘さなどの限界が指摘されるが，そうした評価はあくまでナショナリズムを正当化根拠とする今日的な評価軸に沿った見方であって，必ずしも孫文らが当時の政治状況や国際関係のなかで抱いた認識やイメージそのものでないことには留意しておかねばならない．何よりも，孫文らが抱いていた領土観念や空間認識が固定不変であったとは必ずしもいえないのである．

たとえば，よく知られる「満洲租借」密約の問題がある．これは，1911年の武昌起義後，年末に帰国した孫文が1000万円の借款供与と引き替えに，満洲の租借を日本に認めたというものである．その背景には，袁世凱に率いられる北軍（清軍）制圧のために，孫文が大量の資金調達の必要に迫られていたこと，他方日本政府は，辛亥革命によって生じた政局の混乱を期に，満洲への進出を図ろうとの野心があったこと，などが指摘されている．1912年2月初め，日本政府の意を体した三井物産上海支店社員森恪と孫文との間で秘密裏に会談がもたれ，孫文は席上「余等ハ満洲ハ日本ニ一任シテ其代ハリニ我革命ノ為ニ援助ヲ日本ニ乞フ希望ナリ」（上海森恪より益田孝宛書簡，明治45年2月8日）と満洲租借に同意したが，結局，契約締結後に借款を提供しようとする日本側と一刻も早い資金提供を要求する孫文との間で折り合いがつかず，密約は流産した．その後，この件が継続して協議された形跡もない．

実は，密約の存在を新資料発掘で明らかにしたのは，藤井昇三や久保田文次ら日本の学者である．中国や台湾では1980年代以降この説が知られ，日本で発掘された資料を使った研究があらわれるようになるが，当初は「国父」「偉大な革命の先駆者」のイメージを損なう密約の存在そのものを疑う見方が強かった．だが，1990年代以降，大陸の準欽定版といえる陳錫祺編『孫中山年譜長編』で，藤井昇三が発掘した秘密交渉の経緯を確証する森恪書簡が紹介されるなど，密約の存在はすでに認定されるに至っている［李 1996: 319-326］．また，藤井等の研究を受けて，楊天石は多くの日本人の記録や回想記を挙げて，

このとき流産した「満洲租借」密約以外にも，孫文が清末民国初年の異なる時期に，さまざまな状況でさまざまな日本人に対し，満洲の租借や利権供与を語った事例を紹介し，孫文には確かに満洲問題について日本に妥協的なところがあったとして，森恪・孫文密談の史実を肯定している［楊天石 2002: 283-286］. 史実の基本的骨格に関しては，ほぼ決着がついたといってよいだろう.

　問題はその先である．日本に過度に妥協的な孫文に対しては，革命陣営内部からも「売国奴」との疑いが投げかけられた（北一輝『支那革命逸史』）．当時，孫文の日本への最大の期待が，武器購入と借款供与であったことは間違いない．南北の軍事的対峙のなか，武器の補給と軍資金の獲得は，それこそ革命の成否に関わる根本問題であった．孫文が，巨額の借款提供の見返りとして，中国における利権の供与や土地の租借を認めることは，政治家としてのぎりぎりの選択・決断だったのかもしれない．ところが，後世の歴史家はこれを「国家主権にかかわる重大な問題」［兪 2002: 225］であり，「列強の援助をあてにせざるを得ぬ革命派の軟弱性」［楊天石 2002: 287-288］に起因するものと見るのである．日本の学者も，密約が実現していたら「中国国民から中国の主権を日本に売り渡したとして厳しい非難を受けなければならなかったであろう」といい，「日本帝国主義に対する理解と対応の甘さと，中国の長期的な国民的利益に対する十分な配慮の欠如」［藤井 1982: 145-146］を指摘する点，孫文の「売国」評価の点では同工異曲である.

　しかし，こうした評価は定型化した「愛国」の軸にそって，孫文の民族主義を裁断するという点で，明らかに限界があるといわざるをえない．問われなければならないのは，「愛国」にせよ「売国」にせよ，当時の孫文にとって「国」が具体的に何を意味し，どのように認識されていたのかということである．孫文が満洲への領土的野心を抱く日本人と交渉したり談話したりした際，彼の想像中の満洲（東北）の空間構成が，今日のそれと同じであったという保証はまったくない．少なくとも，「駆除韃虜，恢復中華」のレベルにおいて，「韃虜」と「中華」の境界線は明らかに長城におかれ，革命とは満洲人を「関外」に駆逐することを意味していた［張永 2002: 107］．後述するように，南方の広東で生まれ育ち，主に海外で活動していた孫文にとって，藩部や満洲（東北）を版図に収める清朝の多民族・多文化的統治体制が革命運動にもつ意味は視野の外

にあったのだろう．「小中国」（内地中国）の共和革命に専心する孫文にとって，満洲の地政学的位置づけや領土問題は後景に退きがちだったとしても不思議はない〔楊奎松 2007: 1-16〕．言い換えれば，孫文のみならず，清末の段階で政治的単位としての「中国」の領土空間には大きなゆらぎと曖昧さがあり，それが「満洲租借」密約をめぐる，一見「売国」的な孫文の言動をもたらしたのである．

種族革命か満漢不分か？

中国の境域や領土をめぐる上述の揺らぎや曖昧さは，やがて清朝存続の是非をめぐる政治的対立のなかで，明確な争点となっていく．それが，有名な『新民叢報』と『民報』の間に闘わされた論争である．この論争に関しては，従来「民主共和」か「君主立憲」かの政体をめぐる対立と，「排満興漢」か「満漢不分」かの民族関係をめぐる対立の二元的基軸で整理がなされてきた．これは，民族革命プラス共和革命として帰結した辛亥革命の性格の起点をこの論争に見いだすもので，現在でもほぼ定説となっているが，革命の勝利者の視点から見たこうした整理や区分が，果たして当時の論争の実態を反映したものであるかは，再考の余地があるように思われる．それはやはり，政治的単位と文化的単位の重なり合いの観点から，近代中国のナショナリズムをどう認識・評価するか，にかかわる問題である．

両者の対立点を，簡単に示すと以下のようになる．

革命派 『民報』 汪精衛・胡漢民ら	共和民主を目指す下からの政治革命（国民革命）と同時に，清朝打倒の種族革命を主張する．国民革命は専制を打倒する点から見れば政治革命であるが，異民族を駆除する点から見れば種族革命である．
立憲派 『新民叢報』 梁啓超ら	開明専制を主張し，同時に立憲君主制の確立を目指す政治革命を主張する．しかし，種族革命には強く反対する．種族革命は中国「瓜分」と列強の干渉をもたらし，かえって政治革命を阻害するからである．

このほか，両者の論争は，革命の手段方法（暗殺の可否）や政治革命と並行し

て社会問題の解決を図るか否かなど，さまざまな論点を含んで展開されたが，最大の焦点はやはり「種族革命」の是非にあったというべきだろう．注目すべきは，この論争の過程でようやく文化的単位としての「中国」の内実が，当面の政治課題と密接にかかわるかたちで提起され，しかもそれが革命派の「種族革命」や「国民革命」をめぐる政権構想を大きく転換させていったことである．

ここで，この時期の革命派の民族・人種論に目を転じると，鄒容『革命軍』の「黄色人種」の表では，大きく中国人種とシベリア人種に分けられ，蒙古人・満洲人はシベリア人種に属する「蒙古民族」に分類されている．いうまでもなく，満・漢の種族の違いを強調するためであり，宋教仁もまた「漢族侵略史・叙例」(1905年)で，漢族に対する「外族」九種のうち，満洲人を通古斯(ツングース)に分類している．こうした人種分類の学説は，当時としては最新の科学的学説だったわけだが，その最初の紹介者となったのは，ここでもまた梁啓超である．

梁啓超が民族や人種の語を日本語から借用し，文化的単位としての「中国」の表象に用い始めるのは，日本亡命後のことである．とりわけこの語を流布するのに大きく貢献したのは，1901年『清議報』に掲載された「中国史叙論」である．その第五節で梁は，中国に住む人々を「苗種，漢種，図伯特(チベット)種，蒙古種，匈奴種，通古斯種」の六人種に分類し，新たに「中国史」の主体を定義している．さらに，1903年に書かれた「政治学大家伯倫知理(ブルンチュリ)之学説」で梁啓超は，「今後，中国が滅ぶならまだしも，中国が滅ばないとすれば，これより世界に対して，勢い帝国政略を取り，漢満蒙回苗蔵を合して，一大民族を組織しなければならない」とも述べている．清朝の準公定民族区分であった満・漢・蒙・回・蔵の五族に苗を加えた六族の団結による「一大民族」の形成を訴えているのだが，これが後の「中華民族」の外延にほぼ重なることは言うまでもなかろう．中華民族へと至る，近代中国の民族・人種論の源流は，ここに発していると考えてよい［坂元 2004］．

実は，革命派の「種族革命」論を支えた民族や人種の理論構成には，梁啓超が紹介したブルンチュリの国家論がそこかしこに揺曳している．『新民叢報』と『民報』の論争においても，革命派の論客であった汪精衛の「民族と国民」(1905年)が，「政治学大家伯倫知理之学説」をはじめとする論敵梁啓超の民族・人種論を下敷きにしていることは，両者を読み比べれば一目瞭然である．

汪精衛ら革命派の民族理論は,「種族革命」の是非をめぐる立憲派への厳しい批判にもかかわらず,その概念・用語から問題構制まで,先行する梁啓超のテクストに多くを負っていたのである〔佐藤 1996; 孫 2002〕. したがって,民族・国家関係の理解をめぐっては,汪・梁の両者に実は共通点も多い. 要するに,この時点で清朝体制への態度で鋭い対立を見せた革命・立憲の両派は,種族というエスニックな差異の統合という次元では,思いのほか近い場所に立っていたとも見られる. 排満宣伝の最先頭に立っていた章炳麟も,『民報』編集長を担当した時期 (1905-07 年),引き続き「復仇」「光復」を唱道したものの,次第に種族観念を放棄し,域内の満・蒙・回・蔵諸族を「中国」に統合した建国構想を語るようになっていった〔張玉法 2007〕.

「中国」という文化的単位の表象において,非漢民族の同化・融合の理念が民国時代に一貫して掲げられ,現在もまたそれが暗黙のうちに継承されているとすれば,このときはじめて形成された「中国」という文化的単位の自明性を,われわれはいまこそ徹底的に再考してみるべきではなかろうか. 少なくとも,革命派と立憲派の対立点よりも,彼らを思いのほか近づけていた同時代の知的資源に,もっと目が向けられてしかるべきである.

3. 五族共和と辛亥革命

孫文と五族共和

「中華民族」の語が流布していくのは,上述した『民報』と『新民叢報』の論争の展開期,すなわち 1905 年頃のことである. 中華民族が,狭く漢族を意味するのか,満・漢・蒙・回・蔵の五族 (または苗を含めた六族) を包括するのか,言い換えれば「小民族主義」をとるのか「大民族主義」をとるのか (梁啓超「政治学大家伯倫知理之学説」) について分岐はあったものの,大まかにいって,革命派も次第に後者の民族概念を認めるようになり,諸民族が融合または同化した高次の概念として,中華民族の語は辛亥革命によってほぼ定着するに至った〔黄 2002: 134〕. しかし,そこには屈折したプロセスがあったことも見逃してはならない.

ここで,話題は再び孫文にもどる. 教科書などで,今日的な意味での中華民

族の概念は，梁啓超や孫文が清末期から使い始め，それが後に国民政府公認の民族理論になったとされる．たしかに，中華民族が政治スローガンとともに特筆大書されるようになるのは，孫文晩年の講演『三民主義』(1924年)の「民族主義」によってであろう．とはいえ，民国初期に孫文が語ったのは，単一の中華民族による国家の統合ではなく，漢・満・蒙・回・蔵の諸族が協同する「五族共和」のスローガンであった．中華民国の創立とともに臨時大総統に就任した孫文は，その「宣言書」のなかで，「国家の本は人民にある」と主権在民の原理を述べたうえで，「〔中華民国は〕漢・満・蒙・回・蔵の諸地を合して一国となし，漢・満・蒙・回・蔵の諸族を合して一人となす．これを民族の統一という」(「臨時大総統宣言書」，1912年1月1日)と表明した．これに歩調を合わせて，各省代表会議(臨時参議院の前身)は1月11日中華民国の国旗を五色旗とすることを決定し，赤・黄・青・白・黒の五色がそれぞれ漢・満・蒙・回・蔵の五族を代表することとした(ただし，その後五色を五族に配当する説明が公式になされたことはない)．

　孫文は就任後まもなく，大総統職を袁世凱に譲って野に下るが，1912年秋に北京，張家口，太原などを訪れた際，求めに応じて多くの演説をおこない，また談話の類を発表している．とくに，蒙・蔵・回各族や八旗の代表を前にした場面において，五族共和を積極的に語っている [村田 2004]．ところが，興味深いことに，孫文はこの短い北方歴訪の旅を終えてから，絶えて五族共和を語らず，1920年になると，逆にこの説が誤りであると主張するようになるのである．

　　現在五族共和と言うが，五族というこの名詞ははなはだ不適切である．わが国の国内はこの五族にとどまるだろうか．わたしの考えでは，中国のすべての民族を一つの中華民族に融合し，しかも中華民族を文明的な民族にしてこそ，民族主義は完了するのである．(「上海中国国民党本部会議での演説」，1920年11月4日)

　さらに翌21年に孫文は，強い口吻で五族共和を非難するに至る．曰く，「光復以降，世襲官僚や頑固な旧党，復辟の宗社党などが結託して，五族共和を唱えた」(「中国国民党本部特設駐粤辦事処での演説」，1921年3月6日)のだ，と．

　こうした事実に照らしてみると，孫文自身は民国初年から，五族共和に懐疑

的であったのではないかという疑問が浮かんでくる．実際，孫文は臨時大総統就任時に，革命は「逆胡」「満清」に対する漢族の「光復」であると述べ，「皇漢民族」「中華民族」の権利回復だとする，従来の主張を繰り返していた（「大総統告海陸軍士文」「臨時大総統宣告各友邦書」など）．さらに，「五族一家」や「五族平等」を唱えるいっぽうで，同盟会会員らに対しては「種族同化」や漢人の民族主義をしばしば口にしていた．たとえば 1912 年 3 月 3 日に出された「同盟会総章」には，「本会の政綱」に「種族同化を実行する」の一項を掲げている(2)．また，上述の北方遊歴から上海にもどった 1912 年 10 月には，中国北部を視察した成果として「広州から北は満洲に至るまで，上海から西は国境に至るまで，確かに同一国家，同一民族である」（「中国の鉄道計画と民生主義」）ことを実感したと述べているのが注目される．

立憲派の五族共和論

　中華民国の民族構成をめぐる孫文のこの揺れを，われわれはいかに理解すべきなのだろうか．この点を問題にしたのが，片岡一忠である．片岡は，民国元年に五族共和が唱えられた背景には，武昌起義後の上海で南北和議の動きがあったことをまず指摘する．その上で，五族共和は，従来の通説のように南方代表（伍廷芳ら）が提起したのではなく，「満蒙回蔵への優待」を主張する北側（清朝）の主張であったことを明らかにする．そして，1911 年 12 月に上海で開かれた南北講和会議の帰趨を大きく左右したのが，立憲派の張謇（1853-1926 年）であったことを指摘し，会議での五族共和にかかわる発言や提案は，張謇の創意にかかるものであったろうと推論している［片岡 1984］．その際，注目されるのは，張謇が，日本のように「国が小さく血統が純一な民族」は立憲君主政体が適しているのに対して，「国土が広く種族不一，風俗各殊の民族」には「民主共和の治」が合っている，として，共和制導入を中国の多民族構成と結びつけて議論していることである．

　片岡の指摘は史料的根拠の点でも，当時の政治勢力の配置関係からしても，納得のいくものである．南北講和において張謇の果たした枢軸的な役割に照らしても，五族共和という新政体の構想に，彼の意見が色濃く投影されていたことは疑いない．とはいうものの，これで問題が片づいたわけではない．片岡の

説は二つの点で,さらなる検討を要するからである.

　第一は,辛亥革命が起こり,南北対峙の局面が現れた時期,五族の連合・協力により,国家統一に望みを繋ごうとする考えは,必ずしも少数ではなかったということである.たとえば,南北講和会議に先立つ1911年11月15日,楊度(1875-1931年)と汪精衛が組織し,直ちに解散した国事共済会は,その「宣言書」で次のようにうたっている.

　　中国に立憲問題が起こってから,国内は君主立憲,民主立憲の両党に分かれた.君主立憲党は,中国の立国は満漢蒙回蔵の五種人が集合してできたもので,蒙回蔵の人々が同一政府の下にあるかどうかは,ひとえに満洲君主の羈縻(きび)にかかっている,と主張する.……所謂領土とは,二十二行省に蒙古・西蔵・回部等の藩属を合わせたものである.もし漢人が二十二行省を自立させて一国とし,民主政体に変えれば,兵力はしばらく蒙蔵を平定できず,蒙蔵も一国独立の力がないから,満洲君主が退位するや,満蒙回蔵は分離することになる.

いかにも「君主立憲」主義者であった楊度らしく,改めて「革命瓜分」論を展開しているわけだが,ここでは,南北の融和・妥協を画策すべく立ち上げられた政治結社が,いまだ行方知れぬ新政権の領土を「二十二行省」プラス「藩属(蒙古・西蔵・回部)」と表現していることに注目しておこう.二十二行省とは,明朝以来の中華の版図に新疆省(1884年設置)と奉天・吉林・黒龍江の東三省(1907年設置)を加えた領域を指し,妹尾達彦のいう「小中国」の清末拡大版に当たる.「藩属」とは,モンゴル・チベット・青海・新疆から成る「外中国」(Outer China)である[妹尾 2001: 63].

　楊度がここで,新疆を二十二行省に含めながら,さらに回部を「藩属」に数えているのは,この時期の中国知識人の領土観念を考えるうえで興味深い.いずれにせよ,このとき楊度らの念頭にあった「中国」の領土的拡がりは,大清帝国から離脱した旧明朝の版図(内中国=小中国)ではなく,漢人の「光復」領土に「藩属」を加えた「大中国」だった.他方,清朝支配層をなした満洲宗室(皇族)やモンゴル王公にとって,「大中国」の統合は,彼らの地位や既得権益が引き続き「優待条件」となって保証される限り,非議するいわれはなかった[3].このように考えると,12月に始まる南北講和に先立ち,五族共和に類

する議論は，上海や北京の輿論界にすでに登場していたのではないかと思われるが，この点については，今後さらなる検証が必要である．

楊度の五族合一論

さて，片岡論文にもどると，第二の問題は，五族共和の思想的系譜である．これに関しては，清末立憲運動を体制内部から推進していた楊度が「金鉄主義説」（『中国新報』1-5号，1907年）のなかで，「満漢蒙回蔵の五種は皆中国の国民」であり，この五族を一つに合して「中国国民」を形成すべきだと主張していたことが注目される．「五族立国」「五族一家」という表現は，「金鉄主義説」に頻出し，新国家の領土・人民（国民）は清朝の遺産を継承すべきことが力説されている．民国初年の五族共和論の源流を，この「金鉄主義説」に見いだすことは，片岡が取り上げた張謇と楊度の関係や南北講和会議における楊度の役割に照らしても，さほど無理がないだろう．先に引いた「国事共済会宣言書」も，行省と藩部を合した国家統一を求めているなど，楊度が年来の主張をもとに起草した可能性が高い．

しかも，注目すべきことに，楊度は「金鉄主義説」のなかで，「中国には古くから文化が高く，人数の多い民族が国中にいるが，この国を中国といい，この民族を中華という」と述べている．そのうえで，「中華の名詞は，一地域の国名でもなく，また一血統の種名でもなく，一文化の族名」であると説明する．こうして彼は，排満革命に反対し，「満漢平等」「蒙回蔵同化」の「国民統一の策」を実行するよう主張するのである．

周知のように，中国を構成する民族を「五族合一」の「中華民族」と規定した楊度のこの議論は，満・漢の峻別を説く章炳麟の舌鋒鋭い批判（「中華民国解」，1907年）を招くことになるが，近代中国のナショナリズムの歴史で，政治的単位に適合的な文化的単位を，中華民族という一つの国民（one nation）として明確に定義したのは，おそらく楊度をもって嚆矢とする．また，日本に留学した満人貴族の一部も，楊度の「五族合一」論に共鳴しつつ，文明上のまとまりを意味する「民族」と政治上のまとまりを意味する「国民」を峻別しつつ，ゲルナーの定義さながら，複数の民族を統合した「国民主義」への立憲改革を主張するのである（烏沢声「満漢問題」『大同報』第1号，1907年）．その満漢関係

の論じかたは，梁啓超の紹介した民族・国家論にもとづきながら，今日的な中華民族概念のひな形を提示していると考えてよいだろう［佐藤 1997; 黄 2002: 132］．もちろん清朝体制下の既得権益層に属する満人貴族は，排満ナショナリズムとは政治的に鋭い対立関係にあった．宗室留学生は，革命派の目の敵にもされた．だが，それにもかかわらず，新国家と民族・国民のありうべき関係をいち早く構想していたという点で，楊度や烏沢声はまぎれもない中華ナショナリストであったと言える．

　楊度を「五族合一」のナショナリストたらしめた大きな理由は，彼の活動舞台が，満漢の鋭い緊張関係を内にはらむ北京だったからである．憲政編査館に奉職し，立憲改革の渦中にいた楊度は，「内中国」と「外中国」を統合した清朝の二重構造をそれだけ鋭く意識しなければならなかったであろう．他方，南方中国を主要な陣地とする革命派にとって，「外中国」の存在は一般にリアリティを欠いた，遠い世界での出来事であるか，清朝の腐敗と野蛮を連想させるネガティブな打倒対象でしかなかった．そうしたなか，辛亥革命がおこったのである．やや性急な言い方になるが，「金鉄主義説」の楊度は，革命勃発前に，領土の画定や国民の定義を論じることを通じて，革命派があえて論じなかった，あるいは視野に収めていなかった，清朝皇帝と藩部の羈縻関係（宗藩関係）をどのように処理するのか，という国家統合に関わる基本原則を，いち早く提起したのである．これに対して，五色旗の国旗採用には一貫して反対の姿勢を崩さず［張永 2002; 小野寺 2005］，民国成立後の「五族共和」の主張を清朝残存勢力の腹黒い政治スローガンだと語る孫文は，「外中国」や「満洲」の領土問題や民族統合が突きつける政治課題にはさしたる関心をもたなかった．これもまた，多民族・多文化国家という視点が総体的に希薄な広東人の「中国」表象を代表しているとはいえまいか．

4. 預備立憲と満漢融和

満漢畛域の融和

　以上，満漢関係を基軸に清末中国における民族統合と国家建設の関係をめぐる思想史的流れを概観してきたが，実際の政治過程はどのように展開したので

あろうか．実は，「種族革命」の是非をめぐって，革命派と立憲派の両陣営が激烈な論争を繰り広げるのとほぼ並行して，朝廷内部では抜本的体制変革の試みが始動していた．1906年の預備立憲上諭に始まる清末立憲運動である．最初に出されたプランでは，諮議局（地方議会）の設立，地方自治の導入，教育の普及，法律の制定，人口センサスの実施など，本格的な立憲国家の樹立に向けて9年にわたる詳細なロードマップが策定されたが，その中には「満漢畛域（境界）の融和」の一条も含まれていた．これは，満人と漢人を隔てる制度的な敷居を除去し，法の下の平等原則に沿って，「上下一体」「満漢不分」の立憲国家を樹立しようというものである．1907年8月には，両江総督端方（満洲正白旗）の上奏を承けて，「満漢畛域を化除」するための具体的方策を具奏せよとの上諭が下り，政策的な満漢融和にはずみがつくことになった．中には纏足の廃止や満人姓氏の漢化なども提案されたが，清朝統治の根幹にかかわる改革案として検討されたのは次の四項である．すなわち，満漢通婚禁止の解除，官吏任用における満缺（ポスト）／漢缺区分の廃止，旗人の一般民籍への編入，旗人と民人に適用される法律の一元化，であり，その多くが立憲改革の中で実行に移された［遅 2001］．こうした措置は一面，支配民族・支配階級であった満人（旗人）の特権廃止を意味していたが，他面では，婚姻や居住，生業などで満人と漢人を厳然と隔絶してきた社会制度を一気に掘りくずすことにもなり，困窮した満人の生活苦（いわゆる「旗人生計」問題）を加速させることにもなった．

　実は，先の楊度は，日本留学からの帰国後，預備立憲の推進本部として中央に設立された憲政編査館にあって，預備立憲を上から推進する立場にあった．彼は満漢問題を論じた「金鉄主義説」と同時に「国会と旗人」（1907年）という長大な論考を発表している．その関心は，目前の預備立憲の策定に際して重大な課題となった「旗人生計」問題をいかに処理すべきかという点にあった．将来国会を開設にするにしても，選挙権の付与や議員の選出において，旗人の法的地位問題を解決しておかなければならない．そう考える彼はこのとき「旗人生計」問題に正面から取り組んだのである．楊度がこの問題に着目するには，烏沢声ら『大同報』に結集した宗室留学生や改革志向の旗人エリートとの交流が作用していたと思われるが，これを単なる机上の空論に終わらせなかったのが，憲政編査館での行政経験だっただろう．旗人生計を論じる楊度の「国会と

表1　中央の大臣の比率

	1906年官制改革前		1906年官制改革後		1907年		1911年	
	満人	漢人	満人	漢人	満人	漢人	満人	漢人
軍機大臣	3	3	2	2	3	3	—	—
部院大臣	8	6	8	7	11	7	9	4

注）満人には一部モンゴル人も含む． ［遲 2001］より筆者作成

旗人」が実務的なスタンスで「種族問題」を語っているのは，明清交替という歴史の記憶に準拠し，しばしば抽象的な「排満光復」を高唱する革命派の理念主義とは対照的な印象を受ける．

しかし，権力の分配という点から清末の満漢融和策をみると，たとえ楊度らの旗人「解放」策が成功したとしても，政治的には大失敗であったという結論に傾かざるを得ない．すなわち，中央政府レベルでは，1906年の満缺／漢缺の廃止により，「満漢一体」は実現したが，実際の人事異動をみてゆくと，地方長官には漢人の任用が増えたのに対し，中央の大臣ポストは，表1のようにむしろ満人の占める比率が高くなるのである．

1911年に中央の行政改革によって成立した内閣は，当時「宗室（皇族）内閣」と揶揄されたように，満人支配層が多数を占めるに至った．これは，政府の主要な官職は満漢同数とする，清朝の長年の慣例を打ち破るものであった．とくに，陸軍部と度支部（財政部）は，清朝末期，尚書（大臣）のみならず，侍郎（次官）ポストもほとんど満人貴族に独占されることになった〔王 2007：293-294〕．そこに，軍事と財政という二大権益をめぐる清朝内部の権力闘争の陰影を見て取ることができよう．立憲改革にともなう政治制度の大きな変動のなかで，権力の喪失を畏れる満人支配層の過剰な自己防衛反応こそ，「宗室内閣」成立の由来であった．別の面から見ればそれは，西太后（1835-1908年）というカリスマ亡き後，集団支配体制への軟着陸に失敗した執政者の無能と腐敗の証であった．しかも，満人のそうした露骨な漢人排除は，明らかに立憲支持層の広汎な離反を招くことになった．四川の鉄道国有化策，そして武昌の新軍蜂起が，清朝主導の立憲改革への一縷の望みを絶ちきり，やがて清帝の退位へと展開してゆく経緯は周知のところである．

旗人生計問題

　だが，辛亥革命を従来のように，満漢矛盾の激化とその爆発の過程として見るだけでは一面的に過ぎよう．そこには，楊度が深刻な社会矛盾として意識した「旗人生計」問題など，近代国家建設における身分制の解体——より近接した事例としては，明治政府が断行した秩禄処分——につながる社会・経済的問題があった．「旗人生計」問題の本質は，増大する人口に比して，旗人への手当（俸給）が固定されていたため，無業無給の「閑散」といわれる大量の旗人が再生産されたことにある．清末立憲よりはるか前，早くも康熙年間（1662-1722年）にこの問題は出現しており，ために乾隆年間（1736-95年）には八旗漢軍に所属する旗人の民籍への編入を奨励する政策を打ち出したりしたが，根本解決にはほど遠く，時代が下るにつれて「閑散」旗人の比率は増大する一方であった．一つの粗い推計値によれば，清末の旗人のうち，国家の俸禄を受けていたのは全体の一割で，女性をカウントすると，「正真正銘」の旗人は5％，言い換えれば，600万満人のうち，旗人と呼べるのは30万人程度であった［Rhoads 2000: 33-34］．彼らは国家の掟により，漢人のように商売に従事したり，農業に励んだりすることを許されず，また隔離された空間（城壁で仕切られた「満城」）に居住し，移動の自由も奪われていた．しかも，収入の手だてのない「閑散」の生計問題解決のため，一般戸籍（民籍）に編入して身分「解放」を得たとしても，彼らに授与する土地もなければ，職業訓練を施す財政的時間的余裕も，清朝政府は持ちあわせていなかった．北京を舞台にした老舎（ろうしゃ）の小説によって知られるように，それら下層旗人の困窮と悲哀は，清朝崩壊後の民国期においてますます突出していくのである．

　近代国家が不可避的に招き寄せる民族問題とは，権力の分配をめぐるエスニックな対立に終始するわけではない．そこには，文化的単位（国民）を創出し，法制度的にまた文化的にその単位を政治的単位である国家の外縁に一致させる仕組みを作り出さなければならない（1-8「「藩部」と「内地」——20世紀前半の内モンゴル」は，行政・土地制度の改編という側面から，同じ「仕組み」の問題を検証している）．中華民族という概念は，そうした時代の要請に応じた「国民的一体感」を演出する近代ナショナリズムの言説であった．革命派も立憲派も，また権力欲に駆られた清朝末期の満人支配層ですら，そうした言説に同調し，それ

ぞれの立場から辛亥革命という大きな政治的事件を共同で「演出」していったのである.

おわりに

　辛亥革命期は，伝統体制の変革意識の下，近代思潮の影響を受けて，中国の民族と国家の関係を問い直す思想的営為が最も深化した時期であった．この問題は，1930年代以降，「辺疆の危機」により，さらに大きな政治的課題となる．しかし，「中華民国」にせよ「中華人民共和国」にせよ，「中華」の内実について，辛亥革命期ほど切実に問うことはなかった．本章がもっぱら清末期を扱ったのも，主な理由はそこにある．

　だが，現代中国の荒ぶるナショナリズムは，上述してきたように，明らかに近代中国の歴史的経験の遺産でありながら，一つの思想的事件，あるいは挑戦として，いまわれわれの前に提示されている．その原型は清末期の富国強兵策にあり，「国民」感情の源泉は，過去の栄光と現在の屈辱を照らし合う「義和団コンプレックス」に発している．問題は，富国強兵という目標への内的凝集力として作動してきたナショナリズムの（それ自体は普遍的な）「大国意識」が，それを裏づける政治的経済的軍事的実力をともない，「内」ではなく「外」に作動するようになった段階のきしみや紛争であるといえるだろう．それは，中国が「小さく」「内向き」なうちは，問題にならなかった．ところが，1990年代以降の中国の「台頭」により，期せずして国際政治や地域秩序にとって未曽有の思想的問題にせり上がった．われわれはどうやら，手持ちの概念や解釈枠ではうまく説明できない新事態に直面しているようである．日中関係ひとつとっても，荒ぶる中国のナショナリズムはこれからますます政治化すると同時に，アジアの共生にとって大きな思想的課題を提示していくものと思われる．

　中国の隣国として，またアジアの一員として，「台頭する中国」とどのように向かい合うかが問われているのではない．「中国」とともに，あるいは「中華民族」を構成する人々とともに，ナショナリズムをいかに思考するかが問われているのだ．

注
(1) ここでいう「大中国」「小中国」の用語は,妹尾達彦から借りたもので,自然地理や行政区画,民族構成などによって分けられる清朝の統治空間の二重構造を含意している.中国の歴史が,妹尾のいうように「小中国」(農業圏)と「外中国」(牧畜・遊牧圏)の組み合わせの変遷であり,また「小中国」と「大中国」の交代のプロセスであるとすれば,辛亥革命は清朝が実現した「大中国」の空間領域を継承し,それを内外一如の主権国家へと再編する運動であったということになる [妹尾 2001: 62-67].
(2) 注意しなければならないのは,「同化」の意味するところが,言語の強制や信仰の強要など,近代の植民地政策において使われるそれとはやや違っていたということである.すなわち,伝統的な徳治主義に基づけば,同化は「ともに"向化"する」あるいは「"文化"をともにする」ということであって,非漢民族に対する一方的な"文化"や"生活"の押しつけを一義的に意味するわけではなかった.しかし,立憲派と革命派とを問わず,漢人(漢族)の異族に対する文化的優位は疑いを容れぬ自明の前提だった.この点,民国期に使用された「種族同化」や「民族同化」には,明らかに現代的文脈での融合同化 assimilation が含意されている.この辺りのことは,中国における「内国植民地」internal imperialism ともかかわる問題であり,史実をふまえた丁寧な検証が待たれるところである.
(3) 辛亥革命後,抗日戦争期に至るまで,満蒙やチベットの実力者が,中央政府に対してしばしば「五族共和」を持ち出して,関係調整につとめたり,財政援助などの利権を引き出そうとしたりしたことは,このことを裏書きする.1930年代においても,中国の辺疆では「五族」の語が一般に使われていた [胡 1995].

[参考文献]
石川禎浩 2002「20世紀初頭中国における"黄帝"熱——排満・肖像・西方起源説」『二十世紀研究』3号
小野寺史郎 2005「清末民初の国旗をめぐる構想と抗争——青天白日旗と五色旗について」『歴史学研究』803号
片岡一忠 1984「辛亥革命期の五族共和論をめぐって」田中正美先生退官記念論集刊行会編『中国近現代史の諸問題』国書刊行会
ゲルナー,アーネスト 2000『民族とナショナリズム』(加藤節訳),岩波書店
坂元ひろ子 2004『中国民族主義の神話——人種・身体・ジェンダー』岩波書店
佐藤豊 1996「清末における民族問題の一側面」『愛知教育大学研究報告』45輯(人文・社会科学)
―――― 1997「楊度『金鉄主義説』について」『愛知教育大学研究報告』46輯(人文・社会科学)
島田虔次・小野信爾編 1968『辛亥革命の思想』筑摩書房
妹尾達彦 2001『長安の都市計画』講談社
藤井昇三 1982「孫文の対日態度——辛亥革命期の満洲租借問題を中心に」石川忠雄教授還暦記念論文集編集委員会編『現代中国と世界——その政治的展開』慶応通

信
村田雄二郎　1992「康有為と孔子紀年」『学人』2 輯，江蘇文芸出版社
兪辛焞　2002『辛亥革命期の中日外交史研究』東方書店

遅雲飛　2001「清朝最後十年的平満漢畛域問題」『近代史研究』5 期
村田雄二郎　2004「孫中山与辛亥革命時期的"五族共和"論」『広東社会科学』5 期
胡岩　1995「"五族共和"口号的提出及其意義」『西蔵研究』1 期
黄興濤　2002「現代"中華民族"観念形成的歴史考察——兼論辛亥革命与中華民族認同之関係」『浙江社会科学』1 期
李吉奎　1996『孫中山与日本』広州：広東人民出版社
沈松僑　1997「我以我血薦軒轅——黄帝神話与晩清的国族建構」『台湾社会研究季刊』28 号
孫宏雲　2002「1905-1907 年汪精衛梁啓超関於種族革命的論戦与伯倫知理《国家学》的関係」『学術研究』6 期
王開璽　2007「晩清満漢官僚与満漢民族意識簡論」中国社会科学院近代史研究所政治史研究室・蘇州大学社会学院編『晩清国家与社会』北京：社会科学文献出版社
楊奎松　2007「孫中山愛国不愛国？」『開巻有疑——中国現代史読書札記』南昌：江西人民出版社
楊天石　2002「孫中山与"租譲満洲"問題」『従帝制走向共和』北京：社会科学文献出版社
張永　2002「従"十八星旗"到"五色旗"——辛亥革命時期従漢族国家到五族共和国家的建国模式転変」『北京大学学報（哲学社会科学版）』39 巻 2 期
張玉法　2007「晩清民族主義（1895-1911）——以章炳麟為中心的考察」鄭大華・鄒小站編『中国近代史上的民族主義』北京：社会科学文献出版社

Rhoads, Edward J. M.　2000. *Manchus and Han: Ethnic Relations and Political Power in Late Qing and Early Republican China, 1861-1928,* Seattle and London: University of Washington Press.

執筆者紹介

[編集委員] *は本巻の責任編者.

飯島　渉（いいじま　わたる）

　　1960 年生．青山学院大学文学部教授．『ペストと近代中国——衛生の「制度化」と社会変容』（研文出版，2000 年）．『マラリアと帝国——植民地医学と東アジアの広域秩序』（東京大学出版会，2005 年）．

久保　亨（くぼ　とおる）

　　1953 年生．信州大学人文学部教授．『戦間期中国〈自立への模索〉——関税通貨政策と経済発展』（東京大学出版会，1999 年）『現代中国の歴史——両岸三地 100 年のあゆみ』（共著，東京大学出版会，2008 年）．

*__村田雄二郎__（むらた　ゆうじろう）

　　1957 年生．東京大学大学院総合文化研究科教授．『罕為人知的中日結盟及其他——晩清中日関係史新探』（共著，巴蜀書社，2004 年），『漢字圏の近代』（共編，東京大学出版会，2005 年）．

[第 1 巻執筆者]

村田雄二郎　総論・第 10 章　→編集委員

岡本隆司（おかもと　たかし）　第 1 章

　　1965 年生．京都府立大学文学部准教授．『世界のなかの日清韓関係史——交隣と属国，自主と独立』（講談社，2008 年），『中国近代外交の胎動』（共編，東京大学出版会，2009 年）．

茂木敏夫（もてぎ　としお）　第 2 章

　　1959 年生．東京女子大学現代教養学部教授．『変容する近代東アジアの国際秩序』（山川出版社，1997 年），「中華帝国の近代的再編——在外華人保護論の台頭をめぐって（共著，岡本隆司・川島真編『中国近代外交の胎動』東京大学出版会，2009 年）．

千葉正史（ちば　まさし）　第 3 章

　　1968 年生．明治学院大学経済学部ほか非常勤講師．『近代交通体系と清帝国の変貌——電信・鉄道ネットワークの形成と中国国家統合の変容』（日本経済評論社，2006 年）．

村上　衛（むらかみ　えい）　第 4 章

　　1973 年生．横浜国立大学大学院国際社会科学研究科准教授．「清末厦門における交易構造の変動」（『史学雑誌』109 編 3 号，2000 年）．「閩粤沿海民の活動と清朝——一九世紀前半のアヘン貿易活動を中心に」（『東方学報』京都 75 冊，2003 年）．

吉澤誠一郎（よしざわ　せいいちろう）　第 5 章

　　1968 年生．東京大学大学院人文社会系研究科准教授．『天津の近代——清末都市における政治文化と社会統合』（名古屋大学出版会，2002 年），『愛国主義の創成——

ナショナリズムから近代中国をみる』(岩波書店, 2003 年).

岩井茂樹（いわい　しげき）　第 6 章
1955 年生．京都大学人文科学研究所教授．『中国近世財政史の研究』(京都大学学術出版会, 2004 年),「清代の互市と"沈黙外交"」(夫馬進編『中国東アジア外交交流史の研究』京都大学学術出版会, 2007 年).

広川佐保（ひろかわ　さほ）　第 7 章
1973 年生．新潟大学人文学部准教授．『蒙地奉上──「満州国」の土地政策』(汲古書院, 2005 年),「蒙疆政権の対モンゴル政策」(内田知行・柴田善雅編『日本の蒙疆占領　1937-1945』研文出版, 2007 年).

藤谷浩悦（ふじや　こうえつ）　第 8 章
1957 年生．東京女学館大学国際教養学部教授．『長沙搶米風潮資料匯編』(共編, 岳麓書社, 2001 年).「晩清的"末劫論"和革命」(田伏隆・饒懐民編『辛亥革命与中国近代社会』岳麓書社, 2003 年).

黄興濤（こう　こうとう, Huang Xingtao）　第 9 章
1965 年生．中国人民大学清史研究所所長・教授．『文化怪傑辜鴻銘』(中華書局, 1995 年),『文化史的視野──黄興濤学術自選集』(福建教育出版社, 2005 年).

(訳者)

小野寺史郎（おのでら　しろう）　第 9 章
1977 年生．京都大学人文科学研究所附属現代中国研究センター助教.「南京国民政府的革命紀念日政策與国族主義」(彭明輝・唐啓華編『東亜視角下的近代中国』台北：国立政治大学歴史学系, 2006 年),「最近十年来的近代中国政治シンボル研究の展開について」(『近きに在りて』第 52 号, 2007 年).

シリーズ 20 世紀中国史 1　中華世界と近代

2009 年 7 月 10 日　初　版

［検印廃止］

編　者　飯島 渉・久保 亨・村田雄二郎
　　　　いいじまわたる　くぼとおる　むらたゆうじろう

発行所　財団法人　東京大学出版会
代表者　長谷川寿一
113-8654　東京都文京区本郷 7-3-1 東大構内
http://www.utp.or.jp/
電話 03-3811-8814　Fax 03-3812-6958
振替 00160-6-59964

印刷所　株式会社三陽社
製本所　矢嶋製本株式会社

Ⓒ 2009 Wataru Iijima, Toru Kubo, and Yujiro Murata, editors
ISBN 978-4-13-025151-8　Printed in Japan

Ⓡ〈日本複写権センター委託出版物〉
本書の全部または一部を無断で複写複製（コピー）することは，著作権法上での例外を除き，禁じられています．本書からの複写を希望される場合は，日本複写権センター（03-3401-2382）にご連絡ください．

シリーズ 20 世紀中国史　［全 4 巻］

［編者］飯島 渉・久保 亨・村田雄二郎

A5 判・平均 240 頁・各巻本体価格 3800 円（予価）

1　中華世界と近代

総　論　持続・変容する世界および他者との邂逅　村田雄二郎
　　　第 I 部　中華世界の構造と変容
第 1 章　清末の対外体制と対外関係　岡本隆司
第 2 章　中国的世界像の変容と再編　茂木敏夫
第 3 章　交通通信と帝国システムの再編　千葉正史
　　　第 II 部　社会経済の動態と再編
第 4 章　沿海社会と経済秩序の変容　村上　衛
第 5 章　清代後期における社会経済の動態　吉澤誠一郎
第 6 章　中華帝国財政の近代化　岩井茂樹
　　　第 III 部　ナショナリズムと文化変容
第 7 章　辛亥革命の心性――湖南省の民衆文化を中心に　藤谷浩悦
第 8 章　「藩部」と「内地」――20 世紀前半の内モンゴル　広川佐保
第 9 章　近代中国ナショナリズムの感情・思想・運動　黄興濤（小野寺史郎訳）
第 10 章　中華民族論の系譜　村田雄二郎

2　近代性の構造

総　論　近代・近代化・近代性　飯島　渉
　　　第 I 部　政治空間の再編
第 1 章　政治制度の変遷と中央・地方関係　金子　肇
第 2 章　地域社会の構造と変動　田中比呂志
第 3 章　国際社会と中国外交　唐啓華（戸部健訳）
第 4 章　歴史学者と国土意識　吉開将人
　　　第 II 部　社会秩序の変容
第 5 章　農村社会と政治文化　笹川裕史
第 6 章　近代教育と社会変容　高田幸男
第 7 章　都市中間層の形成と大衆の時代　岩間一弘
　　　第 III 部　近代化の位相
第 8 章　中国と世界経済　城山智子
第 9 章　通信メディアの展開と国際関係　貴志俊彦
第 10 章　衛生の制度化と近代性の連鎖　飯島　渉

3　グローバル化と中国

総　論　全球化の奔流と主体としての中国　久保 亨
　　　第Ⅰ部　政治システムと政治過程
第1章　社会主義下の党・国家と社会　高橋伸夫
第2章　大陸と台湾の一党独裁システム　松田康博
第3章　戦後の国際環境と外交　川島 真
第4章　近代法制の形成過程　高見澤磨
　　　第Ⅱ部　思想と文化の空間
第5章　リベラリズムとナショナリズム　水羽信男
第6章　言論・出版の自由　中村元哉
　　　第Ⅲ部　社会経済と民衆
第7章　近代的企業の発展　富澤芳亜
第8章　農村社会からみた土地改革　山本 真
第9章　生殖コントロールとジェンダー　小浜正子
第10章　統制と開放をめぐる経済史　久保 亨

4　現代中国と歴史学

はじめに
第1章　日本の20世紀中国史研究　久保 亨・村田雄二郎・飯島 渉
第2章　大陸中国の民国史研究　陳紅民（小川唯訳）
第3章　世紀転換期台湾の中国近現代史研究　張力（光田剛訳）
第4章　近代中国研究の史料と史学　桑兵（竹元規人訳）
第5章　韓国の中国認識と中国研究　白永瑞（金友子訳）
第6章　アメリカの中国近現代史研究　リンダ・グローブ（須藤瑞代訳）
第7章　文明史としての中国近現代史　上田 信

20世紀中国史関連年表
20世紀中国史文献目録
総索引

著者	書名	判型	価格
久保亨・土田哲夫・高田幸男・井上久士 著	現代中国の歴史	A5判	2800円
姫田光義ほか 著	中国20世紀史	A5判	2800円
劉傑・川島真 編	1945年の歴史認識	A5判	3200円
劉傑・三谷博・楊大慶 編	国境を越える歴史認識	A5判	2800円
岡本隆司・川島真 編	中国近代外交の胎動	A5判	4000円
園田節子 著	南北アメリカ華民と近代中国	A5判	7400円
貴志俊彦・谷垣真理子・深町英夫 編	模索する近代日中関係	A5判	5800円
川島真・清水麗・松田康博・楊永明 著	日台関係史 1945-2008	A5判	2800円
若林正丈 著	台湾の政治	A5判	6800円

ここに表示された価格は本体価格です．御購入の際には消費税が加算されますのでご了承下さい．